高等职业教育
市政工程类专业教材

总主编 ◎ 杨转运

MUNICIPAL
ENGINEERING

市政桥涵工程施工

主编 杨转运　廖健凯

参编 袁芳　曾丽莎　谌菊红　张德龙

蒋云锋　刘春　李灵

主审 汪洋

重庆大学出版社

内容提要

本书为国家精品在线开放课程配套教材,系统地介绍了市政桥涵施工的基本方法,共 9 个项目,27 个任务。内容包括桥梁施工准备和桥位放样、桥梁基础施工、墩台和锥坡施工、简支梁桥施工、连续梁桥施工、钢筋混凝土拱桥施工、斜拉桥施工、桥面系及附属工程施工、涵洞施工。每个项目均附有例题、思考题及工程案例。本书根据现行桥梁相关规范和最新桥梁施工技术编写,采用校企合作、工学结合的模式,有机融入课程思政元素,体现立德树人的教育目标,具有鲜明的时代性和实践性。

本书可作为高等职业教育市政工程技术、道路桥梁工程技术等专业的教学用书,也可供从事桥梁工程施工和管理的技术人员参考。

图书在版编目(CIP)数据

市政桥涵工程施工 / 杨转运,廖健凯主编. -- 重庆:
重庆大学出版社,2023.8
高等职业教育市政工程类专业教材
ISBN 978-7-5689-3972-0

Ⅰ. ①市… Ⅱ. ①杨… ②廖… Ⅲ. ①桥涵工程—工
程施工—高等职业教育—教材 Ⅳ. ①U44

中国国家版本馆 CIP 数据核字(2023)第 137527 号

高等职业教育市政工程类专业教材
市政桥涵工程施工
主　编:杨转运　廖健凯
主　审:汪　洋
策划编辑:范春青
责任编辑:范春青　肖乾泉　　版式设计:范春青
责任校对:刘志刚　　　　　　责任印制:赵　晟

*
重庆大学出版社出版发行
出版人:陈晓阳
社址:重庆市沙坪坝区大学城西路 21 号
邮编:401331
电话:(023)88617190　88617185(中小学)
传真:(023)88617186　88617166
网址:http://www.cqup.com.cn
邮箱:fxk@cqup.com.cn(营销中心)
全国新华书店经销
重庆市正前方彩色印刷有限公司印刷
*
开本:787mm×1092mm　1/16　印张:20　字数:451 千
2023 年 8 月第 1 版　　2023 年 8 月第 1 次印刷
ISBN 978-7-5689-3972-0　定价:59.00 元

序 言

　　2022 年 5 月,国家颁布了《中华人民共和国职业教育法》,高等职业教育迎来了前所未有的发展机遇。2021 年 8 月,四川省住房和城乡建设厅协同重庆市住房和城乡建设委员会,支持整合川渝两地建设职教资源,打造西部建设职教高地,服务成渝地区双城经济圈建设,共同成立了川渝建设职教联盟。伴随市政行业发展的新业态、新模式,市政项目呈现出综合化、多样化、复杂化、智能化的趋势,相关就业岗位对于复合型技术技能人才的需求日益迫切。而传统专业人才培养,缺乏与时俱进的科学标准作指引,因此,如何精准培养适应行业转型升级要求的"一人多岗、一岗多能"型人才,成为市政工程类专业发展面临的新挑战。2019 年,我们在制订高等职业学校市政工程技术专业教学标准时,重构了专业群模块化课程新体系,更加注重市政工程类专业"中、高、本"纵向贯通以及高职专业群内的横向融通,融合岗位标准、教学标准、竞赛标准以及职业技能证书标准,构建专业群建设标准链,融入课程思政与创新教育,重构"共享、并行、互选"的模块化课程体系。

　　本套教材在编审过程中,坚持工学结合、产教融合的模式,以能力为本位,以提高内容质量为核心,以市政工程类专业内涵建设为重点,教材内容符合市政行业发展现状,从优质教材编写、线上资源开发、实训资源建设三个维度,为线上、线下育训并举供给内容丰富、动态更新的立体化教学资源。在教学资源平台基础上,集成、整合技术创新中心,促进校企资源的互补和进化,建立教学资源服务技术创新、技术研发反哺教学的可持续发展模式,搭建了服务学生成才、服务教师成长、服务技术攻关的"产学研用"资源共享平台。

　　本套教材坚持贯彻以素质为基础、以能力为本位、以实用为主导的指导思想,培养具备本专业必需的文化基础、专业理论知识和专业技能,能满足市政工程类专业施工、监理、运行管理的技术技能型人才。依托最新版的国家教学标准,我们开发了《市政道路工程施工》《市政桥涵工程施工》《市政工程施工组织与管理》《市政工程计量与计价》等一系列专业核心课程的配套教材,按照国家精品在线开放课程建设要求,对教材配套了相应的在线课程资源,充分体现了市政工程类行业的"四新"技术在教材课程中的应用,反映了国内外最新技术和研究成果,突出了高等职业教育的特点。

　　党的二十大报告指出,"创新是第一动力""深入实施科教兴国战略、人才强

国战略、创新驱动发展战略",本套教材从以下几个方面体现创新意识:

一是,市政工程类专业优质教材建设三元主体合作机制创新。针对市政工程类专业优质教材的建设,率先将出版社纳入教材建设主体,提出了教材建设过程中高职院校、企业、出版社三元主体。三个主体利用各自的优势(院校的教材编写和使用、企业的教材建设目标和资源、出版社的教材编写规范性和应用推广),在战略、资源、项目、团队、出版层面进行合作,实现教材建设目标统一、建设和使用过程协同、优势资源循环升级的良好效果。

二是,市政工程类专业优质教材建设理念创新。在教材建设中引入生态概念,提出并实践了"资源互补、循环升级"的优质教材建设理念,用于指导市政工程类专业优质教材的建设。三个主体具有各自的优势和互补的资源,在教材内容、教材建设与使用过程、教材建设目标三个方面实现与教师能力、教法改革统筹推进的目的,打造优质教材开发和优化升级的生态环境。

三是,市政工程类专业优质教材建设模式创新。以课程教学为中心,以标准规范为起点,打造了教材、教法、教师三者在"桑基鱼塘"式循环过程中教材提质升级的良性生态,形成了"三教"统筹推进的优质教材建设模式。通过教师团队编写市政工程类技术标准、职业标准、教学标准,参与顶岗实习和技术服务,高度融合行业产业,提升教师教材编写能力和市政行业适应性。高职院校教师能力的发展,有利于教材内容与岗位能力培养目标的有效融合,将标准规范和企业资源融为课堂教学的优质资源,又启发了教师教学方法和教学资源升级的革新,强化了教师开发和采用适应于不同学生和教法的教材的能力,课程教材可以引导教师采用适合的教法实施教学。实践能力提升后的教师通过课程教学和教学竞赛,促进了专业教材内容和形式的进一步升级和更新。

本套教材的编写工作在川渝建设职教联盟的指导和支持下,在全国范围内邀请了多年从事市政工程类专业教学、研究、设计、施工的专家担任主编和主审,同时吸收工程一线具有丰富实践经验的工程技术人员及优秀中青年教师参加编写。系列教材的出版凝聚了全国各高职高专院校市政工程类专业同行的心血,也是他们多年来教研成果的总结凝练。

值此套教材出版之际,向全体编审人员致以崇高的敬意,对大力支持这套教材出版的重庆大学出版社表示衷心的感谢,向在编写、审稿、出版过程中给予关心和支持的专家致以诚挚的谢意。

加强教材质量建设,是一个永恒的主题,也是一个与时俱进、不断完善的过程,因此恳请各位用书单位及时反馈教材使用信息,提出宝贵意见;也希望全体编审人员能够及时总结教学改革的新经验,不断吸收市政工程行业的"四新"技术,为本套教材的长远建设、完善提高做好充分准备。

《高等职业学校市政工程技术专业教学标准》编制组组长
"高等职业教育市政工程类专业系列教材"总主编

前　言

2022 年 1 月,《住房和城乡建设部关于印发"十四五"建筑业发展规划的通知》(建市〔2022〕11 号)出台,为指导和促进"十四五"时期市政公用事业高质量发展指出了明确的发展方向。2022 年 5 月,国家新颁布了《中华人民共和国职业教育法》,高等职业教育迎来了前所未有的发展机遇。2021 年 8 月,四川省住房和城乡建设厅协同重庆市住房和城乡建设委员会,支持整合川渝两地建设职教资源,打造西部建设职教高地,服务成渝双城经济圈建设。为推动职业教育教学改革、服务学习型社会建设,促进"互联网+职业教育"深入发展,按照教育部 2019 年发布的《高等职业学校市政工程技术专业教学标准》,组织编写了高等职业教育市政工程类专业教材,本书就是专业核心课程"市政桥涵工程施工"的配套教材。本书是国家级精品在线开放课程"桥跨结构施工"的配套教材、四川省级精品在线开放课程配套教材、国家职业教育建筑工程技术专业教学资源库配套教材,也是国家"双高计划"高水平专业群建设和重庆市"双高计划"高水平院校建设成果之一。

21 世纪以来,在我国幅员辽阔的大地上正进行着全世界前所未有的基础建设,其中桥梁建设更是基建热潮中的耀眼明星,其数量之多、规模之大、设计之先进、施工之巧妙,频频刷新各类型桥梁世界排行榜。这是每个桥梁人迎难而上、自强不息的结果。本书结合市政公用工程中桥涵施工新材料、新方法、新工艺和新设备发展现状,以施工技术标准(规范)为出发点,注重施工实用技术,在文字叙述上力求简明扼要,辅以大量现场施工图片,每个项目都设置了必要的例题和思考题,并在重要的任务后配套了工程实例。这样不仅给了授课教师更多的发挥空间,而且易于学生自学理解。本书采用项目式进行编写,将每种桥梁施工方法划分为一个独立的项目。项目的内容设置体现以学生为中心,注重培养学生信息收集整理、项目实施与评价、团队合作的能力。本书共 9 个项目,27 个任务。项目 1 介绍了桥梁施工准备和桥位放样;项目 2 介绍了桥梁基础施工,重点讲解了桥梁基础中广泛应用的桩基础施工;项目 3 介绍了墩台和锥坡施工,重点讲解了预制墩台施工及吊装计算要点;项目4介绍了简支梁桥施工,包括模板、支架、钢筋、预应力钢筋等通用知识;项目5介绍了连续梁桥施工,重点讲解了支架现浇、顶推、移动模架、悬臂施工4种常用的桥梁施工方法;项目6介绍了钢筋混凝土拱桥施工,重点讲解了拱架现浇、缆索吊装、转体、劲性骨架施工4种常用的拱桥施工方法;项目7介绍了斜拉桥施工,重点讲解了塔、梁、索的施工和斜拉桥施工监控;项目8介绍了桥面系及附属工程施工,包括桥面铺装、伸缩缝、防水排水设施、护栏等;项目9介绍了涵洞施工。为了便于直观展示桥涵施工过程,编者在"智慧职教MOOC学院"平台配套了丰富的数字资源,可直接通过搜索"桥跨结构施工"课程使用。

本书曾作为国家精品课程"桥跨结构施工"、国家精品资源共享课"桥跨结构施工"和四川省精品在线开放课程"桥跨结构施工"的配套讲义,在线下和线上的使用时间超过十载,现在原讲义的基础上修订而成。本书依托四川建设职业教育集团,组织学校、企业专家,校企联合开发而成,为培养学生的文化自信、专业自信,在每个项目中有机融入了课程思政元素。

本书由四川建筑职业技术学院杨转运、廖健凯主编,由成都建工路桥建设有限公司汪洋高级工程师主审。具体编写分工如下:杨转运编写项目1和项目2,廖健凯编写项目3、项目5,四川建筑职业技术学院谌菊红和中七建工集团张德龙编写项目4,四川建筑职业技术学院袁芳和广西建设职业技术学院曾丽莎编写项目6,重庆建筑工程职业学院蒋云锋和四川省叙永住建局刘春编写项目7,常州工程职业技术学院李灵编写项目8、项目9。全书由杨转运教授统稿。

按照《高等职业学校市政工程技术专业教学标准》的要求,通过对本课程的学习,学生可掌握各种类型桥梁的施工方法以及对一些桥涵工程问题的分析,有助于培养其工程实践的能力。

本书参考引用了部分公开发表的文献、资料和现场施工图片,在此谨向以上资源的作者表示深深的谢意。特别感谢刘素玲在四川建筑职业技术学院工作期间为本书的编写和出版所做的贡献。

由于编者水平有限,不当之处敬请批评指正。

编　者

2023 年 2 月

目 录

项目 1　桥梁施工准备和桥位放样

熟悉桥梁施工准备应做的工作;掌握桥墩定位的方法,掌握明挖扩大基础、桩基础、墩台身、盖梁、墩帽及桥梁上部结构放样测设的方法。

在桥梁开工前,能熟练完成技术、物资、劳动组织、施工现场各部分的准备工作;能正确定出桥梁墩台纵横轴线的位置,放样出各基础、墩身、墩帽、盖梁及上部结构的位置。

市政工程场地狭小,专业交叉,地下、地上空间利用率高,施工之前要调查清楚红线范围内的地下管线,事先与各管线管理单位一一协商管线保护或者改迁方案。实际工作中可能出现挖出管线后才找到管线管理单位的情况,导致宝贵的工期白白浪费在一次又一次的协调会议上。通过施工准备向学生阐明"兵马未动,粮草先行"的道理,做好必要的施工准备才能有序地组织施工。"磨刀不误砍柴工",认真细致地做好施工放样,是关键的第一步。

任务 1.1　桥梁施工准备

桥梁工程施工前,应完成原始资料调查,完善组织架构,完成物资准备、技术资料准备,并对已有管线设施实施保护,建立健全各项管理制度。

桥梁工程施工准备工作按其性质及内容通常包括技术准备、物资准备、劳动组织准备、施工现场准备。

1.1.1　技术准备

技术准备是施工准备的核心。由于任何技术的差错或隐患都可能引起人身安全和质量事故,造成生命、财产和经济的巨大损失,因此必须认真做好技术准备工作。

1)施工测量

项目部组织精测队,主管工程师应按业主提供的施工设计资料对平面控制网进行复测,并将复测成果按规定时间报告监理工程师。复测结果报经监理工程师和业主批复后,组织定位放线,布设精密导线网、水准网、永久桩和护桩;确保测量桩位准确无误,满足标准的精度要求,并测量建设征地界线;制订测量计划和测量管理制度。

2)组建工地试验室

试验、检测是保证工程质量的重要手段,在施工全过程中应严格执行现行的施工规范、质量检验评定标准、试验规程,并按照有关程序文件进行检测。由项目部试验室对混凝土进行质量跟踪检测,及时反馈信息,指导施工。

3)核对设计文件

在设计单位分批下发施工图后,项目部按照设计单位提供的图纸,详细调查沿线建筑物和地上、地下管线的情况,并组织技术人员进行施工图纸现场核对,复核设计图纸。通过业主组织的技术交底会,掌握设计思路。随着施工进展情况的不断深入,可能会存在现场与设计不符的情况,项目部应通过上级部门及时与设计单位联系,同时抄报监理单位与业主。

核对设计文件时,应注意以下两点:

①施工前应将桥梁各部分高程同线路详细纵断面图相互核对。

②梁缝、桥墩纵向偏心:全桥布置图中桥墩里程为梁缝分界线里程,不等跨桥墩中线的预偏值为墩中心线里程与梁缝分界线里程的差值。下部结构施工放样时,应对线路里程、桩位坐标、预偏心大小及方向等进行相互校核,确认无误后,方可开始施工。

4) 技术交底及人员培训

在总工程师组织下对投标书施工组织设计进行优化、完善、修正,编制实施性施工组织设计、年度施工计划等,下发给各执行部门。对跨既有铁路、航道、公路施工的安全事项做出书面的指导文件,并对施工中每道工序下达详细的技术交底书。

针对工程特点,组织技术人员和相关专家对质检员、安全员等管理人员和技术工人进行培训。培训内容包括国家、行业、地方现行的有关工程质量、施工安全、环境保护等法律法规。

5)原始资料的调查分析

为了做好施工准备工作,除了要掌握有关拟建工程的书面资料,还要进行拟建工程的实地勘测和调查,获得有关数据的第一手资料。这对于拟定先进合理、切合实际的施工组织设计是非常有必要的,因此应做好以下几个方面的调查分析:

(1)自然条件的调查分析

对工程所在地区自然条件的调查分析的主要内容有:地区水准点和绝对标高等情况;地质构造、土的性质和类别、地基土的承载力、地震级别和烈度等情况;河流流量和水质、最高洪水和枯水期的水位等情况;地下水位的高低变化以及含水层的厚度、流向和水质等情况;气

温、雨、雪、风和雷电等情况；土的冻结深度和冬雨期的期限等情况。

（2）技术经济条件的调查分析

对建设地区技术经济条件的调查分析的主要内容有：所在地区建筑施工企业的状况；施工现场的征地拆迁状况；当地可利用的交通运输状况；地方劳动力和技术水平状况；当地生活供应和医疗卫生状况；当地消防、治安状况和参加施工单位的力量状况。

1.1.2　物资准备

1）物资准备的内容

材料、机具和设备是保证施工顺利进行的物质基础，这些物资的准备工作必须在工程开工之前完成。根据各种物资的需要量计划，分别落实货源，安排运输和储备，使其满足施工的要求。

（1）建筑材料准备

根据施工预算进行分析，依照施工进度计划要求，按材料名称、规格、使用时间、材料储备定额和消耗定额进行汇总，编制出材料需要量计划，为组织备料，确定仓库、堆场面积和组织运输等提供依据。

（2）构件加工准备

根据施工预算提供的构件名称、规格、质量和消耗量，确定加工方案和供应渠道，以及储存地点和方式，编制出构件需要量计划，为组织运输、确定堆场面积等提供依据。

（3）机械设备准备

遵循先进性和技术性能相匹配及确保选用设备可靠性的原则进行机械设备配备。针对工程特点，组织多作业面平行施工，配备的机具及运输车辆保证按时进场，对机械及早调试、彻底检修，保证上场机具性能完好。对于重型和大型机械，选择合理的便道运到现场。同时，落实好设备专项资金并抓好材料的组织与管理，确保机具设备的高效率运转。

2）物资准备工作的程序

①根据施工预算、分部（项）工程施工方法和施工进度的安排，拟订材料、施工机具等物资的需要量计划。

②根据各种物资需要量计划，组织货源，确定加工、供应地点和供应方式，签订物资供应合同。

③根据各种物资的需要量计划和合同，拟订运输计划和运输方案。

④按照施工总平面图的要求，组织物资按计划时间进场，在指定地点，按规定方式进行储存或堆放。

1.1.3 劳动组织准备

1）劳动力准备

根据工程的特点,加强内部劳动力结构的调整,选派专业化施工队伍进场施工;对进场工人进行技能培训考核、施工工艺和操作规程交底,确保施工队伍的有效投入;建立健全劳动纪律和规章制度,形成"交底—施工—验收"的组织监控体系;加强各专业工种的穿插流水,使施工队伍处于最佳工作状态,提高工作效率。

2）建立健全各项管理制度

工地的各项管理制度是否建立、健全,直接影响其各项施工活动的顺利进行。有章不循的后果是严重的,而无章可循更危险。为此,必须建立健全工地的各项管理制度。这些管理制度的内容包括工程质量检查与验收制度,工程技术档案管理制度,建筑材料的检查验收制度,技术责任制度,施工图样学习与会审制度,技术交底制度,职工考勤、考核制度,工地及班组经济核算制度,材料出入库制度,安全操作制度,机具使用保养制度等。

1.1.4 施工现场准备

施工现场是施工单位为实现优质、高速、低消耗的目标,而有节奏、均衡连续地进行施工活动的空间。施工现场的准备工作,主要是为了给拟建工程的施工创造有利的施工条件和物资保证。其具体内容如下:

1）与地方有关部门的协调

项目部应积极主动地与当地公安、国土、交通、林业、环保、通信、水利、电力等部门取得联系,向他们通报情况,听取他们的意见,了解政府及主管部门的最新管理信息,按要求办理相关手续,制定相应的规章制度,取得当地政府及主管部门的支持、信任与配合。

2）做好施工场地的控制网测量

按照设计单位提供的总平面图及给定的坐标控制网和水准控制基桩,进行施工测量,设置永久性和临时性导线点、水准基桩和建立工程测量控制网。

3）搞好"三通一平"

"三通一平"是指路通、水通、电通和场地平整。

4）征地拆迁

进场后,项目部积极协助业主进行永久性用地和施工临时占地的征地、拆迁工作,为工程

的顺利开工做好准备。

征地拆迁根据总体施工进度全线推进,优先保障区间拌和站等项目大量用地,其次分重点工程、先架梁区段依次安排进行。

征地拆迁以保证控制工程按时开工为首要工作,解决影响线下工程施工的迁改问题。拆迁工作要突出顺序、统一一次到位的原则,杜绝二次拆迁、重复拆迁。

任务 1.2　桥梁施工放样

桥梁施工放样,最主要的工作是测设出墩、台的中心位置及其纵横轴线。桥梁放样前,测量技术人员应做好以下工作:

①熟悉设计图样,理解图样的设计思路。

②检查图样,核实图样的有关数据,做好施工测量的数据准备工作。

③了解施工工作计划和安排,协调测量和施工进度的关系,落实施工测量方案。

④核查并检测有关的控制点在实地的位置,并与设计资料中的点标记相对照,确认点位的准确可靠。若原控制点点位丢失,应按照原控制等级进行恢复,并满足精度要求。

⑤了解施工现场的地貌形态和地物分布情况。

⑥做好控制点的复测工作。

⑦保护测量标志,加强测量标志的管理、保护,注意受损测量标志的恢复。测量标志包括控制点标志和放样点标志。

1.2.1　桥梁墩台定位

桥梁墩台的中心定位,是根据桥梁设计施工详图上所设计的两桥台及各桥墩中心的里程,以桥梁中心线控制桩、桥梁三角网控制点为基准,按规定精度放样出墩台中心的位置。桥梁墩台定位的方法如下:

1)直接量距法

该法适用于无水或浅水河道,一般只用于中小桥(图 1.1)。其中,直接丈量法只用于小桥。

定位步骤为:

①先根据桥位桩号在线路工程中线上测设出桥台和桥墩的中心桩位 A、B、C 点,并在河道两岸测设桥位控制桩 k_1、k_2、k_3、k_4 点。

②然后分别在 A、B、C 点上安置经纬仪,在与桥的中轴线垂直的方向上测设桥台和桥墩控制桩位 a_1、a_2、a_3…c_1、c_2、c_3、c_4 点,每侧要有两个控制桩。

③测设时,量距要用经过检定的钢尺,并加尺长、温度和高差改正(或可用光电测距仪测距),测距精度应高于 1:5 000,以保证桥的上部结构安装能正确就位。

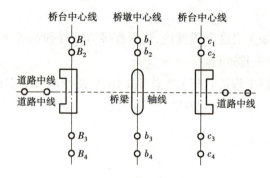

图 1.1　直接量距法

2)方向交会法

桥墩位于水中,无法直接丈量距离也不便于架设反光镜时,可采用方向交会法测设墩位(图 1.2)。

定位步骤为:

①根据控制点坐标和墩台坐标,反算交会放样参数 α_i、β_i。

②在相应控制点上安置仪器并后视另一已知控制点,分别测设水平角 α_i、β_i。

③得到两条视线的交点,从而确定墩台中心的位置。

④采用三条视线进行交会的,会形成误差三角形。误差三角形的大小必须满足相关部位的放样精度要求。

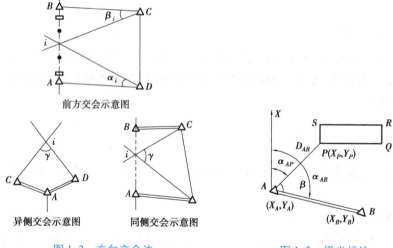

图 1.2　方向交会法　　　　　　　　图 1.3　极坐标法

3)极坐标法

在能使用全站仪并在被测设的点位上可以安置反光镜的观测条件下,可采用极坐标法进行定位(图 1.3)。

定位步骤为：

①计算出放样点 P 与测站点 A 之间的距离 D_{AP} 和方位角 α_{AP}。

②计算出测站点 A 与后视点 B 之间的方位角 α_{AB}。

③计算出 $\beta = \alpha_{AB} - \alpha_{AP}$。

④在测站点 A 上安置好全站仪，瞄准后视点 B，旋转角度 β，然后再测出距离 D，就得出 P 的位置。

⑤为确保测设点位的准确，测量后应将仪器迁至另一控制点上，再按上述程序重新测设一次，以进行校核。只有当两次测设的位置满足限差要求时才能停止。

4）GPS-RTK 法

桥梁工程精度要求不高的结构部位或者工程初期精度要求不高的部位的放样、跨海大桥等可采用 GPS-RTK 法（图 1.4）与高精度全站仪相结合的方法。

定位步骤为：

①建立基准站，要求有足够数量的卫星且具有较好的几何分布。

②在已知点上建立转换参数，基准站与移动站间的数据通信良好。

③进行点位放样（关键技术是初始整周模糊度的快速解算、数据链传输的高可靠性和强干扰性）。

5）误差三角形的改正

采用三边或者以上交会定位时，必须要进行误差三角形的改正。

如图 1.5 所示，误差三角形在桥轴线上的距离为 C_2C_3，是误差三角形的最大边长，对建筑墩台基础不宜超过 25 mm，对建筑墩身不宜超过 15 mm，再由 C_1 向桥轴线上做垂直线 C_1C，C 作为墩、台或基础的中心，交角 α，β 应事先计算并核对。

如用检验过的电磁波测距仪时，可将其置于 D 点测定墩、台中心位置。

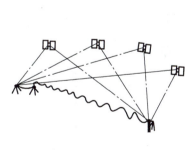

图 1.4　GPS-RTK 法

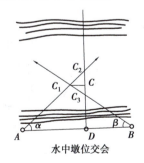

水中墩位交会

图 1.5　误差三角形的改正

1.2.2　明挖扩大基础放样

扩大基础坑底位置，一般比基础设计尺寸每边增加 50～100 cm，作为立模板、边坡支护、设置集水坑及人员操作的必要空间(图1.6);坑顶面积出于放坡的原因会比坑底面积大,具体位置则需要根据基础底面尺寸、开挖深度、放坡坡度计算确定。

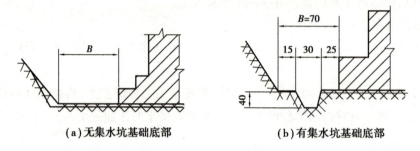

(a)无集水坑基础底部　　　　(b)有集水坑基础底部

图1.6　基底拓宽(单位:cm)

明挖扩大基础放样,需先根据桥墩与基坑关系(图1.7),放样出坑顶边线,基坑开挖至设计标高后,再用钢尺量距,定出基底尺寸,做必要的地基处理,在基础上放出墩台中心及其纵横轴线,如图1.8所示。

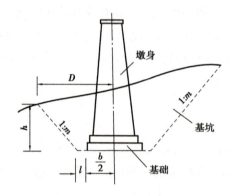

图1.7　扩大基础基坑与墩身关系示意图

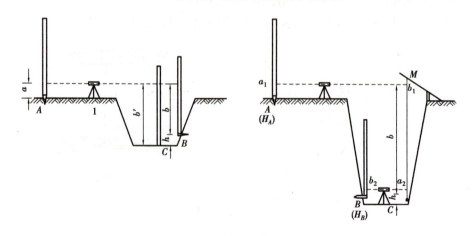

图1.8　桥梁基础标高放样示意图

1.2.3 桩基放样

桩基的位置通过墩台纵横轴线的位置引测。在放样出墩台轴线以后,识读图形中墩台与桩的位置关系(图1.9),定出群桩的4根边角桩位,再根据这4个点位,用钢尺测设桥的其他桩位。

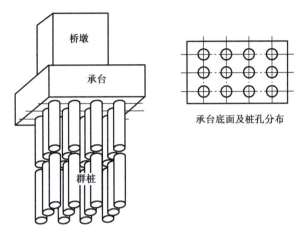

图1.9 桥墩与桩位示意图

桩基础钻孔放样和墩台定位放样方法相同,目前多采用全站仪进行,使用极坐标法放出。

桩基础各点位,在点位上打入木桩,在木桩上钉入铁钉进行定位,并引测到桩位四周,做好护桩。

桩基定位放样时,应注意以下几点:

①认真熟悉图样,详细核对各轴线桩布置情况,是单排桩还是双排桩、梅花桩等,每行桩与轴线的关系如何,桩距、桩的数量、桩顶标高、承台标高各为多少等。

②根据轴线控制桩纵横拉线,把轴线放到地面上,从纵横轴线交点起,根据桩位布置图,按轴线对桩逐个量尺定位,在桩中心钉上木桩。

③每个桩中心都固定标志,一般用4 cm×4 cm的方木桩加铁钉作为标志,以便钻机在成孔过程中及时正确地找准桩位。在安放护筒前,应在桩位四周加设护桩。

④桩基成孔后,灌注水下混凝土前,应在每个桩附近重新测量标高,以便正确掌握桩顶标高。

项目小结

(1)桥梁施工准备工作包括技术准备、物资准备、劳动组织准备、施工现场准备。桥梁在开工前应具备完整的设计资料、施工组织文件;前期材料与机械应已落实;人员架构合理,施工所在环境应调查完备、测设桩志业已恢复。这些前期准备工作是桥梁顺利开工与有序推进的保障。

（2）桥梁施工放样旨在利用测量仪器确定桥梁各构件的几何中心及平面尺寸,掌握桥梁墩台纵横轴线定位的几种方法、明挖扩大基础放样的步骤、桩基础放样的要点。

巩固与提高

1.1 桥梁施工准备包括哪几种类型？

1.2 桥梁施工的技术准备包括哪些内容？

1.3 桥梁墩台放样的方法有哪几种？

1.4 桩基放样的注意要点有哪些？

项目 2　桥梁基础施工

知识目标

掌握各种基础的构造、施工工艺、施工机械设备及施工注意事项。

技能目标

具有分辨各种基础形式、熟悉各种基础施工要求的能力。

思政元素

2020 年通车的沪苏通长江公铁大桥采用主跨 1 092 m 的钢桁梁斜拉桥结构,是中国自主设计建造、世界上首座跨度超千米的公铁两用斜拉桥,设计建造技术实现了 5 个"世界首创"。其 28 号主塔墩沉井平面相当于 12 个篮球场大小,有"世界最大桥梁基础"之称。沉井高 110.5 m,经过技术人员的攻关,成功实现 15 000 t 巨型沉井精准定位。俗话说"基础不牢,地动山摇",桥梁基础深埋地下,不显山露水,却承载着整座桥的重量。没有桥梁基础的默默承受,哪来"一桥飞架南北,天堑变通途"的豪迈。通过桥梁基础的学习,学生应明白专业学习亦是如此:学好每一堂课,打好基础,理解"万丈高楼平地起,一砖一瓦皆根基"的道理。

任务2.1　基础分类

桥梁分为上部结构和下部结构两大部分。上部结构主要指桥跨结构,下部结构包括桥墩、桥台和基础。基础的作用是支承桥跨结构,保持体系稳定,把上部结构、墩台自重及车辆荷载有效地分散在地基中,保证地基不发生破坏并且不产生过大变形。基础质量决定桥梁强度、刚度、稳定性、耐久性和安全性。

根据埋置深度,基础可分为浅基础(埋深<5 m)和深基础(埋深≥5 m)。浅基础主要是指扩大基础,深基础包括桩基础、沉井基础和沉箱基础。

2.1.1　扩大基础

扩大基础又称直接基础或明挖基础,通常是指在原有地面直接开挖、进行修筑的一种实体基础。根据建筑材料和受力特点,扩大基础可分为柔性基础和刚性基础两大类。

①柔性基础(图 2.1):用非刚性材料,如钢筋混凝土制作的基础,底面宽度扩大不受刚性角的限制。

②刚性基础(图2.2):用刚性材料,如砖、石、素混凝土制作的基础,底面宽度扩大受刚性角的限制。

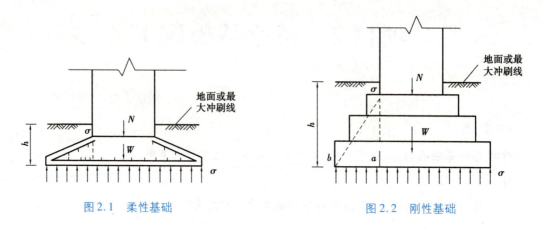

图2.1　柔性基础　　　　　　　　　　图2.2　刚性基础

2.1.2　桩基础

桩基础是一种常用的深基础形式,由基桩和连接于桩顶的承台共同组成。优点:承载力高、稳定性好;沉降量小而均匀;抗震、抗液化、抗滑坡能力强;在深水河道中,可避免或减少水下工程,耗材少,施工设备简化。缺点:造价高;施工复杂;打入桩存在震动及噪声等环境污染问题;灌注桩易污染周围场地。

桩基础的分类:按承受荷载原理可分为端承桩和摩擦桩,按施工方法可分为钻孔灌注桩、挖孔灌注桩和打入桩。

桩的概念:垂直或者稍倾斜布置于地基中,其断面直径相对其长度较小的杆状构件称为桩。

桩的功能:通过杆件的侧壁摩阻力和端阻力将上部结构的荷载传递到深处的地基上。

桩的作用:将荷载传至持力层[图2.3(a)],或分配到较大的深度范围[图2.3(b)],以提高承载力;减小沉降,在地基强度足够而变形不合要求时使用;抗拔,用于抗风、抗震、抗浮等。

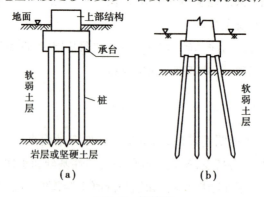

图2.3　桩基础

2.1.3　沉井基础

沉井基础是由上、下开口的井筒状结构物下沉至设计高程所形成的基础。清除井内土石,逐节下沉至设计标高,再浇筑混凝土封底以后可形成沉井基础,如图 2.4 所示。

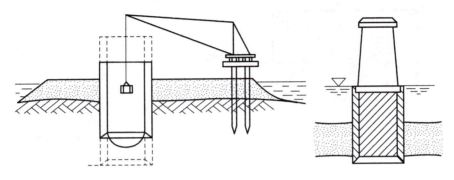

图 2.4　沉井基础

任务 2.2　基础施工

2.2.1　扩大基础施工

1) 施工工艺

扩大基础的施工工艺如图 2.5 所示。

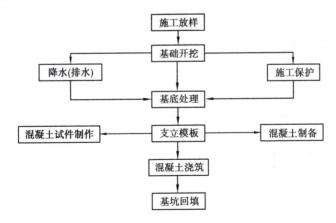

图 2.5　扩大基础施工工艺

2) 基础的定位放样

根据桥梁中心线和墩台的纵、横轴线推出基础边线的定位点,再放线画出基坑开挖范围,基坑底部的尺寸较设计的平面尺寸每边各增加 0.5 ~ 1 m 的富余量（便于支撑、排水、立模板）；如果是坑壁垂直的无水基坑坑底，可不必加宽，直接利用坑壁做基础模板，如图 2.6 所示。

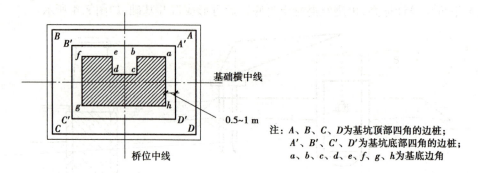

图 2.6　基础放样

3) 基坑开挖施工方法

（1）陆地基坑开挖施工

①施工顺序：熟悉图纸→按放坡要求绘制基坑开挖示意图→定出开挖边线和坡角线→现场放样→基坑开挖→坑底修整找平→验槽。

②施工注意事项：

a. 基础开挖前通知监理工程师，测量基础平面位置和现有地面标高。

b. 根据护桩用白线标出基坑开挖线，挖掘机开挖至基坑底设计高程以上 30 cm，人工挖至基础设计标高，严禁超挖。

c. 基坑开挖时，要随时用水准仪检测开挖深度，防止超挖。

d. 为施工安全和下部施工提供作业空间，基础开挖时，从设计轮廓线向四周扩大 50 cm，并适当放坡。

（2）陆地无支撑基坑开挖

①适用条件：基坑较深、基坑壁稳定并不受地下水影响，有放坡开挖场地。

②垂直坑壁：土质湿度正常，结构均匀；坚硬黏土、松土基坑深度不超过 0.5 m，中等密实土不超过 1.25 m，密实土不超过 2 m［图 2.7(a)］。

③斜坡坑壁：坑深度在 5 m 以内，土的湿度正常时，基坑采用斜坡［图 2.7(b)］，坡度值见表 2.1。

④梯形坑壁：坑壁开挖或按坡度值挖成阶梯形坑壁，每梯高度以 0.5 ~ 1 m 为宜，可作为人工运土出坑的台阶［图 2.7(c)］。

⑤上层斜坡、下层垂直坑壁：当基坑的上层土质适合敞口斜坡坑壁条件、下层土质为密实黏性土或岩石时，可用垂直坑壁开挖，在坑壁坡度变换处，应保留有至少 0.5 m 的平台。

表 2.1　基坑坡度值

土壤种类	坑壁坡度		
	坡顶无荷载	坡顶有静荷载	坡顶有动荷载
砂类土	1:1	1:1.25	1:1.5
卵石、砾类土	1:0.75	1:1	1:1.25
粉质土、黏质土	1:0.33	1:0.5	1:0.75
极软岩	1:0.25	1:0.33	1:0.67
软质岩	1:0	1:0.1	1:0.25
硬质岩	1:0	1:0	1:0

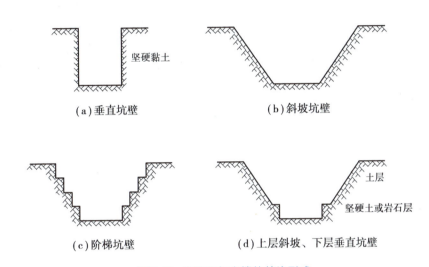

(a)垂直坑壁　　　　　　(b)斜坡坑壁

(c)阶梯坑壁　　　　　　(d)上层斜坡、下层垂直坑壁

图 2.7　坑壁不加支撑的基坑形式

（3）陆地有支撑基坑开挖

在一些软土地区基坑开挖及支撑施工过程中,选定科学合理的施工参数,对基坑的稳定和变形控制、周边环境保护均会产生重要的影响。施工参数主要根据基坑规模、几何尺寸、支撑形式、开挖方式、地质条件和周边环境要求等确定,包括分层开挖层数、每层开挖深度、每层土体无支撑暴露的时间、每层土体无支撑暴露的平面尺寸及高度等。实践证明,在每个开挖步骤过程中,围护墙体暴露时间和空间越小,则控制基坑变形的效果越好,因此加快开挖和支撑速度是提高软土地区基坑工程技术经济效果的重要环节。先撑后挖、限时支撑、分层开挖、严禁超挖,就是基于上述理论经过长时间工程实践总结得出的。

• 常用挡板支撑

挡板支撑适用于开挖面积不大、地下水位较低、挖基深度较浅的基坑,各种常用形式挡板支撑如图 2.8 所示。

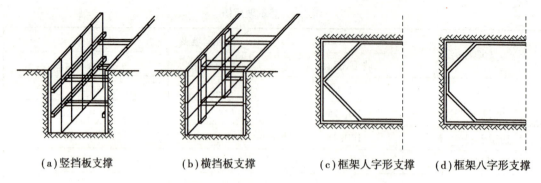

(a)竖挡板支撑　　　(b)横挡板支撑　　　(c)框架人字形支撑　　　(d)框架八字形支撑

图 2.8　各种形式挡板支撑

• 其他形式挡板支撑

①锚拉支撑:水平挡土板在柱桩内侧,用拉杆与锚桩拉紧,在挡土板内侧填土,适合开挖较大型、深度较深的基坑或使用机械挖土不能安装横撑时使用,如图2.9(a)、(b)所示。

②斜撑式支撑:水平挡土板在柱桩内侧,柱桩外侧用斜撑支护,斜撑底端支撑在撑桩上,适合开挖较大型、深度不大的基坑或使用挖土时,挡土板内侧填土,如图2.9(c)所示。

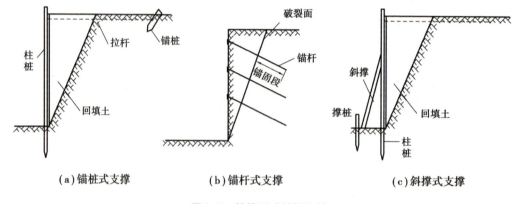

(a)锚桩式支撑　　　　(b)锚杆式支撑　　　　(c)斜撑式支撑

图 2.9　其他形式挡板支撑

• 喷射混凝土护壁

适用对象:坑壁自稳时间较短、渗水量较少的各类岩土及深度不超过 10 m 的基坑。

基本原理:以高压空气为动力,将搅拌均匀的砂、石、水泥和速凝剂干料,由喷射机经输料管吹送到喷枪,在通过喷枪的瞬间,加入高压水进行混合,自喷嘴射出,喷射在坑壁,形成环形混凝土护壁结构,以承受土压力,如图 2.10 所示。

施工注意要点:一般喷护厚度为 5～8 cm,一次喷护需 1～2 h。

一次喷射若达不到计算厚度,应等第一次喷层终凝后再补喷,直至计算厚度为止。喷护的基坑深度应按地质条件决定,一般不宜超过 10 m。基坑开挖若遇有较大渗水时,每层开挖深度不大于 0.5 m。开挖基坑与喷射混凝土均分层进行,每层高 0.5～1.5 m。

• 现浇混凝土护壁

适用对象:对于开挖时间长、地质不良、需要加强护壁的基坑,可采取现浇混凝土护壁。

图 2.10　喷射混凝土护壁

现浇混凝土护壁除流砂及呈流塑状态的黏性土外,适用于各类土的开挖防护,如图 2.11 所示。

施工注意要点:混凝土护壁应自上而下,随挖随护,逐层浇筑,顶层应一次整体浇筑,顶层以下各层分段开挖浇筑。上、下层混凝土纵向接缝应相互错开。分层高度以垂直开挖面不坍塌为原则,顶层高度以 2 m 为宜,以下每层高 1.0 ~ 1.5 m。混凝土护壁的开挖面应均匀分布、对称开挖、及时支模浇筑。基坑开挖视地质稳定情况,一般挖深 1 ~ 1.5 m,即应立模浇筑混凝土。基坑垂直开挖,应自上而下,逐段立模灌注混凝土。挖一节浇一节,直至基底。每次安装模板时, 在上、下节之间留有 0.2 m 宽的浇筑口,最后用混凝土堵塞。一般壁厚为 8 ~ 15 cm,必要时可采用钢筋混凝土护壁;通常 24 h 以上拆模。

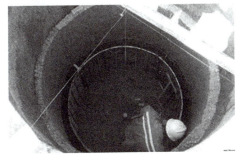

图 2.11　现浇混凝土护壁

(4)水中基坑开挖

桥梁水中基础最常用的施工方法是围堰法。

围堰的作用:防水、排水、支撑施工平台和基坑坑壁。

围堰的要求:满足基础施工要求;防水性好;满足强度和稳定性要求;堰顶在水位以上 0.5 m;对河床断面压缩小。

围堰形式:土围堰、石围堰、草(麻)袋围堰、钢板桩围堰、套箱围堰和木(竹)笼围堰。

● 土围堰(图 2.12)

适用条件:水深≤2.0 m,V<0.3 m/s,河床渗水小。

构造要求:稳定性要求顶宽 b≥1.5 m,外坡 1:2,内坡 1:1,内坡脚与基坑的距离≥1 m。

施工要求:黏性土填筑,由上游至下游合龙。

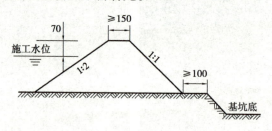

图 2.12　土围堰(单位:cm)

● 草袋围堰(图 2.13)

适用条件:水深≤3.0 m,$V<1.5$ m/s,河床渗水小。

构造要求:顶宽大于 2 m,内坡 1:0.2 ~ 1:0.5,外坡 1:0.5 ~ 1:1。

施工要点:黏性土填心,袋装松散土 60%;错缝搭长 1/3 ~ 1/2。

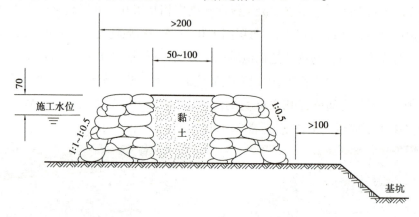

图 2.13　草袋围堰(单位:cm)

● 钢板桩围堰

性能特点:强度大、防水性好,能穿透砾石、卵石层、软岩。

适用条件:堰深 10 ~ 30 m,软岩最好,地下水位较高,基坑开挖深度为 5 ~ 10 m 时,宜用锁口钢板桩或锁口钢管桩。

钢板桩的打设:钢锤的质量不小于钢板桩质量的两倍,并设置桩帽。根据基础的要求和基底的土质情况,选择合适的打桩方法。如基坑渗水量不大,开挖深度在 5 m 以内,可采用简便的单桩打入法。插打顺序按施工组织设计进行,自上游分两头插向下游合龙。钢板桩挡板受力过大时,加设临时支撑。支撑形式可根据实际情况选用拉锚和支撑式中的任何一种形式,以加固挡板。

施工注意事项:施打钢板桩时,应对桩板进行认真检查,要求板面平直,接口预拼严密;采用定型规格桩板时,接口类型应一致;桩板插打顺序应从上游开始,至下游合龙;插桩时应对正接口,借助桩锤自重缓慢插入,必要时可低锤慢击;应随时检查偏斜;拔桩前向堰内注水使内外水位持平,从下游开始拔桩,尽可能采用震动拔桩法,如图 2.14 所示。

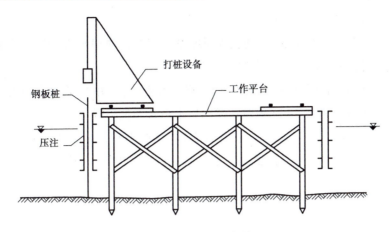

图 2.14　钢板桩围堰施工

（5）基坑排水

排水方法主要有集水坑排水法、井点降水法。

● 集水坑排水法

集水坑排水法又称明排水法,是在基坑开挖的过程中,在坑底设置集水坑,并沿坑底周围或中央开挖排水沟,使水流入集水坑,然后用水泵抽走。

适用对象:除严重流砂外,一般情况下均可适用。

构造要求:基坑四周的排水沟及集水井设置在基础轮廓 0.3 m 以外,排水沟断面尺寸一般为 (0.3 ~ 0.5) m×(0.3 ~ 0.5) m,其坡度为 1‰ ~ 5‰;集水坑宜设于转角处,每隔 20 ~ 40 m 设置一个;集水坑直径(宽度)一般为 0.7 ~ 1 m,其深度宜比排水沟低 0.5 ~ 1 m,坑壁可用竹、木等材料简易加固。

集水坑排水法施工步骤如图 2.15 所示。

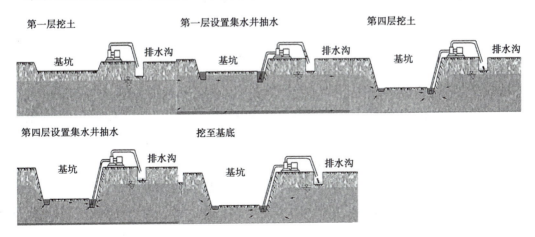

图 2.15　集水坑排水法施工步骤

•井点降水法

井点降水法是在基坑开挖前,在基坑四周埋设一定数量的滤水管(井),利用抽水设备抽水使所挖的土始终保持干燥状态的方法。

所采用的井点类型有轻型井点、喷射井点、电渗井点、管井井点、深井井点等。

井点设备主要包括井点管(下端为滤管)、集水总管和抽水设备等。

适用对象:粉、细砂或地下水位较高、挖基较深、坑壁不易稳定和普通方法难以排水的情况;应根据土层的渗透系数、要求降低地下水位的深度及工程特点,选择适宜的井点类型和所需设备。

井点降水法施工步骤如图 2.16 所示。

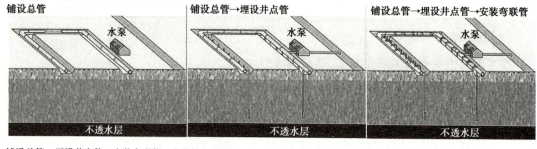

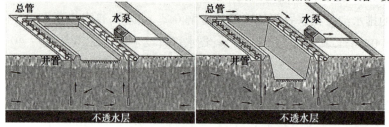

图 2.16　井点降水法施工步骤

(6)基底处理和检验

•基底处理

天然地基基础是直接靠基底土壤来承担荷载的,故基底土壤状态的好坏对基础及上部结构影响极大。施工前,不能仅检查土壤名称与允许承载力大小,还应为土壤更有效地承担荷载创造条件,即要进行基底处理工作。处理范围至少宽出基础 0.5 m。

①岩层处理办法:

a. 对于未风化的岩层基底,应清除岩面碎石、石块、淤泥、苔藓等。

b. 对于风化的岩层基底,开挖基坑尺寸要少留或不留富余量,浇筑基础圬工时,同时将坑底填满,封闭岩层。

c. 岩层倾斜时,应将岩面凿平或凿成台阶,使承重面与重力线垂直,以免滑动。

d. 砌筑前,岩层表面用水冲洗干净。

②碎石及砂类土壤:承重面应修理平整夯实,砌筑前铺一层 2 cm 厚的浓稠水泥砂浆。

③黏土层:

a.铲平坑底时,不能扰动土壤天然结构,不得用土回填。

b.必要时,加砌一层 10 cm 厚的夯填碎石,碎石面不得高出基底设计高程。

c.基坑挖完处理后,应在最短时间内砌筑基础,防止暴露过久土质变差。

④湿陷性黄土:

a.基底必须有防水措施。

b.根据土质条件,采用重锤夯实、换填、挤密桩等措施进行加固,以改善土层性质。

c.基础回填不得使用砂、砾石等透水土壤,应用原土加夯封闭。

⑤软土层:

a.基底软土小于 2 m 时,可将软土层全部挖除,换以中砂、粗砂、砾石、碎石等力学性质较好的填料,分层夯实。

b.软土层深度较大时,应布置砂桩(或砂井)穿过软土层,上层铺砂垫层。

⑥冻土层:

a.冻土基础开挖宜用天然或人工冻结法施工,并应保持基底冻层不融化。

b.基底设计高程以下,铺设一层厚 10～30 cm 粗砂或 10 cm 的混凝土垫层作为隔热层。

⑦溶洞:

a.暴露的溶洞应用浆砌片石、混凝土填充,或填砂、砾石后压水泥浆充实加固。

b.检查有无隐蔽溶洞,在一定深度内钻孔检查。

c.有较深的溶沟时,可用钢筋混凝土盖板或梁跨越,也可改变跨径避开。

⑧泉眼:

a.插入钢管,引出泉水使其与圬工隔离,以后用水下混凝土填实。

b.在坑底凿成暗沟,上放盖板,将水引至基础以外的汇水井中抽出,圬工硬化后停止抽水。

●基底检验

检验的目的:确定地基的允许承载力、基坑位置与高程是否与设计文件相符,以确保基础的强度和稳定性,不致发生滑移等病害。

主要内容:检查基底平面位置、尺寸大小,基底高程;检查基底土质均匀性、地基稳定性及承载力等;检查基底处理和排水情况。

一般涵洞的地基,通常采用直观或触探方法检验,必要时进行土质试验。当特殊设计的小桥涵对地基沉降有严格要求且土质不良时,宜进行荷载试验。

2.2.2　钻孔灌注桩施工

1）施工工艺

钻孔灌注桩施工工艺如图 2.17 所示。

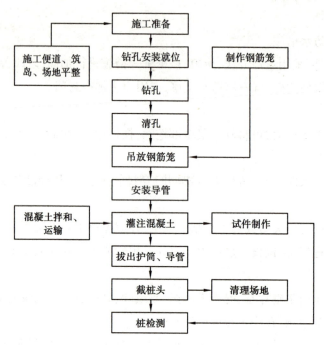

图 2.17　钻孔灌注桩施工工艺

2）场地准备

桩位在旱地时,可在原地适当平整并填土压实形成工作平台;桩位在浅水区时,宜采用筑岛法施工;桩位在深水区时,宜搭设钢制平台,当水位变动不大时,也可采用浮式工作平台,但在水流湍急或潮位涨落较大的水域,不应采用浮式平台。各类施工平台的平面面积大小,应满足钻孔成桩作业的需要;其顶面高程应高于桩施工期间可能的最高水位 1.0 m 以上,在受波浪影响的水域,还应考虑波高的影响。

3）埋设护筒

在钻孔灌注桩中,常埋设钢护筒来定位需要钻的桩位,如图 2.18 所示。

①护筒的作用:固定桩位、钻头导向、保护孔口、防止孔壁坍塌、隔离地表水、保护孔口地面。

图 2.18 护筒的埋设和振动

②护筒的设置应符合下列规定：

a. 护筒宜采用钢板卷制。在陆上或浅水区筑岛处的护筒，其内径应大于桩径至少 200 mm，壁厚应能使护筒保持圆筒状且不变形；在水中以机械沉设的护筒，其内径和壁厚的大小应根据护筒的平面、垂直度偏差要求及长度等因素确定，并应在护筒的顶、底口处采取适当的加强措施，保证其在沉设过程中不变形；对参与结构受力的护筒，其内径、壁厚及长度应符合设计的规定。

b. 护筒在埋设定位时，除设计另有规定外，护筒中心与桩中心的平面位置偏差应不大于 50 mm，护筒在竖直方向的倾斜度应不大于 1%；对深水基础中的护筒，在竖直方向的倾斜度宜不大于 1/150，平面位置的偏差可适当放宽，但应不大于 80 mm。在旱地和筑岛处设置护筒时，可采用挖坑埋设法实测定位，且护筒的底部和外侧四周应采用黏质土回填并分层夯实，使护筒底口处不致漏失泥浆；在水中沉设护筒时，宜采用导向架定位，并应采取有效措施保证其平面位置、倾斜度的准确，以及护筒接长连接处的焊接质量，焊接连接处的内壁应无突出物，且应耐拉、耐压，不漏水。

c. 护筒顶宜高于地面 0.3 m 或水面 1.0 ~ 2.0 m，同时应高于桩顶设计高程 1 m。在有潮汐影响的水域，护筒顶应高出施工期最高潮水位 1.5 ~ 2.0 m，并应在施工期间采取稳定孔内水头的措施；当桩孔内有承压水时，护筒顶应高于稳定后的承压水位 2.0 m 以上。

d. 护筒的埋置深度在旱地或筑岛处宜为 2 ~ 4 m，在水中或特殊情况下应根据设计要求或桩位的水文、地质情况经计算确定。对有冲刷影响的河床，护筒宜沉入施工期局部冲刷线以下 1.0 ~ 1.5 m，且宜采取防止河床在施工期过度冲刷的防护措施。

4)制备泥浆

①泥浆组成：由水、黏土(膨润土)和添加剂组成。

②泥浆作用：浮悬钻渣、冷却钻头、润滑钻具，增大静水压力，并在孔壁形成泥皮，隔断孔内外渗流，防止坍孔(固壁作用)。

调制的钻孔泥浆及经过循环净化的泥浆，应根据钻孔方法和地层情况来确定泥浆稠度。

泥浆稠度应视地层变化或操作要求机动掌握：泥浆太稀，排渣能力小、护壁效果差；泥浆太稠会削弱钻头冲击功能，减慢钻进速度。

③施工要点：勤检测泥浆密度，定期测定黏度、含砂量和胶体率。

5）钻孔

（1）钻机要求

钻机能够承受钻具和其他辅助设备的质量，具有一定的刚度，具有足够的高度；钻孔过程中，成孔中心必须对准桩位中心，钻架必须保持平稳，不发生位移、倾斜和沉陷；钻架安装就位时，应详细测量，底座应用枕木垫实、塞紧，顶端用缆风绳固定平稳，并在钻进过程中经常检查。

（2）钻孔施工的一般要求

①钻孔就位前，应对钻孔的各项准备工作进行检查，包括场地与钻机坐落处的平整和加固、主要机具的检查与安装。

②必须及时填写施工记录表，交接班时应交代钻进情况及下一班应注意事项。

③钻机底座和顶端要平稳，在钻进中不应产生位移和沉陷。

④钻孔作业应分班连续进行，不得中途停顿，如确实因故须停止钻进时，将钻头提升 2 m，以免埋住钻头。

（3）钻孔方法

常用钻孔方法有冲抓钻孔、冲击钻孔、正循环钻孔、反循环钻孔。

①冲抓钻孔是在稳定液护壁的条件下，利用特制的冲抓锤或冲抓斗的质量冲击破碎孔底岩土，并由冲抓锤瓣直接抓取岩土并提出孔外卸土，如图 2.19 所示。

组成：三脚立架、钻头、卷扬机（一种最简单的钻孔机械）。

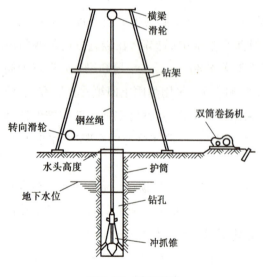

图 2.19 冲抓钻孔

特点：机械简单，投资少，成本低；施工自动化程度低，劳动强度大，施工慢。

适用：砂砾石、砂土地层。

冲抓成孔的施工：孔径一般为 70～120 cm，最大可达 160 cm。成孔深度一般为 20 m，最大可达 40 m。

②冲击钻孔工作原理：用卷扬机钢丝通过三脚立架上的滑轮将钻头提起，然后放开卷扬机，使钻头自由下落，钻头的冲击作用将砂砾石或岩石砸成碎末、细渣，靠泥浆将其悬浮起来

排出孔外,如图 2.20 所示。

组成:三脚立架、冲击钻头、卷扬机。

特点:节省人力,可 24 h 连续作业,施工效率高。

适用:砂砾石、岩石地层。

冲击钻头形式:十字形、工字形、人字形。

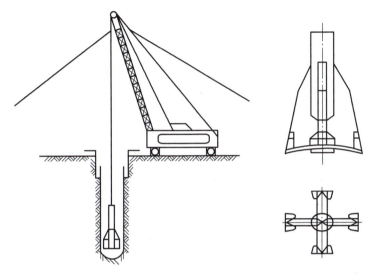

图 2.20　冲击钻孔

③正循环钻孔时,钻具旋转切削土体钻进,泥浆泵将泥浆压进泥浆笼头,通过钻杆中心从钻头喷入钻孔内,泥浆及渣土自孔口溢出,依靠重力流入沉淀池;也可借助泥浆泵,将就近池内的泥浆泵送至更远的沉淀池(图 2.21),钻渣在此沉淀,泥浆流入泥浆池循环使用。

适用:淤泥、黏性土、砂土以及砾卵石粒径小于 10 cm、含量少于 20%的碎石土。

特点:钻进与排渣同时连续进行,在适用的土层中钻进速度较快。

缺点:需设置泥浆槽、沉淀池等,施工占地较大且机具设备较复杂。

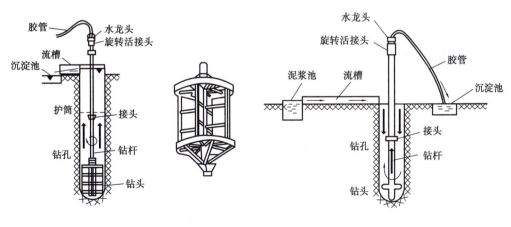

图 2.21　正循环钻孔　　　　图 2.22　反循环钻孔

④反循环钻孔时,与正循环法不同的是泥浆输入钻孔内,然后从钻头的钻杆下口吸进,通过钻杆中心排至沉淀池内(图2.22)。

适用:黏性土、砂土以及砾卵石粒径小于钻杆内径的2/3、含量少于20%的碎石土或软岩。

特点:钻进与排渣效率较高,但接长钻杆时装卸麻烦,钻渣容易堵塞管路。另外,因泥浆是从下向上流动,孔壁坍塌的可能性较正循环法大,为此需要较高质量的泥浆。

6)清孔

(1)清孔目的

钻孔过程中会有一部分泥浆和钻渣沉于孔底,必须将这些沉积物清除干净,才能使灌注的混凝土与地层或岩层紧密结合,保证桩的承载能力。

(2)施工要点

清孔分两次进行,第一次清孔应在成孔完毕后进行;第二次清孔应在钢筋笼和导管安装完成后进行。每次清孔时间不宜过长,以防坍孔。清孔前,在钻孔达到设计要求深度后,应对孔深、孔位、孔形、孔径等进行检查。

(3)清孔方法

常用的清孔方法有抽浆(吸泥)清孔、换浆清孔、掏渣清孔。

①抽浆清孔:适用于各种钻孔方法的摩擦桩、支承桩和嵌岩桩,但孔壁易坍塌的钻孔使用抽浆法清孔时,要防止坍孔。清孔时,由风管将高压空气输进排泥管,使泥浆形成密度较小的泥浆空气结合物,在水柱压力下沿排泥管向外排出泥浆和孔底沉渣,同时向孔内注水,保持孔内水位不变,直至喷出的泥浆指标符合规定时为止。

②换浆清孔:正循环旋转钻孔在终孔后,停止进尺,保持泥浆正常循环,通过泥浆泵钻杆以中速向孔底压入符合规定标准的泥浆,把孔内相对密度大的泥浆换出,使含砂率逐步减少,最后换成纯净的稠泥浆。这种泥浆短时间不会沉淀,使孔底沉淀层厚度在允许范围内。

③掏渣清孔:主要针对冲击法或冲抓法所成的桩孔的初步清孔,采用抽渣筒掏孔底沉渣,边抽边加水,保持一定的水头高度。抽渣后,用一根水管插到孔底注水,使水流从孔口溢出。在溢水过程中,孔内的泥浆相对密度逐渐降低,达到所要求的标准后停止。

7)灌注水下混凝土

泥浆护壁成孔灌注混凝土是在水中或泥浆中进行的,故称为灌注水下混凝土。

①灌注方法为导管法,主要机具有导管、漏斗、储料斗、隔水塞等。

②导管性能要求:

a.一般选用刚性导管,使用前应进行必要的水密、承压、接头抗拉等试验(图2.23)。

b.宜分段制作,每节长2 m左右,最下端一节宜为3~6 m;接头间夹有橡胶垫,防止漏水。

c. 在孔内水面以上 20~30cm 处设置隔水塞,待灌注混凝土时,剪断隔水塞的连接绳。

d. 水下灌注混凝土应连续进行,严禁中途停顿。

e. 导管提升过程中,应保持位置居中,轴线垂直,逐步提升。

图 2.23　导管水密试验

图 2.24　首批混凝土灌注准备

③首批灌注混凝土的一般要求:

a. 导管下口至孔底的距离一般为 30~50 cm。

b. 导管埋深不宜小于 1 m,且不宜大于 3 m。

c. 首批灌注混凝土的数量应满足导管初次埋置深度和填充导管底部间隙的需要(图 2.24)。

d. 首批混凝土的初凝时间不得早于灌注桩全部混凝土灌注完成时间,必要时加入缓凝剂。

④灌注混凝土注意事项:

a. 导管埋深为 2~6 m。

b. 根据混凝土的灌入量计算灌注高度,从而确定提升导管时间。

c. 灌注的桩顶高程应比设计高程高出 0.5~1 m,目的是将孔内泥浆全部排出,待开挖基坑浇筑承台时凿除。

d. 处于地面及桩顶以下的井口整体式刚性护筒,应在灌注完混凝土后立即拆除。

e. 处于地面以上、能拆卸的护筒,须待混凝土抗压强度达到 5 MPa 后才能拆除。

2.2.3　沉井施工

在软土地基或流砂地层中,不便进行基坑开挖,施做地下钢筋混凝土构筑物时,可采取沉井进行施工。其施工流程如图 2.25 所示。

1)沉井的预制

①沉井位于浅水或可能被水淹没的岸滩上时,宜就地筑岛制作。

②沉井位于无水的陆地时,若地基承载力满足设计要求,可就地整平夯实形成平台制作。

27

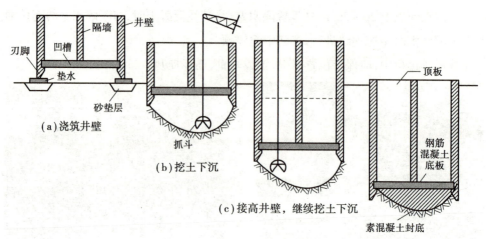

图 2.25　沉井施工流程图

③地基承载力不足时,应对地基采取加固措施;在地下水位较低的岸滩,土质较好时,可在开挖后的基坑内制作。

④制作沉井的岛面、平台面和开挖基坑的坑底高程,应比施工期可能的最高水位(包括波浪影响)高出 0.5～0.7 m;有流冰时,应再适当加高。沉井构造示意图如图 2.26 所示。

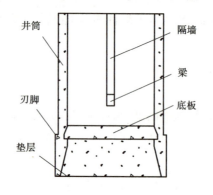

图 2.26　沉井构造示意图

2) 沉井的下沉

①沉井宜采用不排水的方式除土下沉[图 2.27(a)];在稳定的土层中,可采用排水方式除土下沉,但应有安全措施,防止发生事故[图 2.27(b)]。

②下沉过程中,宜对下沉的状况进行信息化管理,应随时掌握土层情况,进行下沉的监测和控制,及时分析和检验土的阻力与沉井重力的关系,采取最有利的下沉措施。下沉困难时,可采用空气幕、泥浆润滑套、井外高压射水、压重或接高沉井等方法助沉。

③正常下沉时,应自井孔中间向刃脚处均匀对称除土。采取排水除土下沉的底节沉井,

对设计支承位置处的土,应在分层除土中最后同时挖除;由数个井室组成的沉井,应控制各井室之间除土面的高差,使下沉不发生倾斜,并应避免内隔墙底部在下沉时受到下面土层的顶托。采用吸泥吹砂等方法下沉时,必须备有向井内补水的设施,应保持井内外的水位平衡或井内水位略高于井外水位;吸泥吹砂在井内应均匀进行,应防止局部吸吹过深导致沉井的偏斜。

④下沉时应随时进行纠偏,保持竖直下沉,每下沉 1 m 至少应检查一次;当沉井出现倾斜时,应及时校正。下沉至设计高程以上 2 m 左右时,应适当放慢下沉速度并控制井内的除土量和除土位置,使沉井能平稳下沉,准确到位。

⑤特大型沉井在下沉时,宜对沉井井壁的中心点进行高程监测。

（a）不排水下沉

（b）排水下沉

图 2.27　沉井下沉

3）沉井的封底

（1）基底检验

沉井下沉至设计高程后,应检验基底的地质情况是否与设计相符。不排水下沉的沉井基底面应整平,基底为岩层时,岩面残留物应清除干净,清理后的有效面积不得小于设计要求;井壁隔墙及刃脚与封底混凝土接触面处的泥污应清除干净。对下沉至设计高程后的沉井还应进行沉降观测,沉降稳定且满足设计要求后方可封底。

（2）沉井封底

沉井基底检验合格及沉降稳定后,应及时封底,如图 2.28 所示。不排水下沉的沉井应采用水下混凝土进行封底;对排水下沉的沉井,应设置引流排水设施,及时排除明水,且应采取可靠措施使混凝土强度在达到 5 MPa 前不受到压力水的作用;渗水上升速度大于上述规定时,宜采用水下混凝土进行封底所示。沉井的封底设计为水下压浆混凝土时,应按设计要求施工。

图 2.28　沉井封底

2.2.4　工程案例

工程概况:本工程为机场航站楼东侧污水提升泵站、西侧污水提升泵站及机场南路污水提升泵站基坑支护围护桩工程。基坑所在位置原为珠江口海漫滩堆积区、海鲜养殖田及海域,现填土后为未开发区域,周围地势开阔。

三座泵站根据开挖深度不同,钻孔灌注桩桩长也不同,东、西、南三座泵房围护桩长度分别为 16 m、19 m 和 14 m,桩径均为 1 m,桩间距为 1.3 m。桩间采用 $\phi0.6$ m 单管旋喷桩围护,起到挡土和止水作用。

钻孔桩采用 C25 商品混凝土水下灌注,采用泥浆护壁工艺施工。钢筋保护层厚度不小于70 mm,桩位允许偏差为 3 cm,桩身垂直度偏差不大于 1%,主筋间距偏差不大于 10 mm,箍筋间距偏差不大于 20 mm,钢筋笼长度偏差不大于 100 mm,钢筋笼直径偏差不大于 10 mm,孔底沉渣厚度不大于 200 mm。混凝土灌注按照水下混凝土灌注要求进行。支护桩采用跳桩施工,在相邻桩身混凝土强度达到设计强度 70% 后,方可进行相邻后一批桩成孔施工。支护桩成桩 21 d 后方可进行基坑的土方开挖。

1)工程地质情况

根据勘察报告,地层层序自上而下依次为:

①人工填土:棕黄色,主要由黏性土及砂堆填而成,含少量碎石,欠固结,结构松散。

②淤泥:灰黑色,湿~饱和,软塑,局部流塑,含少量有机质及贝壳,土质黏滑,手抓起后印痕较深。

③粉质黏土:砖红色,灰黄色,湿,可塑,含少量砂砾,土质黏性较好。

④砂质黏性土:棕黄色,稍湿,硬塑,含石英砂 5%~10%,由混合花岗岩风化残积而成。

⑤全风化混合花岗岩:褐黄色,已风化呈坚硬土状,泡水易软化,合金钻头较易钻进。

2)水文地质条件

场地位于伶仃洋珠江口东侧,受海洋潮汐作用影响较大。场内在勘察范围内有多层地下水。第一层主要赋存于人工填土层,地下水型属上层滞水类型;第二层主要赋存于冲洪积的砂层中,地下水类型属孔隙潜水类型;还有就是赋存于基岩裂隙中的基岩裂隙水。基岩裂隙水受地势、地貌影响不大。其余土层为相对隔水层。地下水的补给来源主要是大气降水的垂直渗入和海水的侧向径流补给。

3)主要工程数量

航站楼东侧污水提升泵站基坑围护桩 44 根,航站楼西侧污水提升泵站基坑围护桩 44 根,机场南路污水提升泵站基坑围护桩 58 根,共计 146 根。根据本工程地层条件及质量要求选用机械(表 2.2),本工程围护钻孔灌注桩主要采用 SPJ-300 钻孔桩机钻击成孔。此种钻机具有钻进速度快、旋转钻头对孔壁扰动较少、成孔快、噪声小、无振动等优点。

表 2.2　机械计划表

序号	名称	型号	数量
1	钻孔桩机	SPJ-300	2
2	装载机	ZL-500	2
3	载重汽车	斯太尔	4
4	吊车	QZ-25	2
5	挖机	——	1

4)钻孔灌注桩施工

基坑围护结构为 C25ϕ1 000@1 300 钻孔灌注桩。根据施工进度安排,东、西两座污水提升泵站场地整平后,具备条件的立即进行钻孔灌注桩施工。灌注桩施工方法及措施、灌注桩施工工艺分为成孔和成桩两大阶段,即钻进成孔阶段与灌注成桩阶段,流水作业。

(1)试桩

在正式打桩施工前进行试桩施工,测定出实际成孔的情况,包括孔位偏差、孔深、孔径、孔形、成孔垂直度、孔底沉渣厚度等。了解现场的实际地层及地下水情况,根据实际地质情况及测定出的数据选用适合实际情况的施工方法和钻机型式。

(2)测量放线

采用激光测距仪或经纬仪进行轴线引测,确保桩心定位准确。以业主提供的水准点及测量控制网进行引测,在轴线的延长线上做点建立控制网,每个控制点采用不少于 0.2 m³ 混凝土浇筑,中间放置埋件,在埋件上刻"十"字作为轴线引测点。在灌注桩施工过程中,每天对现场测量控制点进行校核,并做好有效保护。

(3)埋设护筒

护筒使用 8~12 mm 钢板,卷制成为内径比桩径大 200 mm 的钢制护筒(即 ϕ1 000 mm 桩用 ϕ1 200 mm 护筒,长度为 2 m,每台钻机配备护筒两个,开挖基坑后,人工配合汽车吊就位埋设护筒,埋设深度在地面下1.5 m,护筒外露部分高出现况地面0.5 m,护筒四周对称回填最佳含水率的黏土,且要边回填边分层对称夯实,确保护筒不倾斜、不露浆;会同监理工程师检验合格后,即可钻机就位。

(4)设备安装

钻机就位前将基础垫平填实,钻机按指定位置就位,在技术人员指导下,调整桅杆及钻杆的角度。钻机安装就位之后,精心调平,确保施工中不发生倾斜、移位。

(5)成孔

采用人工搅浆护壁,根据灌注桩的分布情况及现场实际条件,自备两台钢板焊制的25 m³泥浆池,便于移动。

(6)清孔

钻进到设计深度时立即清孔,采用泥浆循环置换捞渣法,可一次或多次进行捞渣。清孔后,孔底沉渣不得大于200 mm,孔口处杂物清理干净,方可进行下一步工序。钻孔达到设计标高后,钻机停机作业,立即进行清孔。首先进行孔内的泥浆置换,以中速压入密度为1.10 ~ 1.15 g/cm³ 纯泥浆,置换出孔内悬浮钻渣较多的泥浆。

清孔时,要严格按下列规定操作:灌注水下混凝土前孔底沉渣厚度不得大于100 mm;严禁采用加深孔底深度的方法代替清孔。

(7)钢筋笼制作及吊放

• 钢筋笼制作

①根据设计图,计算箍筋用料长度、主筋分布段长度,将钢筋调直后用切割机成批切好备用。

②在钢筋圈制作台上制作箍筋并按要求焊接。

③将支撑架按2 ~ 3 m的间距摆放在同一水平面上,对准中心线,然后将配好定长的主筋平直摆放在焊接支撑架上。

④将箍筋按设计要求套入主筋,并保持与主筋垂直,进行点焊或绑扎。

⑤箍筋与主筋焊好或绑扎后,将绕筋按规定间距绕于其上,用绑扎丝绑扎并间隔点焊固。

⑥钢筋笼保护层采用φ16钢筋加工成I形,每隔2 m沿钢筋笼周边均匀设置4条。钢筋笼保护层厚度不小于70 mm。

⑦将制作好的钢筋笼稳固放置在平整的地面上,防止变形。

• 钢筋笼吊放

①起吊钢筋笼采用扁担起吊法,起吊点设在钢筋笼箍筋与主筋连接处,且吊点对称,并一次性起吊。

②钢筋笼设置4 ~ 6个起吊点,以保证钢筋笼在起吊时不变形。

③吊放钢筋笼入孔时,应对准孔位,保持垂直,轻放、慢放入孔,不得左右旋转。若遇阻碍应停止下放,查明原因后进行处理。严禁高提猛落和强制下入。

④下放钢筋笼时,技术人员在场旁站,现场测护筒顶标高,准确计算吊筋长度,以控制钢筋笼的桩顶标高,避免出现钢筋笼上浮等问题。

(8)水下灌注混凝土

采用直径 200 mm 的导管灌注混凝土,导管位居桩孔中心,导管下口与桩孔底保留 300 ~ 400 mm 距离。导管采用 T 形丝扣连接,连接时,螺栓要对称拧紧,确保导管接口严密。

灌注首批混凝土前,要在漏斗中放入隔水塞,然后放入首批混凝土。φ1 000 mm 桩首批混凝土数量不少于 1.5 m³。在确认首批混凝土储存量足够时方可剪断铁丝,借助混凝土自重排出导管内积水,并连续完成首灌。

灌注首批混凝土使导管底面埋入混凝土中的深度不少于 1.5 m。灌注过程中,随时探测桩孔内混凝土面高度,计算导管埋置深度,做好记录,为正确指挥提升导管提供准确可靠的数据,确保导管底口埋入混凝土中的深度距离顶面始终不小于 2 m。用吊车拔除护筒。为确保桩顶质量,在桩顶设计标高以上再加灌一定高度,高度控制在 0.5 m 内。

在灌注将结束时,由于导管内混凝土柱高度减少,超压力降低。如出现混凝土顶升困难时,可适当减小导管埋深使灌注工作顺利进行。在拔最后一节长导管时,拔管速度要慢,避免孔内上部泥浆压入桩中,造成断桩。

(9)破桩头及其基桩检测

待混凝土达到一定强度后,即可开挖出桩头。开挖桩头采用人工配合挖掘机进行,破桩头采用空压机配合风镐,施工时从外向内,且不得损伤钢筋,防止将桩头劈裂。待混凝土浇筑 7 d 后或达到强度的 70% 时,即可进行小应变无损探伤检测,其检测结果 I 类桩达到 95% 以上,彻底杜绝 III 类桩。

有关要求:护筒埋设应坚实不漏水;钻孔过程中,若发现地质情况与设计不符时,及时报告监理工程师,并会同设计代表协商解决;在开钻前,必须备足优质黏土以供调制泥浆;桩的钻孔和开挖在中距 5 m 以内的任何混凝土灌注桩完成后 24 h 方可开始,以免干扰临桩混凝土的凝固;灌注用的混凝土要均匀,坍落度严格控制在 180 ~ 220 mm,优先选用级配良好的卵石,防止卡管;钢筋笼位置要固定牢固,防止施工过程中移动、脱落,在灌注水下混凝土时必须保证导管出料口埋在已浇筑好的混凝土中 2 m 以上;在整个施工的过程中均要做好原始记录,记录应清晰整洁。

本工程钻孔灌注桩的检测委托有资质的单位按进度规范和设计要求进行。

5)钻孔灌注桩质量要点

为保证工程质量,根据地质情况合理选择钻机,确保钻孔机械性能良好,施工中钻杆就位正确、垂直,垂直度允许偏差控制在 1% 以内。加强泥浆循环,掺入外加剂以改善泥浆护壁性能,确保孔身质量,增强其护壁能力。保持孔内水位,确保孔内水位位于护筒底以上 1 m。施工过程中加强对桩孔的垂直度观测,发现问题及时改进。

钻进过程中及时清理孔口积土,当发现钻杆跳动、机架摇晃、不进尺等现象时,应停钻检查。具体控制指标如下:

①桩位偏差不大于 30 mm。

②桩身垂直度偏差不应大于 1%。

③桩底沉渣厚度不大于 200 mm。

④主筋间距偏差不大于 10 mm。

⑤箍筋间距偏差不大于 20 mm。

⑥钢筋长度偏差不大于 100 mm。

⑦钢筋笼直径偏差不大于 10 mm。

⑧钻孔灌注桩采取隔桩施工,并在桩身混凝土强度达到 70% 后进行临桩成孔施工。

⑨钻孔灌注桩混凝土浇筑标高比设计标高高出 500 mm 左右。

项目小结

本项目主要讲解了基础的构造、施工工艺及施工过程中的注意事项。其中,扩大基础施工的重点是基坑开挖的各种形式,桩基础施工的重点是钻孔灌注桩的施工工序,沉井施工的重点是沉井的制作。本项目的学习要学会理论和实际相结合,通过基础施工的适用性,针对不同的施工环境,确定具体的施工方法,掌握在施工过程中要注意的细节。

巩固与提高

2.1 绘制明挖基础施工的流程图。

2.2 陆地基坑开挖的基本方式有哪些?

2.3 围堰的作用是什么? 基本要求有哪些?

2.4 常用围堰形式有哪些? 各种围堰的适用条件是什么?

2.5 常用基坑排水方法有哪些?

2.6 绘制钻孔灌注桩施工流程图。

2.7 护筒的作用有哪些? 泥浆在钻孔中的作用有哪些?

2.8 常用的钻孔方法有哪些?

2.9 水下混凝土灌注时应注意哪些事项?

项目 3　墩台和锥坡施工

建立起墩台施工的知识轮廓,并能通过精品在线资源深入学习将知识轮廓细化。

培养编写墩台和锥坡技术交底的能力;具有根据算例进行吊装计算的能力。

思政元素

连接宁波与舟山等群岛的连岛高速公路 2021 年全线通车,总建设里程达到了 83 km,跨越 8 个岛屿,拥有 8 座大桥,成为中国最长的连岛高速公路和规模最大的跨海桥梁群。为保护海洋环境,加快施工速度,避免海上恶劣天气对施工现场的影响,全线 36.7 km 长的宁波-舟山港主通道桥梁的桥墩和主梁几乎全部采用预制吊装的施工方法。施工单位发扬"三真"(即认真、较真、顶真)精神,以脚踏实地、兢兢业业、追求极致的工匠精神为该工程量身打造、自主研发出了吊装墩柱、盖梁、主梁的多功能 Lg140 一体化架桥机。通过讲解预制墩台的兴起情况,让"四节一环保"(建筑节能、建筑节地、建筑节水、建筑节材和保护环境)的理念伴随学生专业学习生涯。

任务 3.1　墩台施工

3.1.1　现浇墩台

目前,大部分墩台仍采用现浇施工。一般墩台采用定型钢模板分节段浇筑,如图 3.1 所示。高墩或桥塔一般使用滑模、爬模、翻模施工工艺(详见项目 7 斜拉桥施工)。

现浇墩台施工工艺流程大致可分为:基础处理→绑钢筋→立模板→浇筑混凝土(详见项目 4)。

1)重力式混凝土墩台施工要点

①明挖基础上灌注墩台第一层混凝土前,要洒水、铺塑料布,防止混凝土中的水分被基础吸收或基顶水分渗入混凝土而降低强度。

②墩台混凝土浇筑前,应对基础混凝土顶面凿毛处理,清除锚筋污锈,浇筑混凝土前最好

图 3.1 定型钢模板

撒一层与混凝土水灰比相同的水泥浆。

③墩台混凝土浇筑按照大体积混凝土(现场浇筑的最小边尺寸≥1 m,且必须采取措施以避免因内外温差过大导致裂缝的混凝土)浇筑及质量控制:

a. 宜选用低水化热和凝结时间长的水泥品种。粗集料宜采用连续级配,细集料宜采用中砂。宜掺用可减少混凝土早期水化热的外加剂和掺合料,外加剂宜采用缓凝剂、减水剂;掺合料宜采用粉煤灰、矿渣粉等。

b. 进行配合比设计时,在保证混凝土强度、和易性及坍落度要求的前提下,宜采取改善粗集料级配、提高掺合料和粗集料的含量、降低水胶比等措施,减少单方混凝土的水泥用量。

c. 大体积混凝土进行配合比设计及质量评定时,可按 60 d 龄期的抗压强度控制。

d. 大体积混凝土施工应提前制订专项施工技术方案,并应对混凝土采取温度控制措施。在浇筑后按设计要求对混凝土内部和表面的温度实施监测和控制。应使其内部最高温度不大于 75 ℃、内表温差不大于 25 ℃。通常在钢筋骨架内部设置循环冷水管的措施来降低内部温度。

e. 大体积混凝土可分层、分块浇筑,分层、分块的尺寸宜根据温控设计的要求及浇筑能力合理确定。每层高度宜为 1.5 ~ 2 m;分块浇筑时,接缝应与墩台截面尺寸较小的一边平行,邻层分块接缝应错开,接缝宜做成企口形,如图 3.2 所示。当结构尺寸相对较小或能满足温控要求时,可全断面一次浇筑。

2)柱式墩、台施工要点

①模板、支架稳定计算中应考虑风力影响。

②墩台柱与承台基础接触面应凿毛处理,清除钢筋污锈;浇筑前应铺同配合比的水泥砂浆一层;墩台柱的混凝土宜一次连续浇筑完成。

③柱身高度内有系梁连接时,系梁应与柱同步浇筑。V 形墩柱混凝土应对称浇筑。

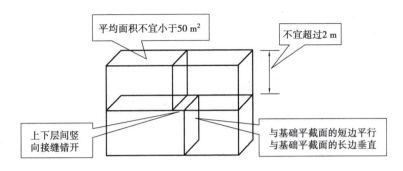

图 3.2 分层分块浇筑示意图

④钢管混凝土墩柱应采用补偿收缩混凝土,一次连续浇筑完成。

⑤采用预制混凝土管做柱身外模时,应注意预制管与基础以及管节之间接头的密封性,混凝土管外模应设斜撑,保证浇筑时的稳定。

3)盖梁施工要点

①桥墩较矮以及空间不受限制时,可采用传统的满堂支架法施工盖梁(此法不推荐),如图 3.3 所示。

②宜采用抱箍(整体组装模板、快装组合支架)施工盖梁,可减少支架工作量与减少占路时间,如图 3.4 所示。

③盖梁为悬臂梁时,混凝土浇筑从悬臂端开始。

图 3.3 满堂支架现浇盖梁

图 3.4 抱箍支架现浇盖梁

3.1.2 预制墩台

一直以来,桥梁工程的装配式施工做得非常好,但仅限于上部结构。近年来,国家大力推行装配式建筑,桥梁下部结构的装配式施工在此背景下也在慢慢兴起并成为趋势(图 3.5)。下面以宁波-舟山港主通道项目为例讲解预制装配下部结构。

图 3.5 立柱预制、墩身预制

1）立柱预制

在专用的胎架上绑扎立柱钢筋骨架。在翻转台架上安装立柱模板，将钢筋骨架整体吊装至翻转台架的模板内，安装上面模板。利用龙门吊将安装好的模板整体翻转竖直，并将模板整体吊运至预制台座，固定好底部模板与底座的螺栓。安装顶部操作平台，检查垂直度合格后，利用汽车泵浇筑混凝土。模板拆除后，采用专用的养护罩覆盖保湿养护。立柱钢筋骨架底部和顶部分别设置了定位板和定位架，确保灌浆套筒和主筋位置、间距精准。

立柱预制流程如图 3.6 所示。

| 顶部钢筋定位架安装 | 立柱骨架吊装模板 | 安装完成 | 立柱翻转 |

| 立柱吊至预制台座 | 模板竖直度检测 | 混凝土浇筑 | 立柱覆盖养护 |

图 3.6 立柱预制流程

2）立柱安装

桥面运梁车将立柱水平运输至架桥机尾部。两台天车将立柱吊运到前端。两台天车配合，完成立柱翻转竖直，安装牛腿、清洗半灌浆套筒。立柱吊装对位试拼装，试拼后提起立柱约 30 cm，铺设砂浆垫层。垫层铺好后，下放立柱，调整平面位置和垂直度。待砂浆垫层达到一定强度后，进行正式安装与孔道压浆。立柱安装流程如图 3.7 所示。

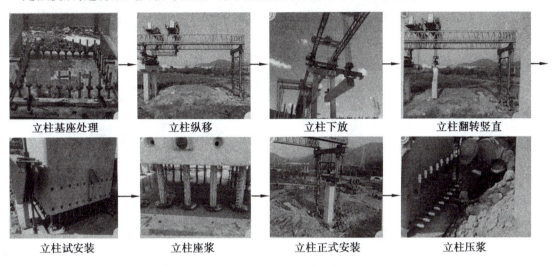

| 立柱基座处理 | 立柱纵移 | 立柱下放 | 立柱翻转竖直 |
| 立柱试安装 | 立柱座浆 | 立柱正式安装 | 立柱压浆 |

图 3.7 立柱安装流程

①基础杯口的混凝土强度必须达到设计要求，方可进行预制柱安装。杯口尺寸在安装前应校核确认。杯口与预制柱接触面均应凿毛处理，埋件应除锈并校核位置。

②预制柱安装就位后应采用硬木楔或钢楔固定，并加斜撑保持柱体稳定，在确保稳定后方可摘去吊钩。

③安装后应及时浇筑杯口混凝土，待混凝土硬化后拆除硬楔，浇筑二次混凝土，待杯口混凝土达到设计强度 75% 后方可拆除斜撑。

3）盖梁预制

在胎架上绑扎盖梁钢筋骨架。将盖梁钢筋骨架整体吊装到底模台座上，安装侧模和端模；利用汽车泵浇筑混凝土；模板拆除后，采用专用养护罩保湿养护；待混凝土强度和弹性模量达到设计值的 90% 以上时，完成预应力张拉及孔道压浆。盖梁钢筋骨架底部设置定位板，确保灌浆套筒位置、间距精准。

4）盖梁安装

①预制盖梁安装前，应对接头混凝土面凿毛处理，预埋件应除锈。

②在墩台柱上安装预制盖梁时，应对墩台柱进行固定和支撑，确保稳定。

③盖梁就位时,应检查轴线和各部尺寸,确认合格后方可固定,并浇筑接头混凝土。接头混凝土达到设计强度后,方可卸除临时固定设施。

盖梁预制流程和盖梁安装分别如图3.8和图3.9所示。

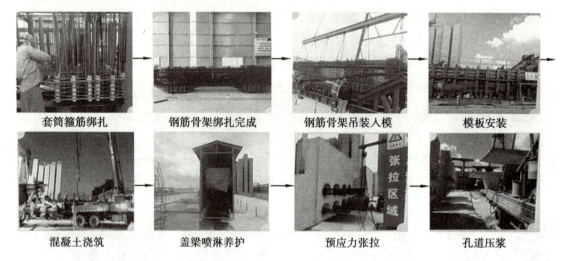

套筒箍筋绑扎　　钢筋骨架绑扎完成　　钢筋骨架吊装入模　　模板安装

混凝土浇筑　　盖梁喷淋养护　　预应力张拉　　孔道压浆

图3.8　盖梁预制流程

图3.9　盖梁安装

3.1.3　吊装验算

装配式施工过程主要包括3个阶段:预制构件制作、预制构件运输与堆放、预制构件安装与连接。这3个阶段均会涉及起重机械的吊装。桥梁构件自重大,吊装危险性高,为保证吊装安全、产品质量,必须进行吊装验算。本节简单介绍最常见的汽车吊吊装计算步骤与原理。

1)确定吊车站位

施工场地狭小,需根据实际情况选择汽车吊最合适的位置。确定吊车站位通常需要考虑的因素有:

①吊车站位处场地是否平整压实,作业半径内是否有遮挡。

②吊车站位处的作业半径与吊物的最大质量是否匹配满足(可直接查阅该型号吊车产品介绍书)。

③验算吊车站位处地基承载力是否满足。

2)选择吊装钢丝绳规格

根据起吊物重力计算出钢丝绳内力:

$$N = \frac{K_1 Q}{n \sin \alpha}$$

根据《重要用途钢丝绳》(GB 8918—2006)选择相应钢丝绳,计算其容许拉力:

$$P = \frac{\Psi S}{K_2}$$

$N < P$ 时,所选钢丝绳满足要求。

式中　N——每根钢丝绳索具的拉力;

　　　Q——最大吊装构件重力;

　　　n——吊索根数;

　　　α——吊索钢丝绳与吊装构件水平夹角,$\alpha \geqslant 60°$;

　　　K_1——吊装时动载系数,取 1.1 ~ 1.5;

　　　P——钢丝绳容许拉力;

　　　Ψ——钢丝捻制不均折减系数,对 6×37 绳,$\Psi = 0.82$;

　　　S——钢丝绳规格表中提供的钢丝绳最小破断拉力;

　　　K_2——吊索钢丝绳的安全系数,取 8。

3)汽车吊稳定性验算

为保证汽车吊在吊装过程中的稳定,需进行起重机整体抗倾覆稳定性验算:当稳定力矩的代数和大于倾覆力矩的代数和时,可以认为该起重机抗倾覆性能是稳定的。计算简图如图 3.10 所示,对支腿 O 点取矩。尽量选择在无风天气吊装,可不计风荷载。

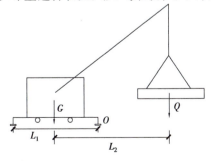

图 3.10　最不利吊装工况计算简图

抗倾覆稳定系数：$K = \dfrac{M_G}{M_Q} = \dfrac{G \times \dfrac{L_1}{2}}{Q \times L_2} > 2$ 时，满足要求。

式中　G——汽车吊自重+配重；

$\qquad$ L_1——支腿全伸或半伸距离（查阅汽车起重机产品介绍书）；

$\qquad$ Q——最大吊装构件重力，并考虑动载系数 $1.1 \sim 1.5$。

$\qquad$ L_2——汽车吊站位处最大作业半径。

4）地基承载力验算

汽车吊支腿全伸或半伸工作时，最不利的情况是三点着地：

$$F = (G+Q)/3$$

在 $\sigma = F/S < [\sigma]$ 时，地基承载力满足要求。

式中　F——单个支腿最大支承力；

$\qquad$ σ——汽车吊对路基的最大应力；

$\qquad$ $[\sigma]$——地基承载力特征值；

$\qquad$ S——支腿下垫钢板箱的面积。

任务3.2　锥坡施工

为保护路堤边坡不受冲刷，在桥涵与路基相接处修筑锥坡；在采用埋置式、桩式、柱式桥台或桥台布置不能完全挡土时，为保护桥头路堤的稳定，防止冲刷，应在两侧设置锥坡。横桥方向的坡度应与路堤边坡一致，顺桥向坡度应根据高度、土质情况，结合淹水情况和铺砌与否来确定。锥坡及其施工工艺流程如图3.11所示。

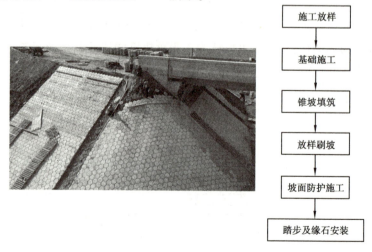

图3.11　锥坡及其施工工艺流程图

施工要点：

①施工放样,用石灰线标记;根据桥台施工设计图,结合台背回填高度放出锥坡的轴线控制桩,放样点设带钉木桩,拉线确定锥坡坡度、碎石垫层厚度、片石砌筑厚度和基础开挖深度及尺寸,并用白灰撒出开挖轮廓线。拉线放样时,坡顶宜预先放高 2~3 cm,以消除后期锥体沉降对坡度的影响。

②锥坡基础的基坑用小型挖掘机进行开挖,基坑四周预留 10 cm 原状土,人工开挖,基底浮土全部清理干净,同时保证原土不受扰动。基础坑槽清理完成后,在坑槽内铺厚 10 cm 的砂垫层,然后开始砌筑片石。砌石采用挤浆法,直接座浆在砂垫层上砌筑至设计标高。砌筑时应大块石料在下层,且大面朝下。

③锥坡采用透水性砂性素土分层填筑,不得采用含有泥草、腐殖物或冻土块的土;每层填筑应和台背同时进行填筑,压路机碾压不到位的部位,采用人工配合小型振动机具的方式进行碾压处理,确保无漏压。锥体填土应按设计高程及坡度填足,根据砌筑片石厚度,不够时再进行刷坡。当坡面土小部分不足时,严禁进行回填。

④锥坡填筑完成后,按照设计边坡标准线放样定线进行刷坡,先用挖掘机进行刷坡,预留 10~20 cm 用人工进行刷坡。边坡修整时,用坡度尺拉线修整,修整后的边坡坡度不得大于设计值,同时将坡脚地面整平。刷坡时,防止出现较大超、欠挖,超挖部分要夯填密实,欠挖部分清挖至设计断面。

⑤锥坡坡面防护一般有浆砌片石、六棱砌块、六角空心砖+种草等方式。

a. 石砌锥坡:在坡面或基面夯实、整平后,方可开始砌筑,砌筑时要挂线施工。片石护坡的外露面和坡顶、边口应选用较大、较平整并略加修凿的石块。浆砌片石护坡时,石块应相互咬接,砌缝砂浆饱满,缝宽尽量偏小。干砌片石护坡时,铺砌应紧密、稳定,表面平顺,不得用小石块塞垫找平,砌缝宽度均匀。

b. 六棱块安装:先在锥坡表面铺设一层防水土工布,预制块砌筑采用座浆法施工。砌筑时,先在防水土工布上铺筑一层砂浆,整个边坡的砌筑自下而上进行。大面平整度使用纵横拉线控制。其中,纵线控制砌体的坡度,横线将砌体控制在同一斜面上。施工完成后,表面要平整、线形顺直,砌缝宽度均匀一致,缝内砂浆应均匀饱满。

⑥按设计要求施工反滤层、泄水孔等。

⑦锥坡应设置踏步,以便检查和养护桥台支座等构造。踏步及缘石安装施工方法与锥坡六棱块基本相同。施工期间,应根据砌筑时的实际情况适量洒水养生,砌筑完毕后仍要保证其湿润,养生时间不少于 7 d。

项目小结

　　本项目的重点是墩台施工,其中高墩和桥台采用的滑模、爬模、翻模技术是难点,详见本书项目7。当前墩台施工的主流是现浇,未来墩台施工的主流是预制吊装。着眼现在,放眼未来,现浇与预制两种施工方法均十分重要,需要认真掌握。通过线上资料和施工视频的学习,掌握本项目所介绍的每一种工法的施工特点及其适用性。

巩固与提高

　　3.1 定型钢模板可以采取哪些方式防止爆模、漏浆?

　　3.2 何为大体积混凝土浇筑? 浇筑时需要注意什么? 用哪些措施来预防大体积混凝土开裂?

　　3.3 采用汽车吊时,专项方案需进行哪些计算?

　　3.4 怎么保证预制墩与基础和盖梁的整体性?

　　3.5 锥坡是不是每个桥台都必须设置? 锥坡是否必须做防水?

项目4　简支梁桥施工

 知识目标

掌握钢筋、模板、混凝土、预应力、预制拼装的施工设备、施工方法、施工工艺及施工注意事项。

 技能目标

能进行钢筋、模板、混凝土、预应力、预制拼装的实际操作。

 思政元素

简支梁桥是结构最简单、应用最广泛的一种桥型。中国高铁建设的最大特征是以桥代路,在众多的桥梁类型中,标准设计的简支梁体系占了桥梁总量的90%以上,标准设计形成了工厂化制造,整体安装,桥上铺设无缝线路,这种制式适应了我国快速建设的需求。这也反映了一个朴素的道理:往往最简单的就是最实用的。同时告诫大家,不要因为是最简单的就囫囵吞枣、不求甚解。看似简单平常的小小简支梁桥包含着桥梁工程最经典的力学原理和最基本的施工方法,只有刻苦把简支梁的"马步"扎稳了才能练得出港珠澳大桥这样的"上乘功夫"。

任务4.1　钢筋加工

4.1.1　钢筋加工前的准备工作

1)钢筋的分类

钢筋的分类

(1)按钢筋外形分类

①光圆钢筋是表面轧制为光面且截面为圆形的钢筋,如 HPB300 级钢筋。

②变形钢筋是表面带有凸纹的钢筋,凸纹一般为月牙形,另外还有螺旋形、人字形两种,如 HRB400、HRB500、RRB400 级钢筋。

③钢丝是指直径在 5 mm 以下的钢筋,钢丝有低碳钢丝和碳素钢丝两种。把光面碳素钢丝在绞线机上进行捻合,再经低温回火而成为钢绞线。

（2）按化学成分分类

①碳素钢钢筋。碳素钢钢筋按含碳量不同分为低碳钢钢筋（碳的质量分数低于0.25%）、中碳钢钢筋（碳的质量分数为0.25%～0.6%）和高碳钢钢筋（碳的质量分数为0.6%～1.4%）。含碳量高的钢筋,其强度和硬度也高,但塑性和可焊性随含碳量增加而降低。

②普通低合金钢钢筋。普通低合金钢钢筋是在低碳钢和中碳钢的成分中加入少量的合金元素（如锰、硅、钛、钒等）而轧制成的钢筋。这些合金元素具有改善钢筋性能的作用,合金元素总的质量分数小于5%。

（3）按生产工艺分类

①热轧钢筋。热轧钢筋是由低碳钢或普通低合金钢在高温状态下轧制成形并自然冷却的成品钢筋。

②热处理钢筋。热处理钢筋是采用热轧螺纹钢筋经过加热淬火及回火等调质热处理而制成的钢筋。

③冷轧带肋钢筋。冷轧带肋钢筋是采用普通低碳钢或低合金钢热轧的圆盘条为母材,经冷轧减径后在其表面冷轧二面或三面有肋的钢筋。

④冷拉钢筋。冷拉钢筋是将热轧钢筋在常温下进行强力拉伸使其强度提高的一种钢筋。

⑤钢丝。钢丝按生产工艺分为碳素钢丝和冷拔低碳钢丝。碳素钢丝是由优质高碳钢盘条经淬火、酸洗、拔制、回火等工艺而制成的,又称高强圆形钢丝或预应力钢丝。碳素钢丝按生产工艺可分为冷拉钢丝及矫直回火钢丝两个品种。

⑥钢绞线。把光面碳素钢丝在绞线机上进行捻合,再经低温回火而成为钢绞线。

2）钢筋的检验

钢筋应具有出厂质量证明书和试验报告单,进场时除应检查其外观和标志外,应按不同的钢种、等级、牌号、规格及生产厂家分批抽取试样进行力学性能检验,检验试验方法应符合现行国家标准的规定。钢筋经进场检验合格后方可使用。

①钢筋分批检验时,可由同一牌号、同一炉罐号、同一尺寸的钢筋进行组批,每批的质量应不大于60 t。

②超过60 t的部分,每增加40 t（或不足40 t的余数）应增加一次拉伸和弯曲试验试样。钢筋的进场检验亦可由同一牌号、同一冶炼方法、同一浇注方法的不同炉罐号组成混合批进行,但各炉罐号的含碳量之差应不大于0.02%,含锰量之差应不大于0.15%。

3）钢筋的保存

在工地存放时,应按不同品种、规格,分批分别堆置整齐,不得混杂,并应设立识别标志（图4.1）,存放的时间宜不超过6个月;存放场地应有防、排水设施,且钢筋不得直接置于地面,应垫高或堆置在台座上,顶部应采用合适的材料予以覆盖,防止水浸和雨淋。

图 4.1　钢筋分类存放

4.1.2　钢筋的加工

钢筋的加工是指根据设计图样要求和施工规范将钢筋在钢筋车间加工成符合要求的形状和尺寸。钢筋的加工工序主要包括除锈、调直、下料、切断、弯曲成形、钢筋的连接等。

钢筋的加工

1)钢筋除锈

(1)手工除锈

常用的手工除锈方法有以下两种:

①钢丝刷除锈。用钢丝刷在钢筋表面来回擦动,以达到除锈的目的。这种除锈方法工效较低,主要用于少量钢筋除锈或局部除锈,如图 4.2 所示。

②砂盘除锈。用砂盘中的干燥砂子摩擦钢筋表面,以达到除锈的目的。这种除锈方法效果较好,主要用于较粗的钢筋除锈。

(2)酸洗除锈

酸洗除锈是将钢筋放入酸洗槽中,将油污、铁锈清洗干净。这种方法较人工除锈彻底,工效也高,适用于大量除锈工作。

(3)机械除锈

机械除锈常用以下两种方法:

①除锈机除锈。用小功率电动机带动圆盘钢丝刷,通过圆盘钢丝刷高速转动清除钢筋表面铁锈。这种方法工效高,也能获得良好的除锈效果,如图 4.3 所示。

②喷砂法除锈。该方法主要是用空压机、储砂机、喷砂管、喷头等设备,利用空压机产生的强大气流形成高压砂流除锈。这种方法除锈效果较好,适用于大量除锈工作,如图 4.4 所示。

若在钢筋除锈过程中发现钢筋表面的氧化铁鳞落现象严重,并已损伤钢筋截面,或在除锈后钢筋表面有严重的麻坑、斑点伤蚀截面时,应降级使用或剔除不用。

图 4.2 钢丝刷除锈

图 4.3 除锈机除锈

图 4.4 喷砂法除锈

2）钢筋的调直

钢筋在加工成形前，均应调直。钢筋的调直方法有手工调直和机械调直两种。

（1）手工调直

对工程量小或临时在工地加工的钢筋，常采用手工调直钢筋。

①钢丝的调直。钢丝可以采用夹轮牵引调直，如牵引过轮的钢丝还存在局部弯曲，可用小锤敲打平直，也可以采用蛇形管调直。蛇形管采用长 40 ～ 50 cm、外径 20 mm 的厚壁钢管。蛇形管壁四周打上小孔，排漏铁锈粉末，管两端连接喇叭状进出口，将蛇形管固定在支架上，需要调直的钢丝穿过蛇形管，用人力向前牵引，即可将钢丝基本调直，局部慢弯处可用小锤加以平直，如图 4.5 所示。

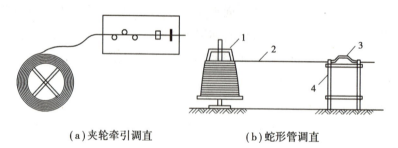

（a）夹轮牵引调直　　　　　　（b）蛇形管调直

图 4.5 钢丝调直装置示意

1—盘条架；2—钢丝；3—蛇形管；4—固定支架

②细钢筋调直直径在 10 mm 以下的盘圆钢筋称为细钢筋。细钢筋可以在工作台上用小锤敲直，也可用绞磨车拉直。绞磨车装置是由一台手摇绞车或木绞盘、钢丝绳、地锚和夹具组成（图 4.6）。操作时先将盘圆钢筋搁在盘条架上，人工将钢筋拉到一定长度切断，分别将钢筋两端夹在地锚和绞磨端的夹具上，推动绞磨，即可将钢筋基本拉直。

③粗钢筋调直。直条粗钢筋的曲折是在运输和堆放过程中造成的，一般仅在直条上出现一些缓弯，常用人工在工作台上调直。

（2）机械调直

机械调直是利用钢筋调直机或卷扬机把弯曲的钢筋调直使其达到钢筋加工的要求。

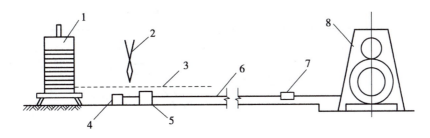

图 4.6　绞磨车调直钢筋示意

1—盘条架;2—钢筋剪;3—开盘钢筋;4—地锚;

5—钢筋夹;6—调直钢筋;7—钢筋夹;8—绞磨车

①调直机调直。目前采用的钢筋调直机械都具有钢筋除锈、调直和切断三项功能。这三道工序能在操作中一次完成,使用方便、工效高、调直质量好。

②卷扬机冷拉调直直径 10 mm 以下的 HPB235 级盘圆钢筋,可采用卷扬机拉直,它能完成除锈、拉伸、调直三道工序。冷拉时,HPB235 级钢筋的冷拉率不宜大于 4%,HRB335 级、HRB400 级及 RRB400 级钢筋冷拉率不宜大于 1%。

3)钢筋下料

钢筋经过除锈、调直后,可根据构件配筋图,计算钢筋的下料长度,进行画线下料加工。

(1)钢筋中部弯曲处的量度差值

施工图纸的钢筋尺寸:钢筋的外边缘尺寸(外包尺寸)。

直线钢筋:钢筋下料长度＝轴线长度＝外包尺寸。

钢筋弯曲特性:弯曲后,受弯处外边缘伸长,内边缘缩短,中心线(轴线)则保持原有尺寸。

钢筋长度的度量方法:钢筋长度是指外包尺寸,钢筋弯曲以后存在一个量度差值,在计算下料长度时必须加以扣除。

量度差值:钢筋外包尺寸和轴线长度之间存在的一个差值。

(2)钢筋下料长度计算

直钢筋下料长度＝直构件长度−保护层厚度+末端弯钩增加长度。

弯起钢筋下料长度＝直段长度+斜段长度−弯折量度差值+末端弯钩增加长度。

箍筋下料长度＝直段长度+弯钩增加长度−弯折量度差值＝箍筋周长+箍筋调整值。

箍筋数量＝(构件长−两端保护层厚度)/箍筋间距+1。

弯起钢筋斜长及增加长度计算见表4.1。

(3)钢筋下料计算注意事项

①在设计图纸中,钢筋配置的细节问题没有注明时,一般按构造要求处理。

②配料计算时,要考虑钢筋的形状和尺寸,在满足设计要求的前提下,要有利于加工。

③配料时,还要考虑施工需要的附加钢筋。

表4.1 弯起钢筋斜长及增加长度计算表

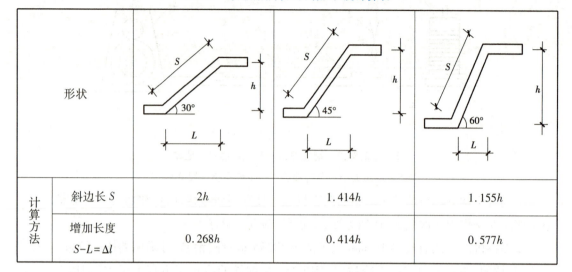

	形状	30°	45°	60°
计算方法	斜边长 S	$2h$	$1.414h$	$1.155h$
	增加长度 $S-L=\Delta l$	$0.268h$	$0.414h$	$0.577h$

4）钢筋的切断

钢筋经过除锈、调直后,根据钢筋配料单和料牌上标示的钢筋下料长度、规格切断钢筋,钢筋的切断方法有手工切断和机械切断两种。

（1）手工切断

①断线钳切断。断线钳可切断钢丝及 6 mm 以下的钢筋。

②手动切断机切断。手动切断机一般能切断 16 mm 以下的钢筋,它可以根据所切断钢筋直径来调整手柄长度,切断时比较省力。

③手动液压切断器切断。手动液压切断器能切断 16 mm 以上的钢筋,它主要通过液压传动使刀片切割钢筋来完成切断。

④克子切断钢筋。加工工作量较小时,可用克子切断。操作时将钢筋放在克子槽内,上克边紧贴下克边,用锤子打上克将钢筋切断。

（2）机械切断

机械切断是指用钢筋切断机来切断钢筋,较手工切断钢筋速度快,加工量大。目前常用电动切割机切断钢筋,该法适用于直径 40 mm 以下的钢筋。

5）钢筋的弯曲成形

钢筋的弯曲成形是指将已经切断或配好的钢筋按钢筋配料单或料牌上的钢筋式样和尺寸,弯曲加工成相应的形状、尺寸。钢筋弯曲成形的方法有手工和机械两种。其操作顺序是:画线→试弯→弯曲成形。

（1）画线

画线是指在钢筋弯曲前,根据钢筋配料单或料牌上标明的尺寸,用石笔将各弯曲点位置画出。

对于所弯曲的钢筋,要根据料牌上要求的式样和尺寸将各段分隔画线,画线长度应考虑弯曲调整值,并在弯曲操作方向相反的一侧长度内扣除[图4.7(a)](两段长度分别为a和b,根据不同的弯曲方式,画线长度也不同),弯曲时使画线点处于板柱外缘。对于弯折135°和180°的钢筋,画线点的位置按图样上的长度尺寸减小一个直径长,如图4.7(b)所示。画线工作宜从中线开始向两端进行;两端不对称的钢筋,也可以从钢筋一端开始画线,如画到另一端有出入时,则应重新调整。

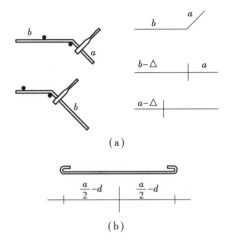

（a）

（b）

图4.7　弯曲钢筋画线方法

（2）试弯

弯曲钢筋画线后,即可试弯一根,以检查画线的结果是否符合设计要求。如不符合,应对弯曲顺序、画线、弯曲标志、板距等进行调整,待调整合格后,才能成批弯制。

（3）弯曲成形

①手工弯曲。手工弯曲钢筋成形的设备简单、成形准确,在工地上经常采用。手工弯曲直径12 mm以下的钢筋时,通常使用手摇扳手,一次可以弯1~4根钢筋。手工弯曲粗钢筋时,可用横口扳手在工作台上进行,这种方法可以弯曲直径32 mm以下的钢筋(图4.8)。

②机械弯曲成形。将钢筋需要弯曲的部位放到心轴与成形轴(工作轴)之间,开动弯曲机。当工作盘旋转90°时,成形轴也转动90°。由于钢筋被挡铁轴阻止不能运动,成形轴就将钢筋绕着心轴弯成90°的弯钩。如果工作盘继续旋转到180°,成形轴也就把钢筋弯成180°的弯钩。用倒顺开关使工作盘反转,成形轴就回到原来位置,即弯曲结束(图4.9)。

图4.8　钢筋手工弯曲

图4.9　钢筋机械弯曲

6）钢筋的连接

钢筋的连接是指钢筋接头的连接，有绑扎连接、焊接连接和机械连接3种。

（1）绑扎连接

钢筋的绑扎连接就是钢筋按照规定的搭接长度搭接，在搭接部分的中心和两端用铁丝扎紧。

采用钢筋绑扎连接时，钢筋绑扎接头位置以及搭接长度应符合国家现行标准《混凝土结构工程施工质量验收规范》（GB 50204—2015）的规定。

①在任何情况下，受拉钢筋的搭接长度不应小于300 mm；受压钢筋的搭接长度不应小于200 mm。

②同一构件中相邻纵向受力钢筋的绑扎搭接接头宜相互错开。绑扎搭接接头中钢筋的横向净距不应小于钢筋直径，且不应小于25 mm。

③轴心受拉及小偏心受拉杆件（如桁架和拱的拉杆）的纵向受力钢筋不得采用绑扎搭接接头。当受拉钢筋的直径$d>28$ mm及受压钢筋的直径$d>32$ mm时，不宜采用绑扎搭接接头。

（2）焊接连接

在工程施工中，当钢筋的长度不够时就需要进行连接。焊接是钢筋连接最常用的一种方法。在钢筋焊接施工中，焊接方法主要有钢筋电阻点焊、闪光对焊、电弧焊、电渣压力焊及气压焊等。为确保钢筋焊接质量，最重要的是：焊工必须持有考试合格证方可上岗操作；每批钢筋正式焊接前，应进行现场条件下焊接性能试验，合格后方可正式生产。

①钢筋电阻点焊。钢筋电阻点焊是将两根钢筋安放成交叉叠接形式，压紧于两极之间，利用电阻热融化母材金属，同时加压形成焊点的一种压焊方法。它主要用于钢筋的交叉连接，如用来焊接钢筋骨架和钢筋网片，是一种生产效率高、质量好的工艺方法。

②闪光对焊。闪光对焊是将两钢筋安放成对接形式，利用电阻热使接触点金属熔化，产生强烈飞溅，形成闪光，迅速施加顶锻力完成的一种压焊方法。闪光对焊具有工效高、材料省、费用低、质量好等优点。它是目前在建筑工程中比较常用的一种接头焊接方法，是电阻焊

的一种对接方法。

③焊条电弧焊。焊条电弧焊是以焊条作为一极,钢筋为另一极,利用焊接电流通过产生的电弧热进行焊接的一种熔焊方法。

（3）钢筋的机械连接

钢筋的机械连接是指通过钢筋与连接件的机械咬合作用或钢筋端面的承压作用,将一根钢筋中的力传递到另一根钢筋的连接方法。钢筋机械连接的形式很多,有套筒挤压连接、钢筋锥螺纹连接、墩粗直螺纹连接、滚轧直螺纹连接、熔融金属充填连接和水泥灌浆充填连接等。

①套筒挤压连接。套筒挤压连接是将需连接的带肋钢筋插入特制钢套筒内,利用挤压机对钢套筒进行径向或轴向挤压,使它产生塑性变形与带肋钢筋紧紧咬合形成接头,从而实现钢筋的连接。它适用于竖向、横向及其他方向的粗直径带肋钢筋的连接。与焊接相比,它具有省电、无明火作业、施工简便和接头可靠度高等特点,不受钢筋焊接性及气候影响（图4.10）。

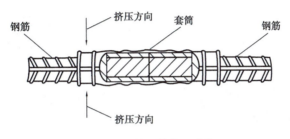

图 4.10　钢筋套筒挤压连接

②钢筋锥螺纹连接。钢筋锥螺纹连接是先将钢筋需要连接的端部加工成锥形螺纹,利用钢筋端部的锥形螺纹与内壁带有相同内螺纹（锥形）的连接套筒相互拧紧后,靠锥形螺纹相互咬合形成接头的连接,如图4.11所示。这种连接方式施工速度快、不受气候影响、质量稳定、对中性好。

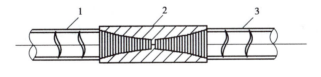

图 4.11　钢筋锥螺纹连接

1,3—钢筋　2—连接套筒

任务 4.2　模板、支架工程

4.2.1　模板、支架的制备与安装

在现浇混凝土工艺中,需要模板作为临时的承重结构。模板系统一般由模板和支架两部

分构成。模板是使塑性状态的混凝土在其中凝固硬化,形成构筑物所要求的构造形态和尺寸的模型。支架和拱架则是支撑和稳固模板,并承受模板、钢筋、混凝土等重量的结构。

模板宜采用钢材、胶合板或其他适宜的材料制作;支架宜采用钢材或常备式定型钢构件等材料制作。钢材的性能和质量应符合现行《碳素结构钢》(GB/T 700)的规定;胶合板的性能和质量应符合现行《混凝土模板用胶合板》(GB/T 17656)或现行《混凝土模板用竹材胶合板》(LY/T 1574)的规定;其他材料应符合相应国家或行业标准的规定;常备式定型钢构件应符合该产品相应的技术规定。

1)模板的类型

模板的类型主要有木模板、钢模板、胶合板模板、塑料模板、铝合金模板、充气橡胶管内模等。

(1)木模板

木模板由面板和支撑系统组成。面板是使混凝土成形的部分;支撑系统是稳固面板位置和承受上部荷载的结构部分(图4.12),常用规格为1.2 m×2.44 m、1.83 m×0.915 m。

(2)钢模板

钢模板(图4.13)具有质量轻、板幅大,模板吸附力小、易脱模,周转次数多,保温性能好,维修方便,可在现场将局部损伤面进行修补,当一面磨损后可翻转板面使用等特点。

图4.12　木模板

图4.13　钢模板

(3)胶合板模板

胶合板是由木段旋切成单板或由木方刨切成薄木,再用胶黏剂胶合而成的三层或多层的板状材料。胶合板通常按相邻层木纹方向互相垂直组坯胶合而成,通常其表板和内层板对称地配置在中心层或板芯的两侧,如图4.14所示。

图 4.14　胶合板模板

图 4.15　塑料模板

（4）塑料模板

塑料模板（图 4.15）是以改性聚丙烯或增强聚乙烯为主要原料，采用注塑成型工艺制成的。塑料模板质轻、坚固、耐冲击、不易被腐蚀，施工简便，周转次数多（可达 550 次以上），脱模后混凝土表面光滑。塑料模板可节约木材、钢材，降低成本，但一次投资费用大。

（5）充气橡胶管内模

在充气时，所施气压的大小要根据橡胶管的管径、新筑混凝土的压力以及气温等因素计算确定。在浇筑混凝土之前，要事先用定位钢筋或压块将橡胶管的位置加以固定，以防止其上浮和偏位。泄气抽出橡胶管的时间长短与混凝土的强度和气温有关，也要根据试验来确定，因其不够稳定，目前较少采用。充气橡胶管内模如图 4.16 所示。

图 4.16　充气橡胶管内模

2）支架的类型

支架按材料可分为木支架、钢支架、钢木混合支架和钢管支架，按构造可分为满堂式、梁式和梁-柱式支架。

（1）满堂式支架

满堂式支架通常由排架和纵梁等构件组成。排架由枕木或桩、立柱和盖梁组成。陆地现浇桥梁,应在整平的地基上铺设碎石层或砂砾石层,在其上浇筑混凝土作为支架的基础。钢管排架纵、横向密排,下设槽钢支承钢管,常称为满堂式支架,如图 4.17（a）所示。钢管由扣件接长或搭接,上端用可调节的顶托固定纵、横龙骨,形成立柱式支架。搭设钢管支架要设置纵、横向水平加劲杆,桥较高时还需加剪刀撑,水平加劲杆与剪刀撑均需用扣件与立柱钢管连成整体。水中支架则需先设置基础和排架桩,钢管支架在排架上设置。其构造简单,常用于陆地或不通航河道以及桥墩不高的小跨径桥梁施工。

（2）梁式支架

梁式支架可采用工字钢、钢板梁或钢桁梁。一般工字钢用于跨径小于 10 m 的情况,钢板梁用于跨径小于 20 m 的情况,钢桁梁用于跨径大于 20 m 的情况。梁可以支承在墩旁支柱上,也可支承在桥墩上预留的托架或支承在桥墩处的横梁上,如图 4.17（b）所示。

（3）梁-柱式支架

当桥梁较高、跨径较大或必须在支架下设孔通航或排洪时,可用梁-柱式支架。梁支承在桥墩台以及临时支柱或临时墩上,形成多跨的梁-柱式支架,如图 4.17（c）所示。

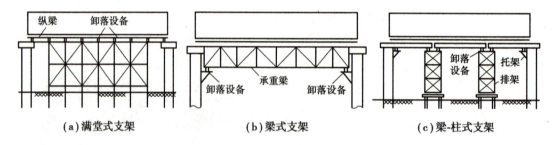

（a）满堂式支架　　　　　（b）梁式支架　　　　　（c）梁-柱式支架

图 4.17　常用支架构造简图

3）模板、支架的设计

（1）模板、支架设计应考虑的荷载

模板、支架的设计应考虑下列各项荷载,并应按表 4.2 的规定进行荷载组合:

①模板、支架自重;

②新浇筑混凝土、钢筋、预应力筋或其他圬工结构物的重力;

③施工人员及施工设备、施工材料等荷载;

④振捣混凝土时产生的振动荷载;

⑤新浇筑混凝土对模板侧面的压力;

⑥混凝土入模时产生的水平方向的冲击荷载;

⑦设于水中的支架所承受的水流压力、波浪力、流冰压力、船只及其他漂浮物的撞击力;

⑧其他可能产生的荷载,如风荷载、雪荷载、冬季保温设施荷载、温度应力等。

表 4.2 模板、支架设计计算的荷载组合

模板、支架结构类别	荷载组合	
	强度计算	刚度验算
梁、板的底模板以及支承板、支架等	①+②+③+④+⑦+⑧	①+②+⑦+⑧
缘石、人行道、栏杆、柱、梁、板等的侧模板	④+⑤	⑤
基础、墩台等厚大结构物的侧模板	⑤+⑥	⑤

（2）模板构造要求的规定

①模板背面应设置主肋和次肋作为其支承系统,主肋和次肋的布置应根据模板的荷载和刚度要求进行。次肋的配置方向应与模板的长度方向相垂直,应能直接承受模板传递的荷载,其间距应按荷载数值和模板的力学性能计算确定;主肋应承受次肋传递的荷载,且应能起到加强模板结构的整体刚度和调整平直度的作用,支架或支撑的着力点应设置在主肋上。

②模板的配板应根据配模面的形状、几何尺寸及支撑形式决定。配板时宜选用大规格的模板为主板,其他规格的模板作为补充;配板后的板缝应规则,不得杂乱无章。

③对在墩柱、梁、板的转角处使用的模板及各种模板面的交接部分,应采用连接简便、结构牢固、易于拆除的专用模板。

④当设置对拉螺杆或其他拉筋需要在模板上钻孔时,应使钻孔的模板能多次周转使用,并应采取措施减少或避免在模板上钻孔。

（3）支架构造要求的规定

①支架的构造形式宜综合所采用的材料类别、所支承的结构及其荷载、地形及环境条件、地基情况等因素确定。

②支架的立杆之间应根据其受力要求和结构特点设置水平和斜向等支撑连接杆件,增强支架的整体刚度和稳定性。

③托架结构宜设置成三角形,且与预埋件的连接固定方式应可靠。

④采用定型钢管脚手架材料作支架时,其构造应符合相应技术规范的规定。

4）模板、支架的制作

模板的制作与安装

（1）模板的制作

①钢模板应按批准的加工图进行制作,成品经检验合格后方可使用。组装前应对零部件的几何尺寸和焊缝进行全面检查,合格后方可进行组装。

②制作钢木组合模板时,钢与木之间的接触面应贴紧。面板采用防水胶合板的模板,除应使胶合板与背楞之间密贴外,对在制作过程中裁切过的防水胶合板茬口,应按产品的要求及时涂刷防水涂料。

③木模板与混凝土接触的表面应刨光且应保持平整。木模板的接缝可制作成平缝、搭接

缝或企口缝,当采用平缝时,应有防止漏浆的措施;转角处应加嵌条或做成斜角。

④采用其他材料(高分子合成材料面板、硬塑料或玻璃钢)制作模板时,其接缝应严密,边肋及加强肋应安装牢固,并应与面板成一整体。

⑤模板制作允许偏差符合表4.3的规定。

表4.3　模板制作允许偏差

项目			允许偏差/mm
木模板制作	模板长度和宽度		±5
	不刨光模板相邻两板表面高低差		3
	刨光模板相邻两板表面高低差		1
	平板模板表面最大的局部不平	刨光模板	3
		不刨光模板	5
	拼合板中木板间的缝隙宽度		2
	槽嵌接紧密度		2
钢模板制作	外形尺寸	长和高	+0,−1
		肋高	±5
	面板端偏斜		0.5
	连接配件(螺栓、卡子等)的孔眼位置	孔中心与板面的间距	±0.3
		板端中心与板端的间距	+0,−0.5
	板面局部不平	沿板长、宽方向的孔	±0.6
	板面和板侧挠度		±1

注:板面局部不平用2 m靠尺、塞尺检测。

(2)支架的制作

①木支架。所用的材料规格及质量应符合要求。桁架在制作时,各杆件应当采用材质较强、无损伤及湿度不大的木材。夹木制作时,木板长短应搭配好,纵向接头要求错开,其间距及每个断面接头应满足使用要求。面板夹木按间隔用螺栓固定,其余用铁钉与拱肋固定。

木支架的强度和刚度应满足变形要求。杆件在竖直与水平面内,应采用交叉杆件连接牢固,以保证稳定。木支架制作安装时,基础应牢固,立柱应正直,节点连接应采取可靠措施以保证支架的稳定,高支架横向稳定应有保证措施。

②钢支架。钢支架可采用型钢、钢管、常备式钢构件等作为材料设备,以常备式钢构件组成的钢排架,其纵、横向距离应根据实际情况进行合理组合,以保证结构的整体性;并应设置足够的斜撑、扣件和缆风绳,以保证排架的稳定。

③满布支架。满布支架可采用门型、碗扣、轮扣和钢管扣件等定型钢管支架产品。满布支架的地基必须进行妥善处理,避免产生过大沉降;对支架应进行强度和稳定性验算,应加强

斜向连接与支撑,以保证支架的整体稳定性。

5)模板、支架的安装

(1)模板安装应符合的规定

①模板应按设计要求准确就位,且不宜与脚手架连接。

②安装侧模板时,支撑应牢固,应防止模板在浇筑混凝土时产生移位。

③模板在安装过程中必须设置防倾覆的临时固定设施。

④模板安装完成后,其尺寸、平面位置和顶部高程等应符合设计要求,节点连接应牢固。

⑤梁、板等结构的底模板宜根据需要设置预拱度。

⑥固定在模板上的预埋件和预留孔洞均不得遗漏,安装应牢固,位置应准确。

⑦模板安装允许偏差应符合表4.4的规定。

表4.4　模板安装允许偏差

项目		允许偏差/mm
模板高程	基础	±15
	柱、梁	±10
	墩台	±10
模板尺寸	上部结构的所有构件	+5,−0
	基础	±30
	墩台	±20
轴线偏位	基础	15
	柱	8
	梁	10
	墩台	10
装配式构件支承面的高程		+2,−5
模板相邻两板表面高低差		2
模板表面平整		5
预埋件中心线位置		3
预留孔洞中心线位置		10
预留孔洞截面内部尺寸		+10,−0

(2)支架安装的注意事项

①支架立柱必须安装在有足够承载力的地基上,立柱底端应设垫木以分布和传递压力,并保证浇筑混凝土后不发生超过允许的沉降量。

②船只或汽车通行孔的两边支架应加设护桩,夜间应采用灯光标明行驶方向。施工中易受漂流物冲撞的河中支架应设坚固的防撞设施。

③支架在安装完毕后,应对其平面位置、顶部标高、节点连接及纵、横向稳定性进行全面检查,符合要求后,方可进行下一道工序。

④对安装完成的支架宜采用等载预压消除支架的非弹性变形,并观测支架顶面的沉落量。

4.2.2 模板拆除与通病防治

1)模板、支架的拆除

①模板、支架的拆除期限和拆除程序等应根据结构物特点、模板部位和混凝土所应达到的强度要求确定,并应严格按其相应的施工图设计的要求进行。

②非承重侧模板应在混凝土抗压强度达到 2.5 MPa,且能保证其表面及棱角不致因拆模而受损坏时方可拆除。

③芯模和预留孔道的内模,应在混凝土强度能保证其表面不发生塌陷或裂缝现象时,方可拆除。

④钢筋混凝土结构的承重模板、支架,应在混凝土强度能承受其自重荷载及其他可能的叠加荷载时,方可拆除。

⑤对预应力混凝土结构,其侧模应在预应力钢束张拉前拆除;底模及支架应在结构建立预应力后方可拆除。

⑥模板、支架的拆除应遵循后支先拆、先支后拆的原则顺序进行。墩、台的模板宜在其上部结构施工前拆除。

⑦拆除梁、板等结构的承重模板时,在横向应同时、在纵向应对称均衡卸落。简支梁、连续梁结构的模板宜从跨中向支座方向依次循环卸落;悬臂梁结构的模板宜从悬臂端开始顺序卸落。

⑧模板、支架拆除时,不得损伤混凝土结构。

2)模板的通病防治

(1)轴线位移防治措施

①严格按一定的比例将各分部、分项翻成详图并注明各部位轴线位置、几何尺寸、剖面形状、预留孔洞、预埋件等,经复核无误后认真对生产班组及操作工作进行技术交底,作为模板制作、安装的依据。

②模板轴线测放后,组织专人进行技术复核验收,确认无误后才能支模。

③墙、柱模板根部和顶部必须设可靠的限位措施,采用现浇板混凝土上预埋短钢筋固定钢支撑,内部底焊梯子底筋支撑,以保证底部位置准确。

④支模时要拉水平竖向通线,并设竖向垂直度控制线,以保证模板水平、竖向位置准确。

⑤根据混凝土结构特点,对模板进行专门设计,以保证模板及其支架具有足够强度、刚度及稳定性。

⑥混凝土浇筑前,对模板轴线、支架、顶撑、螺栓进行认真检查、复核,发现问题及时进行处理。

⑦混凝土浇筑时,要均匀对称下料,浇筑高度应严格控制在施工规范允许的范围内。

(2)标高偏差防治措施

①设足够的标高控制点,竖向模板根部须做找平。

②模板顶部标明标高标记,严格按标记施工。

③预埋件及预留孔洞,在安装前应与图纸对照,确认无误后准确固定在设计位置上,必要时用电焊或套框等方法将其固定。在浇筑混凝土时应沿其周围分层均匀浇筑,严禁碰击和振动预埋件与模板。

(3)接缝不严防治措施

①翻样要认真,严格按一定比例将各分部分项细部翻成详图,详细标注尺寸,经复核无误后和操作工人交底,强化工人质量意识,认真制作定型模板和拼装。

②严格控制木模板含水率,制作时拼缝要严密。

③木模板安装周期不宜过长,浇筑混凝土时,木模板要提前浇水湿润,使其胀开密缝。

④模板变形特别是边框变形,要及时修整平直。

⑤模板间嵌缝措施要控制,不能用油毡、塑料布、水泥袋等嵌缝堵洞。

⑥梁、柱交接部位支撑要牢固可靠,拼缝要严密(必要时缝间加双面胶纸),发生错位要及时校正。

⑦墙柱底部混凝土面施工时应找平收光,平整度符合要求。

(4)脱模剂使用不当防治措施

①拆模后必须清除模板上遗留的混凝土残浆,然后再刷脱模剂。

②严禁用废机油作为脱模剂,脱模剂材料选用原则应为:既适于脱模,又便于混凝土表面装饰。选用的材料有皂液、滑石粉、石灰水及其混合液或各种专门化学制品的脱模剂等。

③脱模剂材料宜拌成浆糊状,应涂刷均匀,不得流滴,一般刷两面三刀度为宜以防漏刷,也不宜涂刷过厚。

④脱模剂涂刷后,应在短期内及时浇筑混凝土,以防隔离层受破坏。

（5）模板未清理干净防治措施

①钢筋绑扎完毕，用压缩空气或压力水清除模板内垃圾。

②检验钢筋时，必须连带验仓。

③在封模前，派专人将模内垃圾清除干净。

（6）模板支撑选配不当防治措施

①模板支撑系统根据不同的结构类型和模板类型选配，以便相互协调配套。使用时应对支承系统进行必要的验算和复核，尤其是支柱间距应经计算确定，确保模板支撑系统具有足够的承载能力、刚度和稳定性。

②木质支撑体系如与木模板配合，木支撑必须钉牢楔紧，支柱之间必须加强拉结连紧，木支柱柱脚下用对扳木楔调整标高并固定，荷载过大的木模板支撑体系可采用钢管支设牢固。

③钢管支撑体系中支撑的布置形式应满足模板设计要求，并能保证安全承受施工荷载。

④支撑体系的基底必须坚实可靠，竖向支撑基底如为土层时，应在支撑底铺垫脚手板等硬质材料。

⑤高层施工中，应注意逐层加设支撑，分层分散施工荷载。侧向支撑必须支顶牢固，拉结和加固可靠，必要时应打入地锚或在混凝土中预埋短钢筋做撑脚。

任务4.3　混凝土工程

混凝土搅拌与运输

4.3.1　混凝土的制备与运输

1）混凝土的原材料

混凝土是由水泥、水和砂石按适当比例配合，搅拌成拌合物，经过一定时间硬化而成的人造石材。因混凝土自身具有可塑性强、适应性强、耐久性好等优点而被大量运用于建筑工程中。其施工工序一般有材料准备、搅拌、运输、浇筑、养护。

（1）水泥

①应选用品质稳定的硅酸盐水泥或普通硅酸盐水泥；对于环境作用严重条件下的混凝土，宜采用硅酸盐水泥或低热水泥；在有充分证明条件时，也可选用其他水泥。

②水泥的品种和强度等级应通过混凝土配合比试验选定，且其特性应不会对混凝土的强度、耐久性和工作性能产生不利影响。当混凝土中采用碱活性集料时，宜选用含碱量不大于0.6%的低碱水泥。

③公路桥涵混凝土工程宜采用散装水泥，散装水泥在工地应采用专用水泥罐储存；采用袋装水泥时，在运输和储存过程中应防止受潮，且不得长时间露天堆放，临时露天堆放时应设支垫并覆盖。不同品种、强度等级和出厂日期的水泥应分别按批存放。

（2）细集料

细集料宜采用级配良好、质地坚硬、颗粒洁净的河沙；当河沙不易得到时，可采用符合规定的其他天然砂或机制砂；细集料不得采用海砂。细集料的技术指标应符合表 4.5 的规定。

表 4.5　细集料的技术指标

项目		技术要求		
		Ⅰ类	Ⅱ类	Ⅲ类
有害物质限量	云母（按质量计）/%	≤1.0	≤2.0	
	轻物质（按质量计）/%	≤1.0		
	有机物	合格		
	硫化物及硫酸盐（按 SO₃ 质量计）/%	≤0.5		
	氯化物（按氯离子量计）/%	≤0.01	≤0.02	≤0.06
天然砂	含泥量（按质量计）/%	≤1.0	≤3.0	≤5.0
	泥块含量（按质量计）/%	0	≤1.0	≤2.0
机制砂	MB 值≤1.4 或快速法试验合格	MB 值	≤0.5	≤1.0	≤1.4 或合格
		石粉含量（按质量计）/%	≤10.0		
		泥块含量（按质量计）/%	0	≤1.0	≤2.0
	MB 值>1.4 或快速法试验合	石粉含量（按质量计）/%	≤1.0	≤3.0	≤5.0
		泥块含量（按质量计）/%	0	≤1.0	≤2.0
坚固性	硫酸钠溶液法试验，砂的质量损失/%	≤8		≤10
	机制砂单级最大压碎指标/%	≤20	≤25	≤30
表现密度/(kg·m⁻³)		≥2 500		
松散堆积密度/(kg·m⁻³)		≥1 400		
空隙率/%		≤44		
碱集料反应		经碱集料反应试验后，试件应无裂缝、酥裂、胶体外溢现象，在规定试验龄期的膨胀率应小于 0.01%		

注：①砂按产源分为天然砂、机制砂两类；按技术要求分为Ⅰ类、Ⅱ类。

②石粉含量是指机制砂中粒径小于 75 μm 的颗粒含量。

③当工程有要求时，含水率和饱和面干吸水率采用实测值。

④砂中不应混有草根、树叶、树枝、塑料、煤块、炉渣等杂物。

⑤当对砂的坚固性有怀疑时，应做坚固性试验。

⑥当碱集料反应不符合表中要求时，应采取抑制碱集料反应的技术措施。

（3）粗集料

①桥涵混凝土的粗集料，应采用质地坚实、均匀洁净、级配合理、粒形良好、吸水率小的碎石，也可采用碎卵石，低等级混凝土还可采用卵石。氯盐锈蚀环境严重作用下的混凝土，不宜采用抗渗性较差的岩质（如花岗岩、砂岩等）作粗集料。

②粗集料应采用二级或多级配。粗集料的颗粒级配，宜采用连续级配或连续级配与单粒级配合使用。在特殊情况下，通过试验证明混凝土无离析现象时，也可采用单粒级。

③粗集料最大粒径宜按混凝土结构情况及施工方法选取，但最大粒径不得超过结构最小边尺寸的 1/4 和钢筋最小净距的 3/4；在两层或多层密布钢筋结构中，最大粒径不得超过钢筋最小净距的 1/2，同时不得超过 75.0 mm；混凝土实心板的粗集料最大粒径不宜超过板厚的 1/3 且不得超过 37.5 mm；泵送混凝土时的粗集料最大粒径，除应符合上述规定外，对碎石不宜超过输送管径的 1/3，对卵石不宜超过输送管径的 1/2.5。

④施工前应对所用的粗集料进行碱活性检验，在条件许可时宜避免采用有碱活性反应的粗集料，必须采用时应采取必要的抑制措施。

⑤粗集料的进场检验组批应符合相关规范的规定。检验内容应包括外观、颗粒级配、针片状颗粒含量、含泥量、泥块含量、压碎值指标等，必要时还应对坚固性、有害物质含量、氯离子量、碱活性及放射性等指标进行检验。检验试验方法应符合现行《公路工程集料试验规程》（JTG E42）的规定。

（4）水

①拌制混凝土宜采用饮用水，饮用水一般能满足要求，使用时可不经试验。

②当采用其他水源时水质应符合表 4.6 的规定。

③混凝土拌合用水不应有漂浮明显的油脂和泡沫，不应有明显的颜色和异味。

④未经处理的海水严禁用于钢筋混凝土和预应力混凝土的拌制、养护。

表 4.6　混凝土用水品质指标

项目	拌制用水			养护用水
	预应力混凝土	钢筋混凝土	素混凝土	
pH 值	≥5.0	≥4.5	≥4.5	≥4.5
不溶物/(mg·L^{-1})	≤2 000	≤2 000	≤5 000	—
可溶物/(mg·L^{-1})	≤2 000	≤5 000	≤10 000	—
氯化物（以 Cl$^-$ 计）/(mg·L^{-1})	≤500	≤1 000	≤3 500	≤3 500
硫酸盐（以 SO$_4^{2-}$ 计）/(mg·L^{-1})	≤600	≤2 000	≤2 700	≤2 700
碱含量/(mg·L^{-1})	≤1 500	≤1 500	≤1 500	≤1 500

（5）外加剂

①外加剂的品种应根据设计和施工要求选择，应采用减水率高、坍落度损失小、能明显改

善混凝土性能的质量稳定产品。工程使用的外加剂与水泥、矿物掺合料之间应有良好的相容性。

②试配掺外加剂的混凝土时,应采用工程使用的原材料,按设计与施工要求进行检测,检测条件应与施工条件相同。当材料或混凝土性能变化时,应重新进行试配。

③在钢筋混凝土和预应力混凝土中,均不得掺用氯化钙、氯化钠等氯盐。

④减水剂宜采用聚羧酸类减水剂。

⑤各种外加剂中的氯离子总含量宜不大于混凝土中胶凝材料总质量的 0.02%,硫酸钠含量宜不大于减水剂干重的 15%。

⑥掺入引气剂的混凝土,其含气量应按不同环境类别和作用等级确定。

(6)掺合料

掺合料主要为粉煤灰、磨细矿渣、硅灰等。使用时应保证其产品品质稳定,来料均匀。

①粉煤灰、磨细矿渣、硅灰的质量指标及适用范围见《公路桥涵施工技术规范》(JTG/T 3650—2020)。

②掺合料在运输与存储中,应有明显标志,严禁与水泥等其他材料混淆。

③施工需要掺用掺合料(粉煤灰、磨细矿渣、硅灰等),使用前应通过试配检验,确定其掺量。掺用掺合料的混凝土应符合设计、有关的施工要求,并符合国家现行有关标准的规定。

④严禁将已结硬、结团的或失效的掺合料用于混凝土工程中。

⑤应采取有效措施防止由于在混凝土中掺入掺合料而产生的不利影响(如掺入硅粉后应加强降温和保湿养生,避免混凝土的温缩、干缩和自缩裂缝产生)。

2)混凝土的搅拌

混凝土的配料宜采用自动计量装置,各种衡器的精度应符合要求,计量应准确。计量器具应定期标定,迁移后应重新进行标定。拌制混凝土所用的各项固体原材料应按质量进行计量投料,水和液体外加剂可按体积进行计量投料,配料数量的允许偏差应符合表 4.7 的规定。

表 4.7 配料数量的允许偏差

材料类别	允许偏差/%	
	现场拌制	预制场或集中搅拌站拌制
水泥、干燥状态的掺合物	±2	±1
粗、细集料	±3	±2
水、外加剂	±2	±1

混凝土拌合物应搅拌均匀、颜色一致,不得有离析和泌水现象。对在施工现场集中拌制的混凝土,应检测其拌合物的均匀性。检测时,应在搅拌机的卸料过程中,从卸料流的 1/4 ~ 3/4 部位取试样进行试验,试验结果应符合下列规定:

①混凝土中砂浆密度两次测值的相对误差应不大于0.8%。

②单位体积混凝土中粗集料含量两次测值的相对误差应不大于5%。

混凝土搅拌完毕后,应按下列要求检测混凝土拌合物的各项性能:

①混凝土拌合物的坍落度及其损失,宜在搅拌地点和浇筑地点分别取样检测,每一工作班或每一单元结构物应不少于两次,评定时应以浇筑地点的测值为准。当混凝土拌合物从搅拌机出料起至浇筑入模的时间不超过15 min时,其坍落度可仅在搅拌地点取样检测。

②必要时,宜对工作性能、泌水率及含气量等混凝土拌合物的其他指标进行检测。

4.3.2 混凝土施工与质量检查

1)混凝土施工

混凝土施工

(1)混凝土的运输

①水平运输工具:

a.现场搅拌或近距离——皮带运输机、窄轨斗车;

b.短距离(<1 km)——机动翻斗车、手推车;

c.较长距离(<10 km)——自卸汽车;

d.长距离——混凝土搅拌运输车[或装拌好的混凝土;或装干料(距离>10 km),卸料前10～15 min加水搅拌],如图4.18所示。

②垂直运输工具:混凝土垂直运输工具主要是各种井架、提升机、塔吊和输送泵车(图4.19)等。

混凝土采用泵送方式时,应符合下列规定:

a.混凝土的供应宜使输送混凝土的泵能连续工作,泵送的间歇时间宜不超过15 min。在泵送过程中,受料斗内应具有足够的混凝土,应防止吸入空气产生阻塞。

b.输送管应顺直,转弯处应圆缓,接头应严密不漏气。

c.向低处泵送混凝土时,应采取必要措施,防止混凝土离析或堵塞输送管。

图4.18 混凝土搅拌运输车

图4.19 输送泵车

（2）混凝土的浇筑

浇筑混凝土前,应进行下列准备工作:

①应根据待浇筑结构物的情况、环境条件及浇筑量等制订合理的浇筑工艺方案,工艺方案应对施工缝设置、浇筑顺序、浇筑工具、防裂措施、保护层的控制等作出明确规定。

②应对支架、模板、钢筋和预埋件等进行检查,模板内的杂物、积水及钢筋上的污物应清理干净。模板如有缝隙或孔洞时,应堵塞严密且不漏浆。

③应对混凝土的均匀性和坍落度等性能进行检测。

④自高处向模板内倾卸混凝土时,应防止混凝土离析。直接倾卸时,其自由倾落高度宜不超过 2 m;超过 2 m 时,应通过串筒、溜管(槽)或振动溜管(槽)等设施下落;倾落高度超过 10 m 时,应设置减速装置。

⑤混凝土应按一定的厚度、顺序和方向分层浇筑,且应在下层混凝土初凝或能重塑前浇筑完成上层混凝土;上下层同时浇筑时,上层与下层的前后浇筑距离应保持 1.5 m 以上;在倾斜面上浇筑混凝土时,应从低处开始逐层扩展升高,并保持水平分层。混凝土分层浇筑厚度不宜超过表4.8 的规定。

表4.8　混凝土分层浇筑厚度

振捣方式		浇筑层厚度/mm
采用插入式振动器		300
采用附着式振动器		300
采用表面振动器	无筋或配筋稀疏时	250
	配筋较密时	150

（3）混凝土的振捣

混凝土的振捣方式有插入式振捣、附着式振捣、平板式振捣、振捣台,如图4.20 所示。

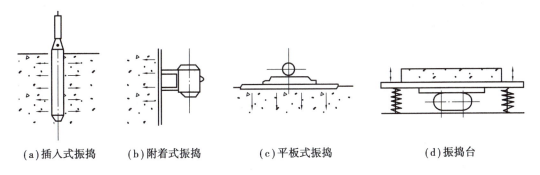

(a)插入式振捣　　(b)附着式振捣　　(c)平板式振捣　　(d)振捣台

图4.20　振捣设备示意图

采用振动器振捣混凝土时,应符合下列规定:

①插入式振动器的移位间距应不超过振动器作用半径的 1.5 倍,与侧模应保持 50 ～

100 mm 的距离,且插入下层混凝土中的深度宜为 50 ~ 100 mm。

②表面振动器的移位间距应使振动器平板能覆盖已振实部分不小于 100 mm。

③附着式振动器的布置距离,应根据结构物形状和振动器的性能通过试验确定。

④每一振点的振捣延续时间宜为 20 ~ 30 s,以混凝土停止下沉、不出现气泡、表面呈现浮浆为度。

⑤混凝土的浇筑宜连续进行,因故中断间歇时,其间歇时间应小于前层混凝土的初凝时间或重塑时间。混凝土的运输、浇筑及间歇的全部时间宜不超出表 4.9 的规定;超出时应按浇筑中断处理,并应留置施工缝,同时应做记录。

表 4.9　混凝土的运输、浇筑及间歇的全部允许时间

单位:min

混凝土强度等级	气温≤25 ℃	气温>25 ℃
≤C30	210	180
>C30	180	150

(4)混凝土的养护

混凝土养护方法:

①标准养护。混凝土在温度为 20 ℃、相对湿度为 90% 以上的潮湿环境或水中的条件下进行的养护,称为标准养护。

②热养护。为了加速混凝土的硬化过程,将其置于较高温度条件下进行硬化的养护,称为热养护。热养护常用的方法是蒸汽养护(图 4.21)。

③自然养护。在常温下采用适当的材料覆盖混凝土,并采取浇水润湿、防风防干、保温防冻等措施所进行的养护,称为自然养护(图 4.22)。

混凝土的养护注意事项:

①对新浇筑混凝土的养护,应根据施工对象、环境条件、水泥品种、外加剂或掺合料以及混凝土性能等因素,制订具体的养护方案,并严格实施。

②混凝土浇筑完成后,应在其收浆后尽快予以覆盖并洒水保湿养护。对干硬性混凝土、高强度和高性能混凝土、炎热天气浇筑的混凝土以及桥面等大面积裸露的混凝土,应加强初始保湿养护,具备条件的可在浇筑完成后立即加设棚罩,待收浆后再予以覆盖和洒水养护,覆盖时不得损伤或污染混凝土表面。

③混凝土表面有模板覆盖时,应在养护期间使模板保持湿润。拆除模板后,仍应对混凝土进行覆盖和洒水养护,直至达到规定的养护期限;尤其在低温、干燥或大风环境下拆除模板时,应采取必要的覆盖、保温等措施,防止混凝土表面产生裂缝。

图 4.21　蒸汽养护　　　　　　　　　图 4.22　自然养护

2)混凝土的质量检查

混凝土在生产过程中的质量检查应符合下列规定：

①生产前应检查混凝土所用原材料的品种、规格是否与施工配合比一致。在生产过程中应检查原材料实际称量误差是否满足要求,每一工作班应至少检查 2 次。

②生产前应检查生产设备和控制系统是否正常,计量设备是否归零。

③混凝土拌合物的工作性能检查每 100 m^3 不应少于 1 次,且每一工作班不应少于 2 次,必要时可增加检查次数。

④骨料含水率的检验每工作班不应少于 1 次;当雨雪天气等外界影响导致混凝土骨料含水率变化时,应及时检验。

⑤混凝土应进行抗压强度试验。有抗冻、抗渗等耐久性要求的混凝土,还应进行抗冻性、抗渗性等耐久性指标的试验。

4.3.3　工程案例

重庆菜园坝长江大桥北引桥 9~15#墩设计跨径为(55+3×75+76+74)m,中间为主引桥,两侧为匝道桥,上游侧为 B 匝道,下游侧为 D 匝道。

主引桥墩身为双柱式空心薄壁柔性墩,在两柱间设置横梁支撑轻轨承重梁。墩顶尺寸为 2.5 m×3.5 m,壁厚为 0.6 m,顺桥向按 1∶200 放坡,内空尺寸不变,至横梁顶面。横梁高 3 m,横梁以下尺寸为 3.3 m×3.5(1+H×0.5%)m(H 为墩顶至横梁底面的高度),内空尺寸为 2.1 m×2.3 m,内空尺寸不变,沿墩柱高度方向 8~12 m 的高度设置一道横隔板。

B、D 匝道墩身为单柱式空心薄壁柔性墩,P11、P13、P14 号墩柱顶尺寸为 3.0 m× 3.5 m,P12 号墩墩柱顶尺寸为 4.0 m×3.5 m,墩顶处壁厚为 0.5 m,顺桥向按 1∶200 放坡,内空尺寸不变,沿墩高度方向 8~12 m 的高度设置一道横隔板,P14 号墩立面布置如图 4.23 所示。

空心墩柱内外均设倒角,内倒角尺寸为 0.3 m×0.3 m,外倒角为半径 0.5 m 的圆弧。墩底

1.5 m 为实心段。墩身每道水平隔板正中设泄水孔,水平隔板底上下游方向设 ϕ80 mm 通风孔,墩底实心段上下游方向设泄水孔。墩身为钢筋混凝土结构,混凝土设计等级为 C40。墩身用钢筋凡直径大于 20 mm 均采用滚轧直螺纹接头。

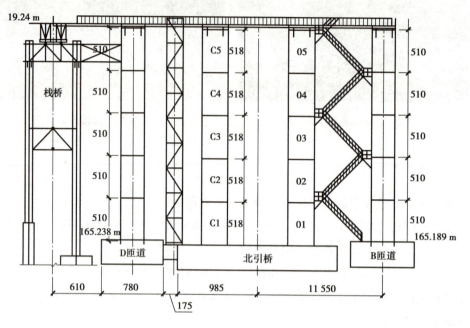

图 4.23 P14 号墩立面布置图(单位:cm)

1)机具材料设备(每墩数量)

塔吊:墩身施工每墩配 Q5512 或 F0/23B 塔吊 1 台。

模板:每墩配备卓良模板 4 套(每柱 1 套,含内模)。

脚手架:每墩配备 ϕ48×3 mm 钢管 100 t,新制人梯及平台 30 t。

小型机具:每墩配备 5 t 倒链 6~8 台,交流电焊机 4 台。

养生机具设备:水箱 1 个,ϕ80 mm 自来水管 80 m,ϕ25 mm 自来水管 80 m。

2)钢筋施工

①所用钢筋必须具有出厂质量证明书和试验报告单,同时每一批钢筋都应按规范要求抽取试样做力学性能试验,合格后方可进场使用。

②施工现场钢筋必须按不同钢种、等级、规格及生产厂家分别堆放且设立标识牌,不得混杂,露天堆放时应垫高并加遮盖。

③墩身钢筋应充分考虑墩身分节段施工和节约钢材的要求。主筋接长采用不去肋滚轧螺纹接头,施工中将首节段墩身钢筋作为钢筋接头错开布置的调节段,接头布置的相对位置达 1.0 m,以满足规范要求,所有主筋均应按设计要求埋入承台 2.0 m。在进行以上节段钢筋

施工时,均采用9 m定尺长度进行加工,但必须严格控制在加工镦粗螺纹接头后的钢筋总长度误差不大于10 mm。

④在进行墩内隔板钢筋施工时,为便于支立内模,拟先在设计位置预埋相应型号钢筋,该钢筋直接与内模板紧贴,待混凝土施工完毕、内模拆除后再将其恢复到设计位置,按要求进行该部位钢筋施工。

⑤墩身钢筋安装前先在墩身内搭设钢管脚手架,墩身外安装好外模悬臂支架,并形成可靠的内外操作平台,然后利用墩旁塔吊进行钢筋的倒运及安装。

⑥墩身钢筋除设计有特殊要求焊接定位外,其余均采用20#镀锌铁丝绑扎成型。采用与墩身混凝土水胶比相同的水泥砂浆灰块控制钢筋保护层厚度,按梅花形布置。

3)模板施工

(1)模板结构

薄壁空心墩柱分节浇筑,除P14号墩主引桥墩柱分节高度为5.18 m外,其他各墩墩柱浇筑节段高度均为5.1 m(指凿毛后有效高度)。在横梁底部及墩顶节段,需根据结构标高进行调整,为非标准节段。墩身外模板采用北京××公司制造的悬臂木模板。该模板主要是由面板、工字木梁、挑架、斜撑、主梁三角架、下吊平台等部分组成,如图4.24所示。面板采用芬兰进口18 mm厚WISA面板,模板总高度为5.1 m。模板分为4个圆角钢模板块和6个平面木模板块,块与块及节与节之间用螺栓连接成整体,预留雨水槽采用木制条状块固定在相应墩身平面模板上。内模采用定型组合钢模加内劲性骨架。采用PVC管预留排气孔和泄水孔,设置D15冷滚压通长螺纹穿墙拉杆(外套ϕ25PVC管)连接内、外模。

圆弧段模板采用新制钢模,与平面模板间采用特制连接件连接,如图4.25所示。

(2)外模板预拼及验收

外模板到达施工现场后,应立即组织人员进行预拼前的准备工作,并用脚手钢管在8#~9#墩之间的空地上拼装一个高约1.2 m的平整度较好的平台,铺设必要的施工脚手板。准备工作完备后即可开始模板的预拼工作。

①用两根工字木梁立着搭在钢管架上,作为模板拼装平台的底横梁,其间距以保证模板钢外楞不致悬挑长度过大和保持整体稳定性为原则。

②按模板设计图精确放线并摆放模板外楞,摆放时应严格控制其位置的准确性,误差不得大于2 mm。外楞摆放好后,根据工字木梁的设计安装尺寸,在其表面放出工字木梁的安装线。

③在工字木梁上,每间隔300 mm精确放线,并用螺丝将一组对称布置的面板连接件固定牢靠,在面板接缝处必须设置双连接件,以保证板面无高差错台现象。根据外楞上的安装线摆放工字木梁,精确对位后用专用连接爪将其与外楞紧固连接。连接爪的设置为:带吊钩的木梁两侧均对称装连接爪,其余均采用单连接爪,但必须保证其位置相互错开。木梁安装完

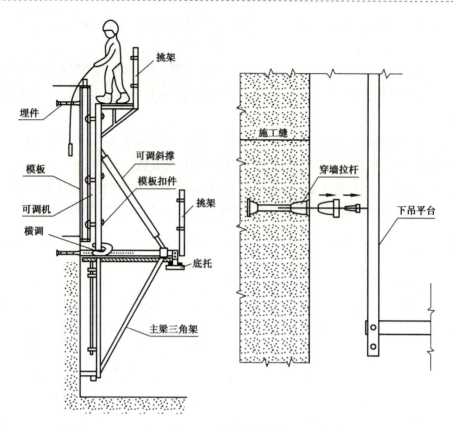

图 4.24　悬臂木模板

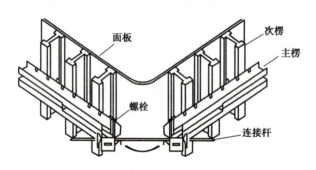

图 4.25　圆弧钢膜

毕须仔细检查,其顶面的平整度误差不大于 3 mm,若不符合要求可在局部位置加垫薄木板来调整。合格后放样出面板的设计安装位置。

　　④按面板设计尺寸下料,下料后必须使用防水清漆封闭锯口板端,完毕后方可根据木梁上的安装线安装面板。铺设面板安装时,可先用 60 mm 长气钉将板固定在设计位置上,其布置以尽量减少面板出现钉眼为原则。再用 M5×60 mm 自攻螺丝从模板背面向面板方向将工字木梁与面板连接,用 M5×15 mm 自攻螺丝从模板背面向面板方向将直角连接件与面板连接。施工中,必须注意面板与木梁紧密相贴、无缝隙。面板之间用封边漆(俗称玻璃胶)进行

拼缝黏结。面板安装后必须严格检查其表面平整度,可采用 2 m 钢直尺靠贴,最大空隙尺寸不得大于 1 mm。不合格处须用薄木条加垫在面板与木梁之间,使其误差达到允许偏差范围即可。因施工中使用气钉固定面板而产生的钉眼必须用腻子补平,并用防水胶覆面。

⑤拼装悬臂三角架拼装后,应仔细检查各部件牢固连接程度。

⑥各分块模板拼装好并进行编号后,即可进行模板的整体拼装。模板整体预拼采用 8 t 汽车吊配合,且在地面用木方找出一个水平面作为预拼平台。模板的预拼应严格按设计图纸进行尺寸控制,保证模板的几何尺寸误差不大于 5 mm,板面接头无错台、高差现象,平整度不大于 1 mm。

⑦模板预拼验收由工程管理部和制造商现场共同进行,经验收合格后,即可将模板分块解散,堆放于干燥、防雨的场所并进行遮盖,以待调用。

(3)模板安装

墩身模板安装前须先做好相应的准备工作,如将混凝土顶面凿毛并冲洗干净、钢筋安装并检验合格、模板表面清渣抹油等。

①外模安装:

a. 首节墩身模板的安装。模板安装前须将爬锥预埋件用 M36×60 mm 的螺杆固定在模板的设计位置上,随模板一起吊装。由于模板主梁三角架在首节不能通用,故须预先在承台顶预埋埋件以固定墩身模板的位置。采用预埋双排 φ25 mm 短钢筋控制模板底部尺寸,具体尺寸以承台顶墩身截面尺寸为准,间距约 1 000 mm;预埋 3 mm 厚 100 mm×100 mm 钢板作为模板斜撑的支座,间距应与模板斜撑相一致。

安装时,用墩旁塔吊吊装各分块模板进行拼接,将整个墩身模板拼接为四大块,然后利用模板的顶紧装置和斜撑校正。模板安装应满足施工规范要求。

b. 标准节墩身模板的安装。首节墩身混凝土浇筑完并达到拆模强度后,拆除 M36×60 mm 螺杆和 D15 穿墙拉杆,模板后移,将受力螺栓安装在爬锥上。拆除模板间临时连接支架,清理模板表面杂物,用棉纱蘸色拉油涂抹。利用墩旁塔吊吊装爬升支架,派工人站在混凝土顶面用钢筋钩引导支架卡在受力螺栓上,并插上保险销,即完成模板爬升工作。待第二节墩身钢筋施工完毕后,通过模板的可调斜撑调整模板垂直度,通过微调装置将模板下沿与第一节混凝土结构表面顶紧,必要时可在模板底部与混凝土结构面之间贴一层单面胶带,确保不发生漏浆、错台现象。

依此类推,按顺序完成其他节段墩身模板的安装。

②内模安装:内模之间用 10 mm 厚海绵条止漏、螺栓连接,其内劲性骨架可利用墩内脚手钢管支架顶撑。人工配合塔吊进行安装。

首节内模采用劲性托架的方式支撑,标准节内模竖向固定采用预埋件的方式:上一节混凝土施工时在内壁预埋 4 块 8 mm 厚 200 mm×200 mm 钢板,模板安装前在该部位焊一个牛腿以承受内模自重。

（4）模板拆除

脱模强度达到设计强度的 60% 后方可实施脱模工作。

①拆除外模。先松开并拆除穿墙拉杆、阳角拉杆以及爬锥预埋件固定螺栓后，利用悬臂模板的水平横移装置先后水平方向后移四面分块模板，模板与混凝土表面脱离 400 ~ 500 mm 后停止，再利用斜撑将模板适当向墩外倾斜一定角度，但不得大于 30°。

②拆除内模。拆除内模劲性骨架，人工配合塔吊从上向下分层逐块拆除组合模板。

内、外模拆除后均须安排人员进行清渣、保养工作，以提高模板的周转次数。

4）混凝土施工

钢筋模板经检查合格后，即可组织墩身混凝土施工。混凝土采用商品混凝土，混凝土搅拌车运输，混凝土输送泵和塔吊配合完成混凝土浇筑。浇筑混凝土之前，应将接缝混凝土进行凿毛处理，并用清水冲洗干净，使接缝面保持湿润状态。

（1）混凝土的配制

墩身混凝土强度等级为 C40，浇筑坍落度要求控制在 190 ~ 220 mm，且应适当掺入相应的外加剂以保证混凝土浇筑时具有良好的工作性能。

根据具体施工气候条件给混凝土搅拌站下达施工配合比的具体技术要求，并派 1 名试验人员检查监督其原材料及配制的质量，把住混凝土质量源头。特别注意混凝土初始坍落度、和易性、保水性的控制以及原材料的料源及规格的统一性。

（2）混凝土的运输

混凝土采用重庆××公司生产的商品混凝土，8 m³ 混凝土搅拌车运至浇筑现场，然后由不小于 30 m³/h 的混凝土输送泵泵送混凝土到导管内。

运输过程应尽量缩短，必须采取适当措施保证混凝土抵达浇筑点时的坍落度、和易性等性能满足施工要求。混凝土采用输送泵输送，输送管应附着于墩旁支架且固定牢靠。泵送混凝土施工时应注意以下要求：

①管线宜直，转弯宜缓，接头应严密，如管道向下倾斜应防止混入空气产生阻塞。

②混凝土浇筑前，应先采用适当的与混凝土相同水胶比的水泥砂浆润滑输送管内壁，泵送间歇时间不宜超过 15 min。

③混凝土的供应必须保证输送泵能连续工作。

④在泵送过程中，受料斗内应具有足够的混凝土以防止吸入空气而阻塞。

（3）混凝土的捣固

混凝土采用输送泵布料，布料点设置 3 ~ 4 个，软管直接伸至浇筑点，出口挂编织袋防止混凝土飞溅。布料时应严格控制其高度，每层不高于 300 ~ 400 mm。节段混凝土采取分层连续灌注，一次完成。浇筑混凝土应派有经验的混凝土工负责振捣，采用插入式振动棒振捣，振动棒的移动距离不超过其作用半径的 1.5 倍，与模板保持 5 ~ 10 cm 的距离，插入下层混凝土

5~10 cm,混凝土每层分层厚度不大于 30 cm,每一处振捣完毕后边振动边徐徐提出振动棒,将气泡引出至表面,振动过程中避免振动棒碰撞模板、钢筋等。对每一个部位,振动时间以该部位混凝土密实为原则,密实的标志是混凝土停止下沉,不再冒气泡,表面呈现平坦、泛浆。混凝土灌注过程中,派专人检查模板、预埋件、悬臂支架等的工作情况,如有异常及时反映、处理。

灌注完成后应人工收平混凝土顶面,清理模板上粘连的混凝土残渣,并且及时覆盖养护以防止收缩裂纹。

5)养护及孔眼修补

脱模强度达到设计强度的 60% 后方可实施脱模工作。混凝土浇筑完成初凝后,应立即进行养护工作。

墩身混凝土拟采用洒水养护的方式进行。自然养护工艺按以下要求办理:

①在自然气温较高时,混凝土初凝后,可采用洒水养护。

②当混凝土灌筑完毕,混凝土初凝时,墩身混凝土顶面要覆盖湿麻袋。

③墩身养护用水必须采用清洁水,不得使用施工废、污水。

④洒水次数应以混凝土表面湿润状态为度,一般白天以 1~2 h 一次,晚上 4 h 一次。

⑤洒水养护的时间:当环境相对湿度小于 60% 时,自然养护应不少于 14 d;当环境相对湿度大于 60% 时,自然养护应不少于 7 d。

⑥在对承台进行洒水养护的同时,要对随承台养护的混凝土试件进行洒水养护,使试件与承台混凝土强度同步增长。

⑦当环境气温低于 +5 ℃时,禁止对混凝土洒水。采用塑料布对承台混凝土进行密封包裹工作,对于无法包裹的顶面部位,待混凝土初凝后,上铺一层草袋,再用塑料布覆盖并密封,以确保对混凝土进行必要的保温、保湿措施。

由穿墙拉杆及爬锥的设置而造成的孔眼,利用爬模下吊平台,人工修补。修补材料采用微膨胀水泥砂浆,其配比应与墩身混凝土的水胶比相同,且注意调整色泽一致和保证表面平整度。

任务 4.4　预应力施工

4.4.1　先张法施工工艺

1)预应力混凝土概述

（1）预应力混凝土工作原理

预应力混凝土结构是在构件承受外荷载前,预先在构件的受拉区对混凝土施工预压应

预应力混凝土
概念

力,利用钢筋张拉后的弹性回缩,对构件受拉区的混凝土预先施加压力,产生预压应力。当构件在荷载作用下产生拉应力时,首先抵消预应力,然后随着荷载不断增加,受拉区混凝土才受拉开裂,从而延迟了构件抗裂缝的出现和限制了裂缝的发展,提高了构件的抗裂度和刚度,如图4.26、图4.27所示。

图4.26　普通混凝土梁

图4.27　预应力混凝土梁

（2）预应力钢筋原材料

①钢丝。钢丝是钢材的板、管、型、丝四大品种之一,是用热轧盘条经冷拉制成的再加工产品,要求符合现行《预应力混凝土用钢丝》（GB/T 5223）的规定。

预应力钢筋混凝土原材料

②钢绞线。钢绞线是由多根钢丝绞合构成的钢铁制品,碳钢表面可以根据需要增加镀锌层、锌铝合金层、包铝层、镀铜层、涂环氧树脂,要求符合现行《预应力混凝土用钢绞线》（GB/T 5224）的规定。

③精轧螺纹钢筋。预应力混凝土用螺纹钢筋（也称精轧螺纹钢筋）是在整根钢筋上轧有外螺纹的大直径、高强度、高尺寸精度的直条钢筋。该钢筋在任意截面处都可拧上带有内螺纹的连接器进行连接,或拧上带螺纹的螺帽进行锚固,要求符合现行《预应力混凝用螺纹钢筋》（GB/T 20065）的规定。

（3）预应力材料进场验收

钢丝验收要求:

①每检验批次质量不大于60 t。

②先从每批中抽查5%（不少于5盘）进行形状、尺寸和表面检查,如检查不合格,则对该批钢丝逐盘检查。

③在检查合格的钢丝中抽取5%（不少于3盘）,在每盘钢丝的两端取样进行抗拉强度、弯曲和伸长率的试验。

④试验结果如有一项不合格,则不合格盘报废,并从同批未试验过的钢丝盘中取双倍数量的试样进行该不合格项的复验,如仍有一项不合格,则该批钢丝为不合格。

钢绞线验收要求:

①每检验批次质量不大于60 t。

②从每批钢绞线中任取3盘,并从每盘所选的钢绞线端部正常部位截取一根试样进行表面质量、直径偏差和力学性能试验。如每批少于3盘,则应逐盘取样进行上述试验。

③试验结果如有一项不合格,则不合格盘报废,再从该批未试验过的钢绞线中取双倍数量的试样进行该不合格项的复验,如仍有一项不合格,则该批钢绞线为不合格。

精轧螺纹钢筋验收要求：

①每检验批次质量不大于100 t。

②对表面质量应逐根目视检查，外观检查合格后在每批中任选2根钢筋截取试件进行拉伸试验。试验结果如有一项不符合现行《公路桥涵施工技术规范》(JTG/T 3650—2020)要求，则另取双倍数量的试件重做全部各项试验，如仍有一根试件不合格，则该批钢筋为不合格。

③拉伸试验的试件，不允许进行任何形式的加工。

(4)预应力钢筋的制作

①下料长度计算时，应考虑构件或台座长度、锚夹具厚度、千斤顶长度、焊接接头或镦头预留量、冷拉伸长值、弹性回缩值、张拉伸长值和外露长度等因素。

预应力钢筋下料长度＝台座长度＋2×张拉横梁宽度＋2×夹具厚度＋2×100 mm(富余量)

②用钢丝束镦头锚具时，宜采用等长下料法对钢丝进行下料。

切断工艺：采用切断机或砂轮锯，严禁采用电弧切割。

2)先张法施工

预应力混凝土先张梁的制梁工艺是在浇筑混凝土前张拉预应力筋，并将其临时锚固在张拉台座上，然后立模浇筑混凝土，待混凝土达到规定的强度后，逐渐将预应力筋放松。预应力筋的回缩力通过其与混凝土之间的黏结作用传递给混凝土，从而使混凝土获得预压应力。图4.28为先张法预应力混凝土梁预制工艺示意图，图4.29为先张法预应力混凝土梁预制工艺流程。

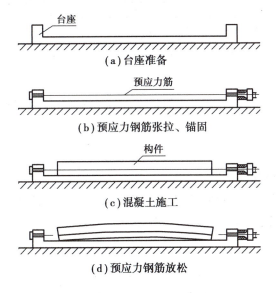

(a)台座准备

(b)预应力钢筋张拉、锚固

(c)混凝土施工

(d)预应力钢筋放松

先张法施工工艺流程

图4.28　先张法预应力施工示意图

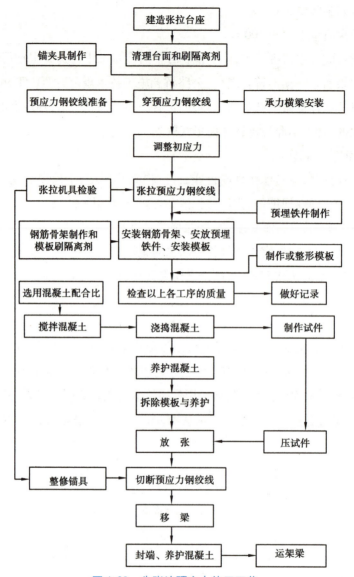

图 4.29　先张法预应力施工工艺

（1）台座组成

台座组成如图 4.30 所示。

①底板：有整体式混凝土台面和装配式台面两种，作为预制构件的底模。

②承力架或支承架：台座的主要受力结构，其形式很多，如框架式、墩式、槽式等。

先张法台座

③横梁：将预应力筋的张拉力传给承力架的横向构件，常用型钢或钢筋混凝土制作。

④定位板：用来固定预应力筋的位置，一般是用钢板制成的。定位板上的孔位按梁体预应力筋的位置设置，孔径比力筋大 2 ~ 4 mm，以便穿筋。

⑤固定端装置：用于固定预应力筋位置并在梁预制完成后放松预应力筋。它设在非张拉

端,仅用于一端张拉的先张台座。

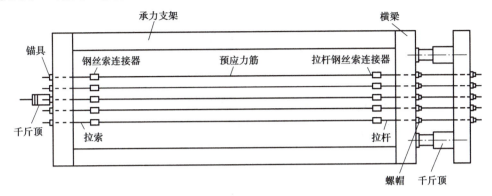

图4.30　先张法张拉台座布置图

(2)台座类型

①框架式台座:由纵梁(压柱)横梁、横系梁组成框架承受张拉力,一般采用钢筋混凝土在现场整体浇筑。

②墩式台座:横梁直接和墩或桩基连成整体共同承受张拉力,如图4.31(a)所示。墩式台座构造简单、造价较低,缺点是稳定性较差、变形较大,设计时必须保证具有足够的强度、刚度。

③槽式台座,如图4.31(b)所示。

④拼装式钢管混凝土台座:以钢管混凝土为压柱,压柱两端采用型钢立柱和型钢框架装片石压重的平衡体,与压柱连接组成台座承力架。此类台座具有施工迅速方便、可重复使用、造价低等特点,常用于铁路桥梁。

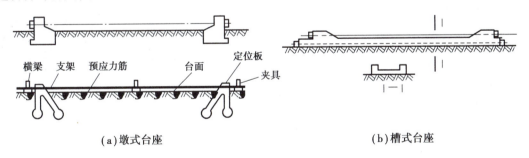

(a)墩式台座　　　　　　　　　　(b)槽式台座

图4.31　张拉台座的形式与构造

(3)先张法预应力筋张拉程序与操作

①张拉前先安装定位板,检查定位板的力筋孔位置和孔径大小是否符合设计要求,然后将定位板固定在横梁上。在检查预应力筋数量、位置、张拉设备和锚具后,方可进行张拉。

②同时张拉多根预应力筋时,应预先调整其单根力筋的初应力,使相互之间的应力一致,再整体张拉。张拉过程中,应使活动横梁与固定横梁始终保持平行,并应检查预应力筋的预应力值,其偏差的绝对值不得超过按一个构件全部预应力筋预应力总值的5%。

先张法预应力筋张拉

③先张法预应力筋的张拉程序应符合设计规定;设计未规定时,其张拉程序可按表4.10的规定进行。

表4.10　先张法预应力筋张拉程序

预应力筋种类		张拉程序
钢丝、钢绞线	夹片式等具有自锚性能的锚具	低松弛预应力筋:0→初应力→δ_{con}(持荷5 min锚固)
	其他锚具	0→初应力→1.05δ_{con}(持荷5 min)→0→δ_{con}(锚固)
螺纹钢筋		0→初应力→1.05δ_{con}(持荷5 min)→0.9δ_{con}→δ_{con}(锚固)

注:①表中δ_{con}为张拉时的控制应力值,包括预应力损失值。

②超张拉数值超过规范规定的最大超张拉应力限值时,应按规定的限制张拉应力进行张拉。

③张拉螺纹钢筋时,应在超张拉并持荷5 min后放张至0.90 m时再安装模板、普通钢筋及预埋件等。

④张拉时,预应力筋的断丝数量不得超过表4.11的规定。

⑤预应力筋张拉完毕后,其位置与设计位置的偏差应不大于5 mm,同时应不大于构件最短边长的4%,且宜在4 h内浇筑混凝土。

表4.11　先张法预应力筋断丝限制

预应力筋种类	检查项目	控制数
钢丝、钢绞线	同一构件内断丝数不得超过钢丝总数的百分比	1%
螺纹钢筋	断筋	不容许

(4)先张法预应力筋放张方法

预应力的放张

①砂箱放张法。放松装置应在预应力筋张拉前放置在非张拉端。张拉前,将砂箱(图4.32)活塞全部拉出,箱内装满干砂,让其顶住横梁。张拉时箱内砂被压实,承受横梁反力。放松预应力筋时,打开出砂口让砂慢慢流出,活塞缩回,逐渐放松预应力筋。

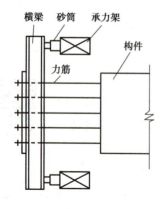
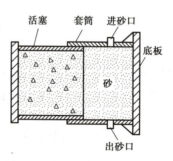

图4.32　砂箱放张示意图

②千斤顶放张法。在台座固定端的承力架与横梁之间,张拉前即安放两个千斤顶,待混凝土达到规定放松强度后,即可让这两个千斤顶同步回程,使拉紧的预应力筋慢慢回缩,将预应力筋放松。

张拉端放张:在张拉端利用连接器、拉杆、双螺帽放张预应力筋,如图4.33所示。施加应力不应超过原张拉时的控制应力,之后将固定在横梁定位板前的双螺帽慢慢旋动,同一组放松的预应力筋螺帽旋动的距离应相等,然后再将千斤顶回油。张拉—放松螺帽—回油,反复进行,慢慢放张预应力筋。

固定端放张:在台座固定端设置螺杆和张拉架,张拉架顶紧横梁让预应力筋锚固在张拉架上,如图4.34所示;放张时,再略微拉预应力筋,让其伸长一些,然后拧松螺帽,再将千斤顶回油,预应力筋就慢慢回缩,张拉力即被释放。

③滑楔放张法。张拉前将三块钢制U形滑楔放在台座横梁与螺帽之间,如图4.35所示,在中间滑楔上设置螺杆、螺丝顶住预应力筋。张拉完成后,旋松螺丝,因反力作用,而使中间滑楔向上滑动,将预应力筋慢慢放张。

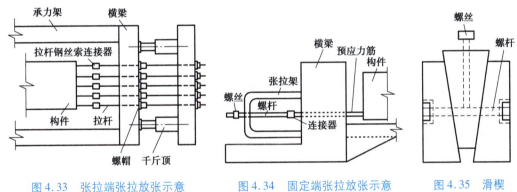

图4.33　张拉端张拉放张示意　　　　图4.34　固定端张拉放张示意　　　图4.35　滑楔

(5)先张法预应力筋放张规定

①预应力筋放张时,构件混凝土的强度和弹性模量(或龄期)应符合设计规定;设计未规定时,混凝土的强度应不低于设计强度等级值的80%;弹性模量应不低于混凝土28 d弹性模量的80%,当采用混凝土龄期代替弹性模量控制时应不少于5 d。

②在预应力筋放张之前,应将限制位移的侧模、翼缘模板或内模拆除。

③预应力筋的放张顺序应符合设计规定;设计未规定时,应分阶段、均匀、对称、相互交错地放张。

④多根整批预应力筋的放张,当采用砂箱放张时,放砂速度应均匀一致;采用千斤顶放张时,放张宜分数次完成;单根钢筋采用拧松螺母的方法放张时,宜先两侧后中间,且不得一次将一根力筋放张完。

⑤放张后,预应力筋在构件端部的内缩值宜不大于 1.0 mm。

⑥预应力筋放张后,对钢丝和钢绞线,应采用机械切割的方式进行切断;对螺纹钢筋,可采用乙炔-氧气切割,但应采取必要措施防止高温对其产生不利影响。

⑦长线台座上预应力筋的切断顺序,应由放张端开始,依次向另一端切断。

4.4.2 后张法施工工艺

1)后张法施工原理

预应力混凝土后张梁的制梁工艺是先浇筑留有预应力筋孔道的梁体,待混凝土达到规定的强度后,再在预留孔道内穿入预应力筋进行张拉锚固(有时预留孔道内已事先穿束,待混凝土达到规定的强度后,再进行预应力筋张拉锚固),最后进行孔道压浆并浇筑梁端封锚混凝土。图 4.36 为后张法预应力施工工艺示意图,图 4.37 为后张法施工工艺流程图。

后张法施工

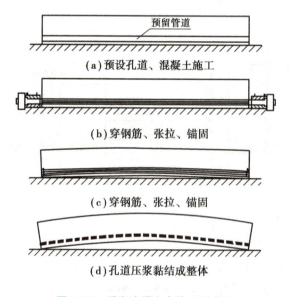

(a)预设孔道、混凝土施工

(b)穿钢筋、张拉、锚固

(c)穿钢筋、张拉、锚固

(d)孔道压浆黏结成整体

图 4.36　后张法预应力施工示意图

2)预应力筋加工

后张法预应力混凝土梁可采用钢丝、钢绞线、热处理钢筋、冷拉Ⅳ级钢筋、冷拔低碳钢丝及精轧螺纹钢筋作为预应力筋,其中钢绞线和钢丝应用较为广泛。

(1)预应力粗钢筋的加工

直径 12 ~ 32 mm 的预应力粗钢筋要经过下料、对焊、冷拉、时效、端头镦粗或轧丝等工序。

(2)高强度钢丝的加工

高强度钢丝的来料一般为盘圆,打开后基本呈直线,一般无须整直即可下料。

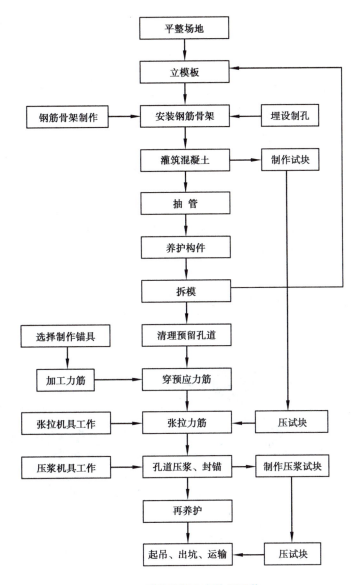

图 4.37　后张法预应力施工工艺

编束时,应逐根理顺,绑扎牢固,防止互相缠绕。

(3)钢绞线的加工

钢绞线的下料长度由孔道长度和工作长度决定。

预应力钢筋下料长度=孔道长度+2×工作锚厚度+2×张拉设备长度(千斤顶、限位环等)+2×工具锚厚度+2×100 mm(富余量)。

钢绞线的切割宜采用切割机和砂轮锯,不得使用电弧焊下料。

3)预留孔道

(1)孔道形成

在浇筑梁体混凝土前,按梁内预应力筋的设计位置先安放制孔器,待梁体混凝土达到预定强度时,抽拔出制孔器(当用抽拔式制孔器时),即形成孔道。孔道形成包括制孔器的选择、安装和抽拔以及通孔检查等工作。

(2)制孔器分类

无论采用何种制孔器,所有管道均应设压浆孔,还应在最高点设排气孔及需要时在最低点设排水孔。

①埋置式制孔器:在梁体制成后留在梁内,形成孔道壁,对预应力筋的摩阻力小,但加工成本高,不能重复使用,金属材料耗用量大。埋置式制孔器主要有铁皮管式和铝合金波纹管式两种,如图4.38所示。

②抽拔式制孔器:在梁体混凝土浇筑前,安放在力筋的设计位置上,等初凝后将其拔出,梁体内即形成孔道。抽拔式制孔器能够周转使用,省料而经济,主要有橡胶抽拔管、金属伸缩抽拔管、钢管3种,如图4.39所示。

图4.38　埋置式制孔器

图4.39　抽拔式制孔器

4)预应力筋穿束

预应力筋可在浇筑混凝土之前或之后穿入管道,穿束前应检查锚垫板和孔道,锚垫板应位置准确,孔道内应畅通,无水及其他杂物。采用的方法有人工直接穿束和机械穿束。其中,机械穿束又分为卷扬机穿束和穿束机穿束。

穿束机穿束是将钢绞线从盘架上拉出后从孔道的一端快速地(速度为3~5 m/s)推送入孔道。当带有护头的束前端穿出孔道另一端时,留出必要的工作长度,然后用电动切线机予以截断,再将新的端头戴上护头穿第二束,直至完成所有穿束工作。

5）力筋的张拉

①预应力张拉之前,宜对不同类型的孔道至少进行一个孔道的摩阻测试,通过测试所确定的 u 值和 k 值,用于对设计张拉控制应力的修正;对长度大于 60 m 的孔道,宜适当增加摩阻测试的数量。

②张拉时,结构或构件混凝土的强度、弹性模量(或龄期)应符合设计规定;设计未规定时,混凝土的强度应不低于设计强度等级值的 80%,弹性模量应不低于混凝土 28 d 弹性模量的 80%,当采用混凝土龄期代替弹性模量控制时应不少于 5 d。

③两次张拉工艺:预应力混凝土梁在混凝土强度达到设计强度之前,先张拉一部分预应力筋,对梁体施加较低的预压应力,使梁体能承受自重荷载,将梁移出生产梁位;预制梁移出生产台座后,继续进行养护,待达到混凝土设计强度后,进行其他力筋的张拉工作。

④两端张拉时,各千斤顶之间同步张拉力的允许误差宜为±2%。

⑤后张预应力筋的张拉程序应符合设计规定;设计未规定时,可按表 4.12 的规定进行。

表 4.12　后张法预应力筋张拉程序

锚具和预应力筋种类		张拉程序
夹片式等具有自锚性能的锚具	钢绞线束、钢丝束具	低松弛预应力筋:0→初应力→δ_{con}(持荷 5 min 锚固)
其他锚具	钢绞线束	0→初应力→1.05δ_{con}(持荷 5 min)→δ_{con}(锚固)
	钢丝束	0→初应力→1.05δ_{con}(持荷 5 min)→0→δ_{con}(锚固)
螺母锚固锚具	螺纹钢筋	0→初应力→δ_{con}(持荷 5 min)→0→δ_{con}(锚固)

注:①表中 δ_{con} 为张拉时的控制应力,包括预应力损失值。

②两端同时张拉时,两端千斤顶升降压、画线、测伸长等工作应基本一致。

③超张拉数值超过规范规定的最大超张拉应力限值时,应按规定的限值进行张拉。

⑥后张预应力筋断丝及滑移的数量不得超过表 4.13 的控制数。

表 4.13　后张预应力筋断丝、滑移限制

类别	检测项目	控制数
钢丝束、钢绞线束	每束钢丝断丝或滑丝	1 根
	每束钢绞线断丝或滑丝	1 丝
	每个断面断丝之和不超过该断面钢丝总数的百分比	1%
螺纹钢筋	断筋或滑移	不允许

注:①钢绞线断丝是指单根钢绞线内钢丝的断丝。

②超过表列控制数时,原则上应更换;当不能更换时,在许可的条件下,可采取补救措施,如提高其他束预应力值,但必须满足设计各阶段极限状态的要求。

⑦切割时应采用砂轮锯,严禁采用电弧进行切割,同时不得损伤锚具。

6)孔道压浆

压浆目的:防护预应力筋(束)免于锈蚀,并使它们与构件相互黏结而形成整体。

压浆是用压浆机(拌和机加水泥泵)将水泥浆压入孔道,并使孔道从一端到另一端充满水泥浆,且不使水泥浆在凝结前漏掉。因此,需在两端锚具上或锚具附近的预制梁上设置接口(连接带阀压浆嘴)和排气孔。

注意事项:

①压浆前,应对孔道进行清洁、润湿处理,并用吹风机排除积水。

②压浆时,对曲线孔道和竖向孔道应从最低点的压浆孔压入,由最高点的排气孔排气和泌水。压浆顺序宜先压注下层孔道。

③比较集中和附近的孔道,宜尽量连续压浆完成,以免窜到邻孔的水泥浆凝固堵塞孔道。

④压浆应使用活塞式压浆泵,不得使用压缩空气。压浆应达到孔道另一端饱满和出浆,并应达到排气孔排出与规定稠度相同的水泥浆为止。

⑤压浆过程中及压浆后 3 d 内,结构混凝土的温度不应低于 5 ℃,否则应采取保温措施。当气温高于 35 ℃时,压浆宜在夜间进行。

7)封锚

压浆后应先将其周围冲洗干净并对梁端混凝土凿毛,然后设置钢筋网浇筑封锚混凝土。封锚混凝土的强度应符合设计规定,一般不宜低于构件混凝土强度等级值的80%。必须严格控制封锚后的梁体长度。长期外露的锚具,应采取防锈措施。

8)锚具

锚固分为以下 3 种情况:靠楔作用产生对钢丝的摩擦夹紧,摩阻锚固包括夹片锚、锥形锚;靠通过钢丝端所形成的镦头或螺帽直接承压,承压锚固包括墩头锚、螺纹锚;靠散开的锚头和混凝土之间的黏结力来锚固,黏着锚固包括压花锚、固端锚。

(1)锥形锚具

锥形锚具由锚圈和锚塞两部分组成,如图 4.40 所示。

工作原理:钢丝穿过锚圈并贴紧其内壁,靠一锥形的锚塞楔紧,靠楔作用的原理产生对钢丝的摩擦夹紧。

适用预应力筋:直径为 5 mm、7 mm 的高强度钢丝。

缺点:钢丝回缩量大,引起的应力损失大。

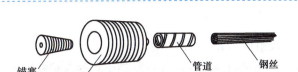

图 4.40　锥形锚具

（2）夹片锚

夹片锚是一种由夹片、锚板及锚垫板等部分组成的锚具,如图 4.41 所示。

工作原理:用楔形夹片夹住钢绞线,放在锚板的锥形的孔洞内,通过楔块作用的原理锚固钢绞线。

适用预应力筋:钢绞线。

缺点:钢丝回缩量大,引起的应力损失大。

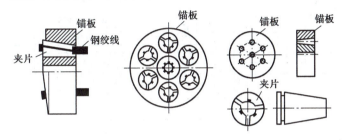

图 4.41　三分式夹片锚

（3）镦头锚

镦头锚由锚杯、锚圈、冷镦头三部分组成,如图 4.42 所示。

工作原理:将预应力筋穿过锚杯的蜂窝眼后,用专门的镦头机将钢筋或钢丝的端头镦粗,直接锚固在锚杯上,张拉后用锚圈旋紧,锚圈通过支承垫板将预压力传到混凝土体上。

适用预应力筋:直径 5 mm、7 mm 的高强度钢丝。

优点:预应力回缩小,即预应力损失小。

缺点:下料长度要求很精确,否则会因受力不均而发生断丝现象。

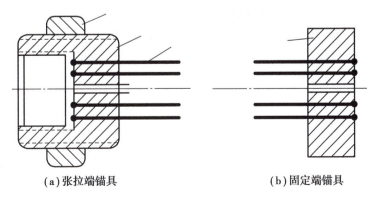

（a）张拉端锚具　　　　　　　　　　　（b）固定端锚具

图 4.42　镦头锚

（4）轧丝锚

轧丝锚由螺帽和锚板组成，如图 4.43 所示。

工作原理：在预应力筋端部有螺纹段（或沿钢筋全长均有精轧螺纹），待张拉完毕后，旋紧螺帽，预拉力则通过螺帽和垫板传力到混凝土体上。

适用预应力筋：粗钢筋。

优点：张拉操作方便；锚具的预应力损失小，适用短小预应力混凝土构件；能用简单的套筒加以接长；能多次重复张拉与放松。

缺点：刚度大，通常只能作直线束使用。

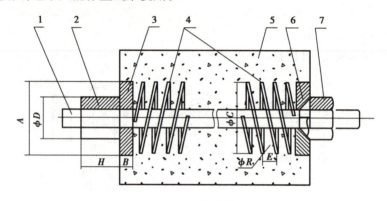

图 4.43　轧丝锚

1—粗钢筋；2—套筒；3—垫板；4—螺旋筋；5—现浇混凝土；6—固定锚板；7—螺帽

任务 4.5　预制拼装简支梁

架梁机施工

4.5.1　架桥机安装

架桥机在预制拼装简支梁施工中主要完成提梁、运梁、架梁的工作。架桥机按纵导梁形式可分为单导梁架桥机和双导梁架桥机；按过孔形式可分为需在桥面铺设轨道作梁的纵移的轮轨式架桥机和不需铺设轨道的步履式架桥机。随着高速公路桥梁架桥施工的需要，轮轨式架桥机逐步被步履式架桥机所取代。因此，目前我国公路用架桥机通常采用步履式单导梁架桥机和步履式双导梁架桥机。

目前，各种类型的公路架桥机的架梁工艺与铁路架桥机一样，应该有一个统一的架梁规范。这样才能使公路桥梁行业有章可循，安全有效运转。由于公路架桥机是架设公路桥梁预应力钢筋混凝土梁片的专用设备，其架梁规程可结合架桥机的类型进行安排。

1）施工准备

首先对作业人员进行技术交底，熟读设备使用说明书及其他有关出厂技术文件，了解设备组成、结构特点,准备组装场地、机具和人力,明确具体组装任务。

架桥机经装拆、运输到桥台处后,应首先注意检查以下事项:

①检查清点各构件、联结件、机电设备总成部分、电气元件及电缆数量是否符合设计要求,结构和机电元件是否完好无损。

②清理各部件特别是运动机构的附着杂物,使其整洁。

③检查电缆是否安全、可用,须无断路和绝缘损坏现象。

架桥机经组装后,应检查下列项目:

①检查各部件螺栓连接的紧固情况,对任何一个螺栓均不能忽视。

②液压系统油面高度是否符合要求。

③液压系统管路是否有松动和泄漏。

④运动减速机润滑油是否符合使用要求。

⑤电气系统是否可安全、操作无误。

⑥吊梁钢丝绳是否符合要求。

⑦限位开关、电铃是否正常。

⑧随车机具、工具是否齐全。

⑨电机制动部分是否可用、正常。

⑩全车进行一次全面润滑。

2)设备组成

架桥机设备主要由主导梁、引导梁、辅助顶杆、前支点、中支点、后支点、纵行台车、吊重行车、运梁车、液压系统、电气控制系统等组成,如图4.44所示。

图4.44　架桥机总体图

3)施工工艺流程

以某5孔桥梁为例,其施工工艺流程如图4.45所示。

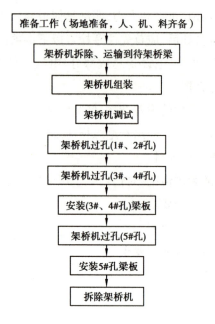

图 4.45　施工工艺流程图

4）简支梁架桥机施工的要点及注意事项

（1）运输

①起重机拆解运输时，应特别注意避免扭弯、撞击，防止各构件损坏和变形等事故。

②吊运时必须绑扎牢固，在捆扎处设置衬垫物，捆扎位置以竖杆节点位置为宜。

③存放时应放置平稳，并用枕木垫平垫实。

（2）组装

①在桥头路基或桥面上依次按总装图要求组装摆放中支点横移轨道，在桥台上摆放前支点横移轨道，用硬木支垫水平，并保证各轨基础底面差不大于±20 mm，纵向间距差不大于±20 mm。

②在横移轨道上依次吊装摆放前支点、中支点横移台车，然后将前支点、中支点吊至台车上固定，用临时缆绳固定好前支点，中支点用木塞好，保证两支点纵向直线度。

③在前支点、中支点间搭设枕木垛，从前至后组拼引导梁、主导梁，单元梁销接引导梁横联和前、后横联，使纵导梁联结成整体。组装时应严格控制水平旁弯小于 $L/2\ 000$（L 为两支点间距离），达到精度时方可连接销轴、拧紧螺栓。

④分别将前支点、中支点悬挂自行装置，后支点组装在引导梁、主导梁上成整体。

⑤将横导梁台车吊置在纵导梁上面的纵移轨上，然后将横导梁落在其上并连接固定好。

⑥吊装吊梁行车于横导梁上。安装、布置液压管路、电气控制线路。

（3）过孔

①收起前辅助顶杆，支前、后支点，将两行车并行置于导梁尾端前方 8 m 位置，将中支点

前移17 m。

②落回导梁，收起后支点油缸，将导梁纵向前移23 m至前辅助顶杆到位前方桥台并支好。

③顶起后支点，将中支点前移至前方桥台架梁位，收起前支点，驱动前支点纵行动力至前方桥台并支好。将两行车并行置于原前支点位前方8 m，锁前支点与导梁体。

④收前辅助顶杆、后支点，解除前支点与导梁固定件。

⑤顶起后支点，将中支点前移至前方桥台架梁位，收起前支点，驱动前支点纵行动力至前方桥台并支好。将两行车并行置于原前支点位前方8 m，锁前支点与导梁体。

⑥收前辅助顶杆、后支点，解除前支点与导梁固定件。

⑦将导梁从原位前行17 m，并锁固前、后支点同导梁锁定机构。

（4）运梁

①运梁台车在梁场停放后，采用梁场龙门吊或其他方式将梁片吊或移至运梁台车上方。

②运梁车装梁时，梁片重心应落在台车纵向中心线上，偏差不得超过20 mm；在曲线上装梁时，可使梁片中心与台车纵向中心线略成斜交。

③梁片落在机动平车上时，梁前端应超出台车支承横梁2～3 m。如施工条件限制，可按照规范利用其最大悬出位置，梁片与台车支承间应垫放硬木板或纤维层胶皮，以保护梁片混凝土。

④运梁台车运送梁片时，应在两台车上分别由专人护送，以防梁片支撑松动。

⑤运梁台车重载速度为5 m/min，由专人操作控制动力。

⑥运梁轨道基础应坚实平整，不得有死弯、三角坑等。枕木排列间距应小，且两轨间应有横联定位，以保证轨距准确，两轨应保持水平。

（5）落梁

公路架梁作业，应先架设外边梁，由外向内逐片架设。架梁作业顺序应严格按要求进行，不得擅自改变作业要求。顺序：在架设外边梁时，应在梁体对孔位后下落至距桥台最高点20 cm以上时停止落梁；驱动整机横移动力，使梁体对位于支座垫石上，支护好梁体，撤除吊梁钢丝绳。

①落梁顺序应由外边梁→外次边梁→中梁进行架设，运梁应根据架梁顺序进行。

②梁体横移轨道应水平，三条轨道间距应符合设计尺寸，误差不得大于15 mm。

③横移挡块应在满足架设情况下设置，不得留有太多余量。

④当架设第一片时，应注意梁体稳定可用，对防护支撑要求较高，防护措施应安全可用，万无一失。

（6）桥梁落位安支座

梁片到达就位支座上方后，应精细调整梁片和支座平面、立面上的位置，使之符合有关规定要求后落梁就位。

（7）解体

当单项桥梁架设工程完工后，架桥机解体应按以下顺序进行：

①同时收前支点、后支点，降导梁于低位并支好。

②解除动力电源，撤除机上动力、控制电缆。

③先用吊车拆下前、后吊梁行车及横梁和横梁纵移台车。

④用吊机解除前辅助顶杆，注意吊点位置，防止不平衡情况出现。

⑤用缆风绳将前支点拉紧，拆除主导梁、引导梁横联。

⑥采用从后向前拆除方式，拆除至中支点后，采取单元梁架设搭设枕木垛方法逐节拆除主导梁和引导梁。

⑦拆除前、后支点及走行机构。

⑧将所有构件归类码放整齐，便于运输装车。

4.5.2　跨墩龙门吊施工

跨墩龙门吊
施工案例

龙门吊又称门式起重机，多用于桥梁水上平台起吊，当桥下无水、桥墩高度不大时，也可用于旱桥的架设。要求其承载能力高、装拆方便，可适用于一定跨径范围，如图 4.46 所示。

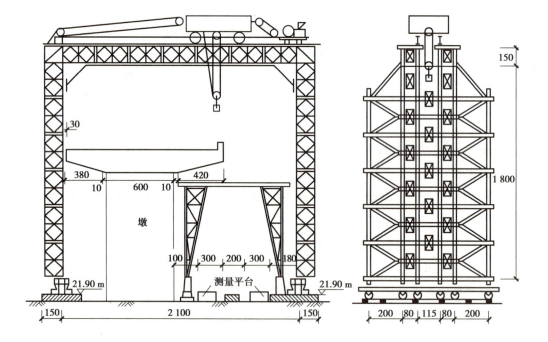

图 4.46　跨墩门架正面和侧面图（单位：mm）

特点：结构简单、快速轻巧等，被广泛应用于桥梁施工、预制场起吊移运预制构件、桥墩旁运装大梁等现场施工作业。

1）设备组成

（1）金属结构部分

金属结构部分包括主梁、天车架、支腿和下横梁。图4.46所示的龙门吊为桁架式双主梁门式起重机，其两支腿与主梁均采用刚性连接。

①主梁：选用2组单层3排2×45 cm间距贝雷片，并安装加强弦杆。每组3排贝雷上下弦杆之间栓接水平支撑架（俗称花窗）。两组主梁通过联结平台与端部支撑架栓接，形成刚性节点。

②斜腿：采用型钢桁架结构，单侧支腿呈八字形。单侧单条斜腿为6肢格构式型钢桁架焊接结构，为独立的单元构件。其上端与联结平台栓接，与主梁形成刚性连接；其下端与下部横梁栓接。

③下横梁：为斜腿下端连接横梁，即作为大车走行机构的分配梁。考虑到下横梁的抗倾覆能力和整体承载能力，采用箱形钢板梁。

（2）机械传动部分

①大车走行机构：考虑到斜腿与主梁的刚性连接，单侧台车采用双轮缘单轨方式。又考虑到承载能力和局部积压力，单侧八字斜腿选用大车轴距6.5 m的两轮均衡台车，即单条斜腿下部布设1组两轮均衡台车。跑轮直径为400 mm，最大轮压控制在16 t以内。为使大车走行平稳，驱动轮采用对面布置方式。

②天车升降机构：采用JM5卷扬机和5×5滑轮组。天车走行机构采用四轮制，两轮集中驱动方式。

（3）电气设备

采用集中控制系统，设计为既可单独运行，又可以联机操作；联机操作和单独操作可以自由切换，并设有短路、过流、缺相保护。天车设起升限位开关，运行机构设走行限位开关。

2）施工工艺

①龙门吊组装调试。
②行走龙门吊吊放梁至运梁平板车上。
③平板车运行至跨墩龙门吊内。
④龙门吊具起吊梁两端起吊点。
⑤将梁横移、落梁就位。

3）施工注意事项

①龙门吊机使用时，有专人负责拉电缆，防止拉断和压坏。
②起吊重物时，吊钩中心应垂直于板梁中心位置，不允许斜吊。

③风力超过5级时应停止使用,吊机停止使用时,应拉好缆风绳。

④操纵台的布置要便于瞭望。

⑤一个梁场的两台龙门吊机,大钩必须采用同一类型的慢速卷扬机,起吊和下落速度要同步。

⑥两台龙门吊机起吊同一重物需横向移动时,起重小车走行速度要一致,并随时观察予以校正。

⑦严禁两台龙门吊机分别用大钩和小钩同时抬吊重物。

⑧经常检查走行大车轮缘磨损情况及传动情况,并给齿轮箱上油。

4.5.3 起重机安装

陆地桥梁、城市高架桥预制梁安装常采用自行吊车安装,如图4.47、图4.48所示。一般先将梁运到桥位处,采用一台或两台自行式汽车吊机或履带吊机直接将梁片吊起就位,此方法较便捷。

图4.47　自行式汽车吊机　　　　　　　　图4.48　履带吊机

1)起重吊装准备工作

①吊装前做到"三通一平",施工用水、电、道路要求畅通,场地平整,安全标志明确,施工场地安全措施到位。

起重机吊装施工

②施工机械定期进行自检、保养和维修,以保证在运输或吊装过程中不因施工机械故障而造成交通阻塞或影响正常的工作和工期。

③各种运输手续和占道施工有关手续的办理,如养路费、过路费、过桥费、通行证、超限运输证、占道施工证等都应在施工前办理好,以保证运输及吊装的畅通与安全。

④吊装前要对吊装设备的具体几何尺寸进行摸底,确定吊装的重心位置、捆绑点以及吊装实际质量,以便于吊装作业。

⑤吊装前做好主梁底支座中心位置和桥墩支座中心位置的弹线、高程测量工作。

⑥吊装前做好现场的清理工作,排除一切影响工字形桥梁转运的空障地障,为工字形桥梁的现场转运和吊装提供必要的施工条件。

⑦吊装前做好工字形桥梁的弹线和清理工作以及尺寸的复核工作,以保证工字形桥梁能顺利吊装就位。

2)主梁的转运吊装

为方便吊上桥墩后的梁固定以及先吊装的梁固定后不影响后面梁体的吊装,每孔梁的吊装顺序必须遵循后吊装的主梁和已吊装的主梁之间不能有空余主梁位置的原则。由于大多数主梁的吊装现场与预制场有一定的距离,需要转运后才具备吊装条件。其施工顺序为:预制场吊装梁片→装车→固定→运输→施工现场吊装。

(1)场内吊装要点

①从预制台座上移出梁、板仅限一次,不得在孔道压浆前多次倒运。

②吊移的范围必须限制在预制场内的存放区域,不得移往他处。

③吊移过程中,不得对梁、板产生任何冲击和碰撞。

④不得将构件安装就位后再进行预应力孔道压浆。

⑤后张预应力混凝土梁、板在预制台座上进行孔道压浆后再移运的,移运时其压浆浆体的强度应不低于设计强度的80%。

⑥梁、板构件移运时的吊点位置应符合设计规定;设计未规定时,应根据计算确定。

⑦在构件上设置的吊环必须采用未经冷拉的 HPB300 钢筋制作;吊具应采用经专门设计的定型产品,且应符合相关产品标准或设计规范的要求。

⑧吊绳与起吊构件的交角小于60°时,应设置吊架或起吊扁担,使吊点垂直受力。

⑨吊移板式构件时,不得吊错上、下面。

(2)梁体运输要点

①梁的运输应按高度方向竖立放置,并应有防止倾倒的固定措施。

②装卸梁时,必须在支撑稳妥后,方可卸除吊钩。

(3)梁体安装要点

①安装前应制订专项施工方案,对安装施工中的各种临时受力结构和安装设备的工况应进行必要的安全验算,所有施工设施均宜进行试运行和荷载试验。

②安装前应对墩台的施工质量进行检验,并应对支座或临时支座的平面位置和高程进行复测,合格后方可进行梁、板等构件的安装。

③采用起重机吊装构件时,如采用一台起重机起吊,则应在吊点位置的上方设置吊架或起吊扁担;如采用两台起重机抬吊,则应统一指挥,协调一致,使构件的两端同时起吊、同时就位。

④梁、板就位后，应及时设置锁定装置或支撑将构件临时固定，对横向自稳性较差的 T 形梁和工形梁等，应与先安装的构件进行可靠的横向连接，防止倾倒。

⑤安装在同一孔跨的梁、板，其预制施工的龄期差宜不超过 10 d，特殊情况应不超过 30 d。梁、板上有预留相互对接的预应力孔道的，其中心应在同一轴线上，偏差应不大于 4 mm。梁、板之间的横向湿接缝，应在一孔梁、板全部安装完成后方可进行施工。

3）起重机安装要求

起重机起吊安装要求见表 4.14。

表 4.14　起重机起吊安装要求

项目	起重机安装特点和要求
起重机安装桥梁上部构件	汽车式或伸臂式起重机适用于起吊按照桥梁上部构件，有其充分的机动性和灵活性，当构件起吊后，可在自行条件下和臂杆的有效半径范围内直接吊装。当构件距离现场很近时尤为有利。但桥跨较长、跨径较大时，超越起重机臂杆有效半径就受到限制；此外，当桥跨净空不足（架空线路影响）或起重机吨位不足（起重系数过小）等，均能使起重机难以充分发挥应有作用
起重机的运转检查	起重机在起吊构件前，应对其传动部分进行试运转，要求各部分操作完全正常，并检查索具是否符合规定；发现有不符合要求或损坏的索具立即更换，方可使用
起重机走道等的加固	起重机行走通道和停机位置，均须事先检查并整修，必要时采取加固措施（如松动地段的地基加固），以满足起重机的工作稳定性和对地下管线的维护（免致损坏）
空间条件	在起重机工作有效半径和有效高度（当有输电架孔线路时，还应加安全高度）范围内不得有障碍，否则必须采取有效措施
试吊检查	按规定的吊点位置挂钩或绑扎，吊起构件离地 20～30 cm 时，检查机身是否稳定，吊点是否牢固；在情况良好的前提下，方可继续工作
起重机的使用和负重行驶	汽车或轮胎式起重机不得斜拉或做卷扬牵引使用，必须垂直吊升；起吊安装时，必须将支腿放下，支撑稳固；当履带式起重机负荷构件近距离行驶就位时，只能将构件吊离地点 30 cm 左右，并将构件转至机身正前方，拉好溜绳（防止摆动），慢速行驶
起吊构件的速度	起吊构件的速度应均匀、平稳升降，尤其不允许忽快忽慢或突然制动

4）起重机架设桥梁时事故的预防与处理

（1）维修与养护

起重机械使用单位要经常对在用的起重机械进行检查维保，并制订定期检查管理制度，包括日检、周检、月检、年检，对起重机进行动态监测，有异常情况随时发现，及时处理，从而保障起重机械安全运行。

（2）定期检查维护管理

起重机械使用单位要经常对在用的起重机械进行检查维保，并制订定期检查管理制度，包括日检、周检、月检、年检，对起重机进行动态监测，有异常情况随时发现，及时处理，从而保障起重机械安全运行。

（3）操作人员的管理

操作人员在上岗前要对所使用的起重机械的结构、工作原理、技术性能、安全操作规程、保养维修制度等相关知识和国家有关法规、规范、标准进行学习、掌握。经当地技术监督部门培训取得理论知识和实际操作技能两个方面考核，合格后方能上岗操作。

（4）起重机械的"三定"管理

"三定"管理是指定人、定机、定岗制度。起重机械的"三定"制度首先是制度的制定和制度形式的确定。其中，定人、定机是基础，要求人人有岗有责，起重机台有人操作管理；定岗是责任保证。

（5）特种设备事故应急措施和援救预案

特种设备使用单位应设立以单位领导牵头，特种设备安全管理部门为主，相关部门配合的紧急事故救援领导小组，明确职责，责任到人。使用单位应根据本单位特种设备使用情况，判断可能出现的故障、险情、意外事故，制订出适合本单位起重机械特点的应对措施。该措施应包括对起重机械出现事故后的处理原则，紧急情况下所采取的程序、方法、步骤及相关部门人员的职责、分工协作等，并定期组织现场演习。

项目小结

本项目主要讲解了简支梁桥施工中的钢筋、模板支架、混凝土、预应力筋和预制拼装的施工工艺。其中，重点需要掌握钢筋的除锈、调直、下料、切断、弯曲成型、钢筋连接工艺等形成钢筋骨架的过程；支架模板的类型、安装拆除的施工要点；混凝土施工的质量控制要点；先张法预应力施工和后张法预应力施工的工艺流程；预制梁段的各种安装方法。

巩固与提高

4.1 脚手架的常见分类有哪些？

4.2 模板的类型有哪些？

4.3 简述混凝土工程施工的基本程序。

4.4 钢筋接长的方式有哪些？

4.5 绘制先张法预应力混凝土工艺流程图。

4.6 绘制后张法预应力混凝土工艺流程图。

4.7 简述孔道压浆的目的、压浆工艺、压浆注意事项。

4.8 简述起重机吊装主要注意事项。

扩展施工案例
(项目4)

项目 5 　连续梁桥施工

 知识目标

通过本项目的学习,能归纳总结出几种连续梁桥施工方法的特点;能通过具体的桥位信息推断出最适合该场景的施工方法;掌握支架现浇、顶推、移动模架、悬臂施工的施工工艺。

技能目标

具有编写各种工法专项施工方案的能力;具备支架计算能力,并通过对支架计算原理的学习,对力学知识举一反三,触类旁通,能够对其他桥梁施工临时设施进行计算。

思政元素

连续梁桥的施工方法众多,条条大路通罗马,这也是桥梁施工的独特魅力所在。平坦场地是选择支架现浇还是预制吊装?跨越河流或者既有线路是选择悬臂法、顶推法还是转体法?这些问题不能单凭施工条件决定,需要结合桥梁跨径、场地环境、成本与工期等综合考虑,才能做出最优的选择。在遇到问题时也应该从多个角度分析,切忌盲人摸象、一叶障目。现浇需要支架,吊装需要吊车,悬臂需要挂篮,顶推需要牵引,转体需要转盘,不管哪种施工方法都需要用到临时设施辅助施工。学习中要"啃"下临时设施计算这块"硬骨头",培养迎难而上、敢于挑战的精神。通过各种工法的对比学习,培养善于思考、深入分析问题的能力。

任务 5.1 　支架现浇施工

采用支架法现浇一般高度的连续箱梁是很常见的施工方法。不同的支架形式带来的人工费、机械费及工期差别很大,往往根据自有的支架材料和现场情况来设计现浇支架。值得注意的是,城市高架桥受交通和场地的制约,以及高度对支架稳定性和搭设工作量的影响,需要慎重考虑现浇支架,应尽量选用无支架施工方法,以达到安全、快速、少动用起重设备施工的目的,减少对交通的影响,从而适应市政工程工作场地狭窄的特点。

5.1.1 　支架安装

连续梁桥采用支架施工时,支架有两种布置方式:

一是整体支架现浇:在一联桥跨上布设支架进行整体支架现浇施工,本联

支架现浇的
一般程序

连续梁一次成形(图5.1)。其优点是:混凝土浇筑与预应力张拉可一气呵成,连续梁整体性好,施工平稳可靠;施工中不需要体系转换;无须大型起重设备,施工方便。其缺点是:需要大量的支架,设备周转次数少,施工工期长;施工费用较高。该方法适用于低矮桥墩的中小跨径连续梁桥或弯桥、宽桥、斜交桥、立交桥等复杂、异形桥型。

图5.1　连续梁桥整体支架现浇

　　二是移动支架逐孔现浇:仅在一跨梁上使用移动支架逐孔现浇施工,本跨施工完毕再将支架移动(或拆除重新搭设)至下一跨,现浇下一跨梁,分段工作缝一般设置在零弯矩点附近(图5.2)。因此,在施工过程中会出现体系转换问题,混凝土徐变对结构产生次内力。其优点是:所用支架数量较整体支架现浇施工要少,周转次数多,利用效率高;施工速度也比整体支架现浇施工快得多。其缺点是:由于后支点位于悬臂端会产生较大的施工负弯矩,因此该方法适用于中等跨径及结构较简单的桥梁。

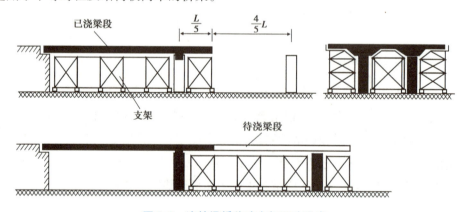

图5.2　连续梁桥移动支架逐孔现浇

1)满堂支架施工

连接件把各根钢管连接成满堂支架结构。根据连接件的不同,杆件连接成为结构后的受力模式略有区别,支架可分为扣件式、碗扣式、盘扣式、轮扣式(承插式),如图 5.3 所示。

扣件式支架由于横杆与立杆不在同一平面、扣件周转易磨损等缺点,一般只用于脚手架,其余的支架既可以用于脚手架也可用于模板支撑架。一般来说,推荐使用碗扣式和盘扣式支架,这两类支架搭设出来的满堂支架垂直度比扣件式支架好,节间距也比较标准;扣件式支架、门式支架、轮扣式支架不建议选用作为满堂支架;每一种形式都有与之对应的规范,一定要按照相应的规范设计、施工,具体内容见表 5.1。模板工程及支撑体系施工属于危险性较大的分部分项工程,施工前应编制专项施工方案,超过一定规模的还应对专项施工方案进行专家论证。

（a）扣件式支架

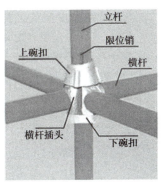

（b）碗扣式支架

（c）盘扣式支架

（d）轮扣式支架

图 5.3　扣件式、碗扣式、盘扣式、轮扣式支架

表 5.1　几种满堂支撑系统在工程应用中的比较

项目	扣件式支架	碗(盘)扣式支架	重型门式支架
构架形式	钢管、扣件	立杆、横杆、配件	门架、调节杆、配件
立杆截面	$\phi 48 \times 3.5$ mm	$\phi 48 \times 3.5$ mm	$\phi 57 \times 2.5$ mm
防腐处理	油漆	油漆	油漆
受力方式	偏心摩擦受力、轴心受力	轴心受力	轴心受力

续表

项目	扣件式支架	碗(盘)扣式支架	重型门式支架
可靠性	构架任意性、节点差异性明显,整体稳定性及可靠性差	定型杆件,具有架构的严格性,稳定性及可靠性尚好	
市场产品质量	差	较差	较好
灵活性	构架形式和尺寸灵活	虽受定型构件限制,但仍很灵活	
单杆承载能力	≤12.8 kN	≤30 kN	≤35 kN
结论	构架灵活,可靠性差,用钢量大,架设工作量和劳动强度大,产品质量难以保证,施工效率低,工程形象差	构架规范,整体性和可靠性较好,市场产品质量难以保证,经济性和施工效率一般	构架规范,整体性和可靠性较好,经济性和施工效率较好

钢管满堂支架适用于地势平坦、高度小、跨径小的主梁现浇。其搭设流程如图 5.4 所示。

施工要点:

①基础处理包括对地基的整平、压实、承载力检测,预压地基合格并形成记录。做好地面排水,地基严禁泡水,防止积水降低地基承载力,冬期施工必须采取防止冻胀的措施。

②立杆定位,安装底座,有固定底座和可调底座,主要用来承受立杆传递下来的竖向荷载。

③搭设底层扫地杆,扣件式支架要求扫地杆距地面不高于 20 cm;从下往上依次搭设纵向和横向水平杆,形成支架系统;横杆水平、立杆铅直,上下层立杆应在同一中心线上。

④为了使支架为几何不变结构,还需在竖向和水平方向加设剪刀撑。

⑤顶托插入立杆顶部,用于支撑模板,调节支架高度和保证立杆轴心受压。

⑥顶托上部的次楞和主楞用于传递上部结构的荷载。

⑦支架不得与施工脚手架、便桥相连。

⑧支架搭设完毕后,应进行支架验收。验收内容如下:

a. 按照支架设计图纸验收:实测立杆间距、横杆步距、剪刀撑等是否符合设计图纸要求。

b. 按规范验收标准验收允许偏差:立杆垂直度偏差、水平杆直线度、扣件螺栓拧紧力矩等项目。

⑨支架经检验合格后还应按照实际荷载的分布情况进行支架预压,分级加载预压。在支架主要部位设变形观测点,每加卸一级荷载观测一次,准确观测读取各点数值,以验证支架的安全性和消除支架与地基的非弹性变形,卸载后还能得出弹性变形数据,与理论计算值相互验证。

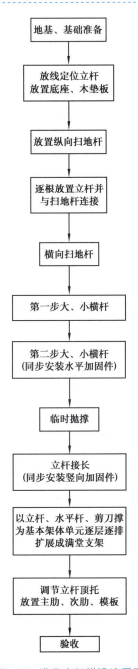

图 5.4 满堂支架搭设流程图

⑩预压合格后,在浇筑混凝土前,应对模板、支架进行再次检查和验收。

⑪支架设置预拱度时考虑的因素:

a. 卸架后由上部结构自重及活载一半所产生的挠度。

b. 施工期间支架结构在恒载及施工荷载(施工人员、机具、设备等)作用下的弹性压缩和非弹性变形。

c. 支架基底土在荷载作用下的非弹性沉陷。

d. 由混凝土收缩及温度变化而引起的挠度等。

b、c 项引起的变形可通过对支架用同等荷载预压得到,根据梁的挠度和支架的变形所计算出来的预拱度之和就是简支梁预拱度的最高值,应设置在跨径的中点。其他各点的预拱度,则按直线或抛物线的比例进行分配,在两端的支点处则为零。

⑫支架卸落程序与注意事项:

a. 梁的落架程序应从梁挠度最大处的支架节点开始,逐步卸落相邻两侧的节点,并要求对称、均匀、有顺序地进行。即简支梁、连续梁结构宜从跨中向两支座依次循环卸落,悬臂梁宜从悬臂端开始顺序卸落。

b. 同时要求各节点应分多次进行卸落,以使梁的沉落曲线逐步加大。

c. 模板、支架拆除应遵循先支后拆、后支先拆的原则。应详细拟订卸落程序,即分几个循环卸完,卸落量开始宜小,以后逐渐增大;在纵向应对称均衡卸落,在横向应同时一起卸落。

d. 在卸落前应在卸架设备(如简单木楔和组合木楔等)上画好每次卸落量的标记。

e. 拆除模板和支架时,不允许使用猛力敲打和强扭等粗暴方法。

f. 模板和支架拆除后,应将表面灰浆、污垢清除干净,并维修整理,分类妥善存放,防止变形开裂。

g. 非承重侧模应在混凝土强度能保证结构棱角不损坏时方可拆除,混凝土强度宜为 2.5 MPa 以上(养护 1~2 d 后);承重模板、支架应在混凝土强度能承受其自重及其他可能叠加的荷载时,方可拆除;预应力混凝土结构的侧模应在预应力张拉前拆除;底模应在结构建立预应力后拆除。

2)梁柱式支架施工

型钢+贝雷梁组合是较常用的一种梁柱式支架(图 5.5)。梁柱式支架在高墩大跨现浇箱梁施工中,可避免大面积处理地基,能够减少人员投入;在跨越道路、河流箱梁施工中具有能满足车辆通行、通航的要求,特别适合用于跨线桥。

图 5.5　梁柱式支架

其搭设流程如图 5.6 所示。

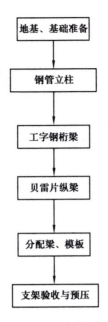

图 5.6　梁柱式支架搭设流程图

施工要点：

①对地基的整平、压实、承载力检测，预压地基合格并形成记录。做好地面排水，地基严禁泡水，防止积水降低地基承载力，冬期施工必须采取防止冻胀的措施。

②地基处理完毕后一般做钢筋混凝土条形基础。若要开放交通，则应在条形基础上涂刷黑黄斜向条纹反光漆，在条形基础前设置 1 m 防撞带，并在前方几十米处设置限高门架和夜间警示灯以及交通警示标志。

③工字钢横梁一般要做成双拼甚至三拼才能更稳定，贝雷片纵梁根据上部结构荷载分布情况也应双拼或者多拼。两根工字钢沿拼接缝进行焊接，为了以后便于拆除，工字钢间焊接采用间隔焊。在吊放横梁前应对钢管柱顶标高进行复查，如顶部标高不一致可采用钢板支垫。安放时要确保工字钢中心与柱纵、横向中心对应，位置准确后在钢管柱顶面工字钢两侧沿横向焊接短钢筋将工字钢固定，防止工字钢移位。

④若是变截面箱梁，可根据实际情况在纵梁上再搭设满堂支架。

⑤支架预压、拆除以及其他注意事项见"满堂支架施工"。

5.1.2　支架设计与验算

支架作为桥梁施工常用措施，应用范围广，常见于现浇箱梁施工、挂篮 0 号块、边跨现浇段、塔柱横梁、钢箱梁滑移轨道、栈桥、钻孔平台等部位；其结构安全尤为重要，每年因为支架垮塌造成的群死群伤事件屡见不鲜，做好支架的设计和施工质量管控工作是桥梁技术人员必须掌握的基本技能。

1）支架设计

支架应结构简单、制造与装拆方便,应具有足够的承载能力、刚度和稳定性,并应根据工程结构形式、设计跨径、荷载、地基类别、施工方法、施工设备和材料供应等条件及有关标准进行施工设计。施工设计应包括以下内容:

①工程概况和工程结构简图。

②结构设计的依据和设计计算书。

③总装图和细部构造图。

④制作、安装的质量及精度要求。

⑤安装、拆除时的安全技术措施及注意事项。

⑥材料的性能要求及材料数量表。

⑦设计说明书和使用说明书。

支架设计中应设施工预拱度,包括下列因素:

①设计文件规定的结构预拱度。

②支架承受全部施工荷载引起的弹性变形。

③受载后由于杆件接头处的挤压和卸落设备压缩而产生的非弹性变形。

④支架基础受载后的沉降。

2）满堂支架计算原理

支架设计完毕,是否可行,还需进行支架验算以确保支架安全。

模板系统主要由面板、次肋、主肋及拉筋等组成。模板设计计算的主要内容是确定材料规格、布置间距、连接方式;对构件主要是进行强度及刚度计算。

满堂支架体系主要由立杆、横杆及斜撑等构件组成;设计计算的主要内容是杆件的强度、刚度和稳定性。

取一榀支架分析,现浇梁的自重和施工荷载由上往下依次传递路径为:模板→次楞→主楞→立杆→基础,如图5.7所示。

计算模型:

①模板:一块模板支撑在多个次楞上,相当于一个多跨连续板,模板受上部结构传来的面荷载,取单位宽度计算,即为多跨连续梁受线荷载计算模型。

比如:为简便计算,可按照简支梁模型计算其跨中的最大弯矩 M 和最大挠度 w。

求得模板底面边缘的最大应力 $\sigma_{max} = \dfrac{M}{W} < [\sigma]$,进行强度验算;

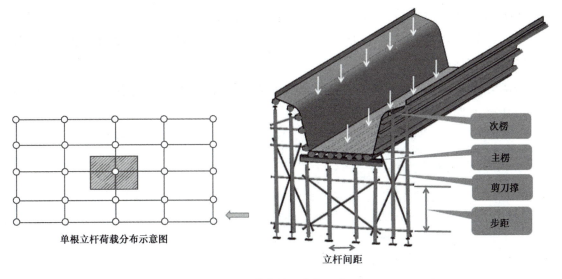

单根立杆荷载分布示意图

立杆间距

图 5.7　荷载传递路径示意图

求得模板跨中的最大变形 $w_{\max} = \dfrac{5ql^4}{384EI} + \dfrac{Fl^3}{48EI} < [w]$，进行刚度验算。

②次楞、主楞：一根次楞支撑在多根主楞上，一根主楞支撑在多个立杆上，即为多跨连续梁受线荷载计算模型。

③立杆：一根立杆承受该立杆纵横间距面积范围内的荷载，将上部结构换算成面荷载乘以立杆间距面积之后转换为一个集中力加载到立杆上，即为轴心受压杆件模型。应对单根立杆进行受压承载能力计算和压杆稳定计算。

④水平杆的步距无须计算，按构造要求设置(减少立杆自由长度，增加立杆稳定性)，通常取 $0.9 \sim 1.5$ m。剪刀撑连续设置，与地面夹角为 $45° \sim 60°$ (增加支架整体稳定性)，按照规范要求设置。

⑤整体稳定性验算：支架结构应组合风载进行整体抗倾覆稳定性分析，支架整体抗倾覆稳定宜按模板安装后尚未安装梁体钢筋前工况为控制工况，按下式进行抗倾覆稳定性计算：

$$K = \frac{M_k}{M_q}$$

式中　K——结构抗倾覆稳定系数，不应小于 1.5；

　　　M_k——结构抗倾覆力矩，由模板体系和支架结构重力荷载对倾覆支点取矩；

　　　M_q——结构倾覆力矩，由作用在支架结构和模板体系上的风荷载共同对倾覆支点取矩。

3)梁柱式支架计算原理

模板系统一般主要由面板、次肋、主肋及拉筋等组成。模板设计计算的主要内容是确定材料规格、布置间距、连接方式;对构件主要是进行强度及刚度计算。

梁柱式支架体系主要由立柱、横梁及纵梁等构件组成;设计计算的主要内容是杆件的强度、刚度和稳定性。

现浇梁的自重和施工荷载由上往下依次传递路径为:模板→分配梁→纵梁→横梁→立柱→基础,如图5.8所示。

图5.8　梁柱式支架示意图

计算模型:

①模板:一块模板支撑在多个分配梁上,相当于一个多跨连续板,模板受上部结构传来的面荷载,取单位宽度计算,即为多跨连续梁受线荷载计算模型。

②分配梁:一根分配梁支撑在多个纵梁上,即为多跨连续梁受线荷载计算模型。

③纵梁:一根纵梁支撑在多个横梁上,即为多跨连续梁受分配梁传来集中力的计算模型。由于纵梁上的分配梁间距较小,可按照均布线荷载来加载到纵梁上。

④横梁:一根横梁支撑在多个立柱上,即为多跨连续梁受多个纵梁传来集中力的计算模型。

⑤立柱:几个立柱支撑一根横梁,立柱承受的压力即为横梁计算模型中的支座反力。

根据大量的工程经验和理论计算表明,满堂支架和梁式支架的搭设高度一般应满足表5.2和表5.3的要求。

表 5.2　满堂支架选型表　　　　　　　　　　　　　单位：m

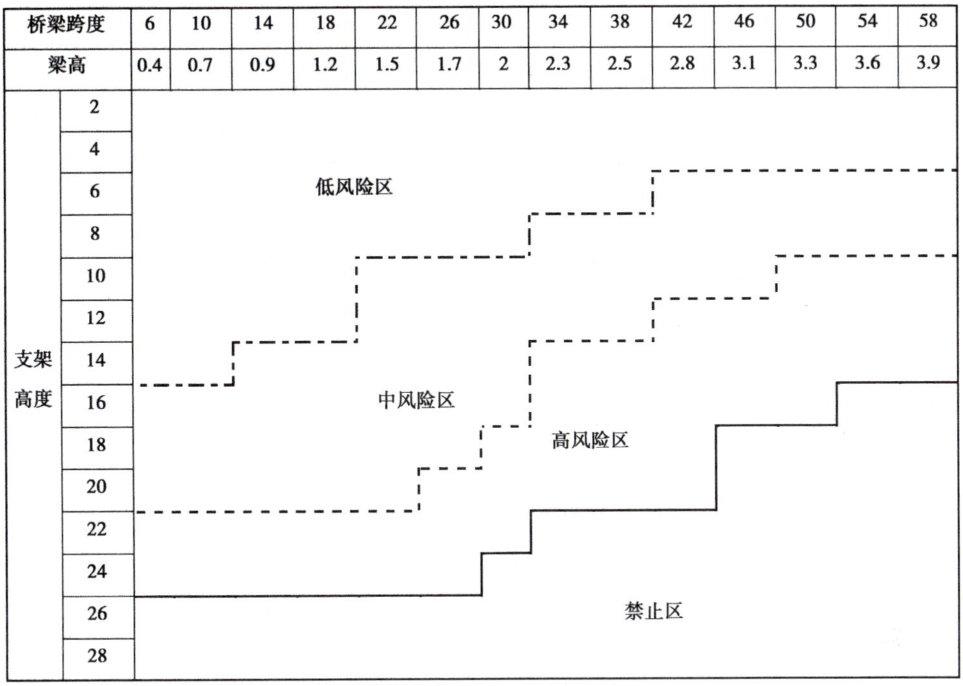

桥梁跨度	6	10	14	18	22	26	30	34	38	42	46	50	54	58
梁高	0.4	0.7	0.9	1.2	1.5	1.7	2	2.3	2.5	2.8	3.1	3.3	3.6	3.9

支架高度：2、4、6、8、10、12、14、16、18、20、22、24、26、28

低风险区　中风险区　高风险区　禁止区

表 5.3　梁式支架选型表　　　　　　　　　　　　　单位：m

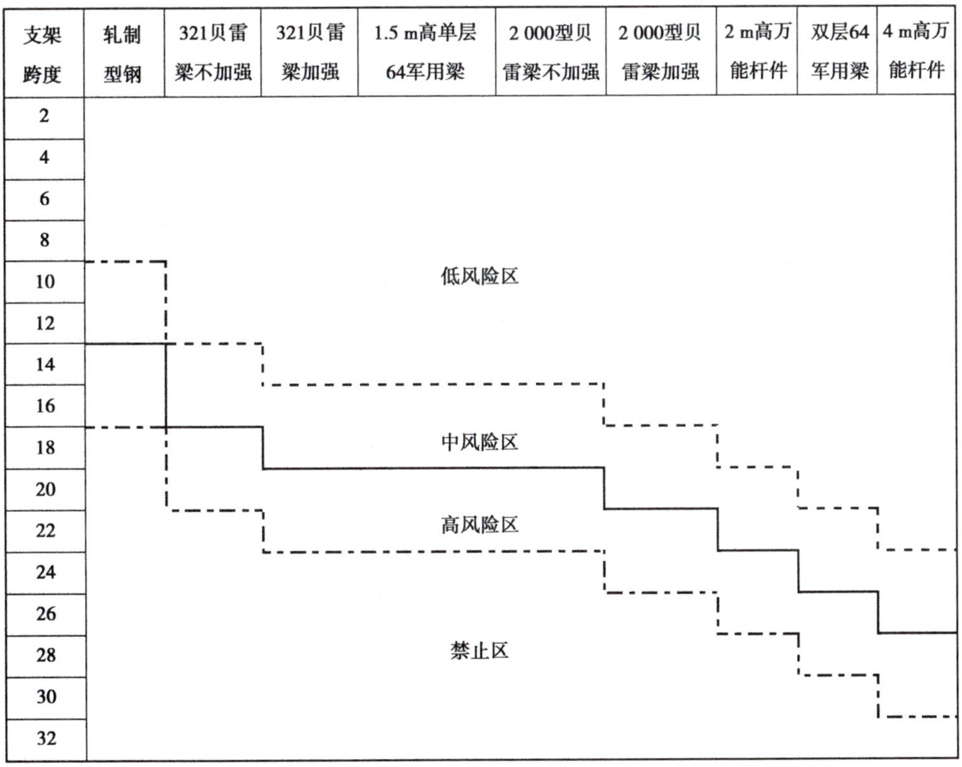

支架跨度	轧制型钢	321贝雷梁不加强	321贝雷梁加强	1.5 m高单层64军用梁	2 000型贝雷梁不加强	2 000型贝雷梁加强	2 m高万能杆件	双层64军用梁	4 m高万能杆件

支架跨度：2、4、6、8、10、12、14、16、18、20、22、24、26、28、30、32

低风险区　中风险区　高风险区　禁止区

5.1.3 工程案例

该案例是满堂支架与梁柱式支架的结合,例题中仅对梁柱式支架进行了计算,请同学们根据"满堂支架计算原理"的内容自行对满堂支架进行计算。立杆间距、横杆步距、主次楞间距等参数参阅《建筑施工碗扣式钢管脚手架安全技术规范》(JGJ 166—2016)自行拟订后再进行验算。

支架应用非常广泛,支架计算是本项目的核心内容,请根据下面案例的支架计算书,补齐支架设计图与支架施工方案。

例:某城市高架桥,主梁采用支架现浇的施工方法,为了不中断桥下道路交通,采用梁柱式支架门洞上搭设满堂支架的方案,方案设计如图5.9、图5.10所示。

恒载:

梁体钢筋混凝土容重 $q_{11}=26$ kN/m³;

模板、方木、支架系统及3 mm厚防坠落钢板自重 $q_{12}=5$ kN/m²。

活载:

施工人员及施工设备荷载 $q_{21}=1$ kN/m²;

振捣混凝土荷载 $q_{22}=2$ kN/m²。

根据力的传递顺序,依次计算门洞组合支架各构件受力情况是否满足要求,来验证方案的可行性,计算方式采取由上至下的顺序,逐个验算杆件受力是否符合要求。

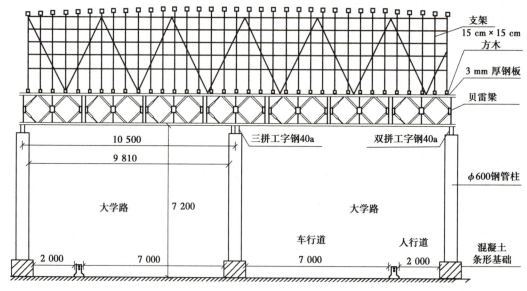

图 5.9 门洞立面图

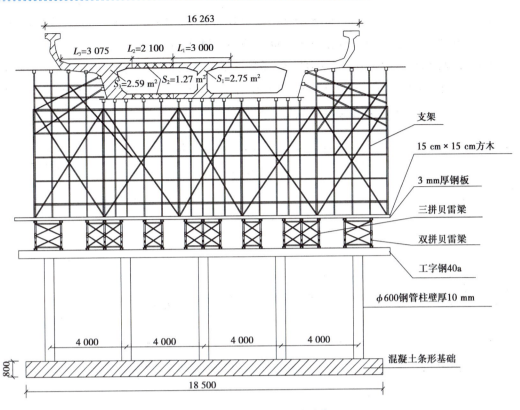

图 5.10 门洞横断面图(尺寸单位:mm)

1)贝雷梁纵梁计算

单片贝雷架参数见表 5.4。

表 5.4 单片贝雷架参数表

截面惯性矩 I/cm^4	截面模量 w/cm^3	弹性模量 E/GPa	自重/ $(\text{kN} \cdot \text{m}^{-1})$	容许弯矩 $[M]/(\text{kN} \cdot \text{m})$	容许剪力 $[V]/\text{kN}$
250 497.2	3 578.5	206	1	788.2	245.2

中腹部、底板、边腹板及翼板的截面面积 S_i 和宽度 L_i,如图 5.10 所示。

①中腹板下每排贝雷梁受均布力(3 排一组):

用于强度验算时:$q_{q1} = [1.2(q_{11} \times S_1 + q_{12} \times L_1) + 1.4(q_{21} + q_{22}) \times L_1]/3 + 1 = 39.8$ (kN/m);

用于刚度验算时:$q_{g1} = 1.2(q_{11} \times S_1 + q_{12} \times L_1)/3 + 1 = 35.6$ (kN/m)。

②底板下每排贝雷梁受均布力(2 排一组):

用于强度验算时:$q_{q2} = [1.2(q_{11} \times S_2 + q_{12} \times L_2) + 1.4(q_{21} + q_{22}) \times L_2]/2 + 1 = 31.5$ (kN/m);

用于刚度验算时:$q_{g2} = 1.2(q_{11} \times S_2 + q_{12} \times L_2)/2 + 1 = 27.1$ (kN/m)。

③边腹板及翼板每排贝雷梁受均布力(3 排一组):

用于强度验算时：$q_{q3}=[1.2(q_{11}\times S_3+q_{12}\times L_3)+1.4(q_{21}+q_{22})\times L_3]/3+1=38.4$（kN/m）；

用于刚度验算时：$q_{g3}=1.2(q_{11}\times S_3+q_{12}\times L_3)/3+1=34.1$（kN/m）。

由此可知，中腹板下的贝雷梁受力最大，单排贝雷梁受到的最大均布力为：强度计算时 $q_q=$ 39.8 kN/m，刚度验算时 $q_g=35.6$ kN/m；计算跨径 $L=10.5$ m。按两等跨连续梁对单排贝雷梁进行验算。二等跨梁内力和挠度系数见表5.5。

表5.5　二等跨梁内力和挠度系数表

荷载图	跨内最大弯矩		支座弯矩		剪力			跨度中点挠度	
	M_1	M_2	M_B	V_A	$V_{B左},V_{B右}$		V_C	w_1	w_2
	0.070	0.070	−0.125	0.375	−0.625, 0.625		−0.375	0.521	0.521

注：在均布荷载作用下，$M=$表中系数$\times q_q L^2$，$V=$表中系数$\times q_q L$，$w=$表中系数$\times\dfrac{q_g L^4}{EI}$。

最大弯矩在中间支点 B 处负弯矩：$M_{max}=-0.125q_q L^2=-548.5$ kN·m$<[M]$，满足抗弯要求。

最大剪力在中间支点 B 左、右截面处：$V_{max}=0.625q_q L=261.2$ kN$>[V]$，不满足抗剪要求。由于两者数值相差不大，因此，在不增加贝雷架的情况下，在中间跨的两端支点处加加劲力柱（10号槽钢磨光顶紧在贝雷架上下弦杆之间）。

$w_{max}=0.521q_g L^4/100EI=4.29$ mm$<L/400=26.25$ mm，符合挠度要求。

2）工字钢横梁计算

贝雷梁边跨采用双拼40a工字钢作为横梁，中跨采用3拼40a工字钢作为横梁，其参数见表5.6。贝雷梁上的荷载通过集中力的形式传递给工字钢横梁，其值为表5.6中的支座反力。门洞支架所用工字钢和钢管柱均为厚度小于16 mm的Q235钢，$E=2.06\times10^5$ MPa，$G=0.79\times10^5$ MPa，$[\sigma]=215$ MPa，$[\tau]=125$ MPa。

表5.6　单40a工字钢参数表

截面惯性矩 I/cm^4	截面模量 w/cm^3	半截面静矩 S/cm^3	腹板厚度 t/mm	自重 $/(kg\cdot m^{-1})$
21 714	1 086	631.2	10.5	67.6

（1）中间支点 3 拼工字钢横梁计算

①中腹板下每排贝雷梁对横梁压力：

$$F_1 = V_{B右} - V_{B左} = 1.25 q_{q1} L = 522.38 \text{ kN}$$

②底板下每排贝雷梁对横梁压力：

$$F_2 = V_{B右} - V_{B左} = 1.25 q_{q2} L = 413.44 \text{ kN}$$

③边腹板及翼板下每排贝雷梁对横梁压力：

$$F_3 = V_{B右} - V_{B左} = 1.25 q_{q3} L = 504 \text{ kN}$$

再计入工字钢自重 0.68 kN/m 和最两端作为施工平台支撑的两组非承重贝雷梁荷载 $F_4 = 134.67$ kN（贝雷梁、施工平台自重和施工人员、设备荷载，计算过程不再赘述），建立中支点横梁计算模型如图 5.11—图 5.14 所示。（用结构力学求解器计算）

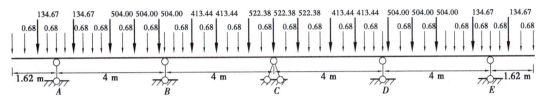

图 5.11　工字钢横梁受力模型图（单位：kN）

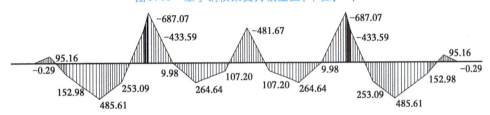

图 5.12　弯矩图（单位：kN·m）

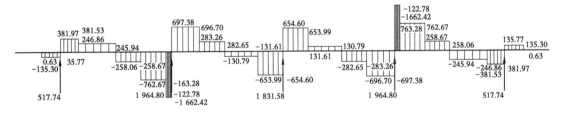

图 5.13　剪力、反力图（单位：kN）

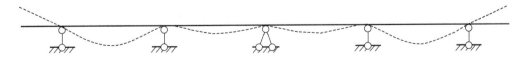

图 5.14　竖向变形图

由上述计算结果可知：

最大负弯矩在 B、D 支点处为 -687.07 kN·m，考虑 $\phi600$ 钢管柱作为支点，其宽度对支点负弯矩有折减作用，折减系数取 0.9，则 $M_{max}=0.9\times-687.07=-618.36$ kN·m；

最大正弯矩在两边跨跨中附近 485.61 kN·m；

最大剪力在支点 $B_{左}$、$D_{右}$ 截面 $V_{max}=1\,267.42$ kN；

最大反力在 B、D 支点 $R_{max}=1\,964.8$ kN；

最大正位移在悬臂端上翘 4.7 mm，最大负位移在两边跨跨中附近下挠 4.6 mm。从内力图、变形图分析可知：在两悬臂端加配重可减小工字钢的最大上翘值和下挠值。

④强度验算：

$$\sigma_{max}=\frac{M_{max}}{3w}=189.8\text{ MPa}<[\sigma]，抗弯强度符合要求；$$

$$\tau_{max}=\frac{V_{max}S}{3I}=116.96\text{ MPa}<[\tau]，抗剪强度符合要求。$$

截面上同时有较大正应力和切应力时，其折算应力为：

$$\sigma=\sqrt{\sigma^2+3\tau^2}=\sqrt{189.8^2+3\times116.96^2}=277.6\text{ MPa}$$

$\sigma>1.1[\sigma]=1.1\times215=244$ MPa，不满足要求。

虽然截面最大正应力、切应力没有超过容许应力，但是其折算应力不满足要求，为保证有一定的安全富余，将门洞中支点横梁I40a工字钢换为I40c，更换后 B、D 支点处的最大正应力 $\sigma_{max}=172.86$ MPa，最大切应力 $\tau_{max}=86.89$ MPa，折算应力 $\sigma=229.19$ MPa，均能满足要求。工字钢横梁主要承受贝雷梁传来的集中力，剪力较大，在 B、D 支点左右截面腹板处分别加设两道加劲肋，间距 50 cm（10 号槽钢磨光顶紧在工字钢上下翼板之间）以提高抗剪能力。

⑤刚度验算：$w_{max}=4.7$ mm$<L/400=10$ mm，挠度符合要求（I40a工字钢）。I40b工字钢更能满足要求。

（2）边支点双拼工字钢横梁计算

计算过程同中支点，最终结果 $\sigma_{max}=93$ MPa，$y_{max}=1.9$ mm；强度、刚度均满足要求。

3）钢管柱计算

由图 5.13 可知，钢管柱受到的最大压力 $N_{max}=R_{max}=1\,964.8$ kN。

表 5.7　$\phi600$ 钢管立柱参数表

截面惯性矩 I/cm⁴	回转半径 i/cm	长度/m	壁厚/mm	截面面积 A/cm²	自重/(kg·m⁻¹)
80 875.313	20.862	6	10	185.354	145.5

（1）强度验算

$\sigma_{\max} = (N_{\max} + G)/A = = 106.47 \text{MPa} < [\sigma]$，强度符合要求。

（2）稳定性验算

钢管立柱按最不利考虑视为两端铰接，则长度因子 $\mu = 1$，计算长度 $L_0 = 1 \times 6 = 6$ m；长细比 $\lambda = L_0/i = 29$，查"钢结构设计规范"附表可知，稳定系数 $\varphi = 0.964$。

$$\sigma = (N_{\max} + G)/(\varphi A) = 110.45 \text{ MPa} < [\sigma]$$

安全系数 $k = 215/110.45 = 1.9 > 1.3$，稳定性符合要求。

4）地基承载力验算

钢管柱基础为长×宽×高 = 18.5 m×1 m×0.8 m 的 C30 钢筋混凝土条形基础。门洞中间跨 5 根钢管立柱的压力（图 5.14 中的反力）和钢管立柱与基础的自重，求出基底应力 σ。

$$\sigma = \frac{\sum Ri + G_1 + G_2}{A} = 390 \text{（kPa）}$$

式中　$\sum Ri$——门洞中间跨 5 根钢管立柱的压力，图 5.4 中反力之和，为 6 796.66 kN；

　　　　G_1——5 根钢管立柱的自重，1.455×6×5 = 43.65 kN；

　　　　G_2——基础自重，25×18.5×1×0.8 = 370 kN；

　　　　A——基底面积，18.5×1 = 18.5 m^2。

基础做在既有道路上，其承载能力能满足 390 kPa 的要求，无须进行地基处理。

通过对门洞组合支架的计算，对支架设计方案中的贝雷梁和工字钢均采取了相应的加固措施，保证了整个支架系统的安全实施。该大跨径门洞组合支架结构简单，力学性能优越，施工方便，实用性强，搭设简单、拆卸方便，施工效率较高、工期较短，节省材料，大大降低了工程成本。尤其在特殊地质条件和交通条件下具有很大优势。

任务 5.2　顶推法施工

对于跨越深谷、湍急河流的桥梁，其上部结构需采用无支架施工的方法。顶推法是一种不依赖起重设备，不同于预制吊装的施工方法。

顶推方式与顶推设备

5.2.1　顶推法施工特点

预应力混凝土连续梁桥顶推法是钢桥拖拉架设法在预应力混凝土桥型（钢箱梁桥型）中的运用和发展。顶推法施工是沿桥纵轴方向，在桥台后设置预制场浇筑梁段，达到设计强度后，施加预应力，向前顶推，空出底座继续浇筑梁段，随后施加预应力与前一段梁连接，直至将整个桥梁梁段浇筑并顶推完毕，最后进行体系转换而完成桥梁施工（图 5.15）。

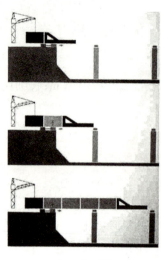

（a）示意图　　　　　　　　　　　　（b）施工现场

图 5.15　顶推法施工

顶推法施工适用于截面等高、跨径不宜超过 60 m、平曲线及竖曲线为同曲率的预应力混凝土连续梁。顶推法施工不受通车、通航及水情、气候的影响，梁段在桥头实行工厂化施工，质量、工期易于控制和保证。

1）顶推法施工优点

①顶推力远比梁体自重小，顶推设备轻型简便，不需大型吊运机具，也可以充分发挥机械的使用效率。

②对桥下通航或行车影响小，在寒冷地区施工、架设场地受限制等特殊条件下，其优点更为明显。

③仅需一套模板周转，节省材料，施工工厂化，质量易于管理。

④施工安全，干扰少，生产集中、工点集中，便于管理。

⑤节约劳力，减轻劳动强度，改善工作条件。

⑥施工作业场地比较集中、固定，可能有较稳定的劳动力组合、较准确的作业程序时间，便于组织成工厂化生产模式。

2）顶推法施工缺点

①由于顶推过程中梁体各截面正负弯矩交替变化，为满足受力要求，材料用量比其他形式桥梁有所增加。

②由于顶推悬臂弯矩不能太大，且施工阶段的内力与营运阶段的内力也不能相差太大，所以，顶推法只适用于较多跨桥梁（跨数少则不经济，跨数多则工期长），跨径不宜大于 60 m 的桥梁，以 40 m 左右受力最佳。

③仅适用于等截面的箱梁(单箱或多箱)、T形梁。若其他梁型采用顶推法,其技术难度将加大。较适用于等跨径连续梁顶推;不等跨顶推时,会增加设计、施工工作的难度。适用于单一坡度或单一半径的桥梁顶推。若在多坡度或多种曲线半径变化的桥梁上,仍用顶推法施工,将会增加施工困难,增加造价。

④制梁场地及设备要求高;制梁台座基础应当无下沉、无变形;底模刚度要求高,且应平整;滑道设置要求也较高。

3)顶推方式

顶推方式主要依照顶推的施工方法分为单点顶推和多点顶推,也可由支承系统和顶推的方向来区分顶推的施工方法。

(1)单点顶推

单点顶推水平力的施加位置一般集中于桥台或某一桥墩,其他桥墩台支点只设置滑道支撑;顶推力作用在梁体上的位置应由设计确定,通常设置在梁腹板底。

①适用范围:适用于桥(墩)台刚度大、梁体轻的施工项目。

②优点:顶推设备简单,可利用预应力张拉或者顶进法施工的设备;单点施力,没有多点顶推设备同步运行问题,控制系统简单。

③缺点:由于全桥顶推水平力仅由一个墩(台)上的顶推设备承担,顶推设备的能力要求高,尤其是孔数较多的长桥,顶推设备能力难于适应;未设千斤顶墩顶均有较大的水平摩阻力。

顶推装置又可分为两种:一种是由水平千斤顶通过沿箱梁两侧的牵动钢杆给预制梁一个顶推力;另一种是由水平千斤顶与竖直千斤顶联合使用(图5.16),顶推预制梁前进。其施工流程为:顶梁→推移→落下竖直千斤顶→收回水平千斤顶的活塞杆,如图5.17所示。

图5.16　水平千斤顶与竖直千斤顶联用的装置

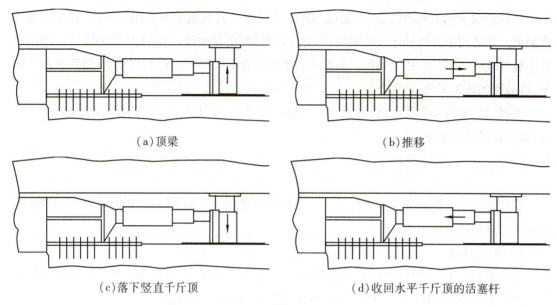

（a）顶梁　　　　　　　　　　　　　　　　（b）推移

（c）落下竖直千斤顶　　　　　　　　　（d）收回水平千斤顶的活塞杆

图 5.17　顶推施工流程

顶推时,升起竖直千斤顶活塞,使临时支承卸载,开动水平千斤顶去顶推竖直顶。由于竖直千斤顶下面设有滑道,顶的上端装有一块橡胶板,即竖直千斤顶在前进过程中带动梁体向前移动。当水平千斤顶达到最大行程时,降下竖直千斤顶活塞,使梁体落在临时支承上,收回水平千斤顶活塞,带动竖直千斤顶后移,回到原来位置,如此反复不断地将梁顶推到设计位置。

（2）多点顶推

多点顶推要求同墩上顶推设备同步运行,同时各个墩顶推设备纵向同步运行。因此,需要对全桥的水平千斤顶集中控制,如图 5.18 所示。顶推力作用在梁体上的位置应由设计确定,通常设置在梁腹板底。一般均需通过中心控制室控制各千斤顶的出力等级,保证同时启动、同步前进,同时停止和同时换向。为保证在意外情况下能及时改变全桥的运动状态,各机组和观测点上需装置急停按钮。

图 5.18　千斤顶集中控制

在每个墩台上设置一对小吨位(400~800 kN)的水平千斤顶,将集中的顶推力分散到各个墩台上。由于利用水平千斤顶传给墩台的反力平衡梁体滑移时在桥墩上产生的摩阻力,从而使桥墩在顶推过程中承受较小的水平力。多点顶推所需的顶推设备吨位小,容易获得。所以,我国在近年来用顶推法施工的预应力混凝土连续梁桥较多采用多点顶推。

①适用范围:桥墩较高、截面尺寸小的柔性墩的顶推施工。

②优点:因为顶推设备分散安装在各个墩上,墩上顶推力与该墩上梁体滑动摩阻力互相抵消,桥墩在顶推过程承受较小的水平力;各墩台上千斤顶吨位较小。

③缺点:要求各千斤顶同步启动,操作控制比较复杂。

顶推方式与
顶推设备

5.2.2　顶推法施工工艺与设备

1)预应力混凝土箱梁施工工艺流程

预应力混凝土箱梁施工工艺流程如图5.19所示。

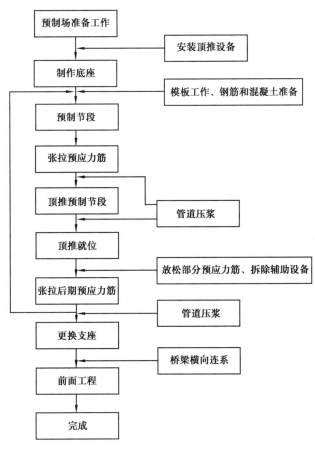

图5.19　顶推法施工流程图

(1)设备准备工作

①顶推一般采用多点顶推法,即在各墩台均设置滑道、水平千斤顶及电动液压泵站,由

主控制室统一控制各液压站同步运行,使箱梁在墩台的滑道上推进,最后就位。

②滑道、滑块。滑道采用不锈钢板构造,设置在每个墩的上、下游,箱梁腹板的下面。滑道要求有相应的平整度,滑道下的混凝土垫石强度要满足要求,滑道安装的精度必须达到设计或规范要求。滑块采用橡胶钢板组合制品,并可考虑采用聚四氟乙烯贴面;滑块要具有足够的抗压强度。

③水平杆千斤顶及电动液压站。根据梁段质量,计算每墩的垂直反力,再根据滑道的摩擦系数计算出每墩所需的水平拉力,由此选择水平千斤顶的规格及数量。千斤顶所使用的油泵 均配置远程控制电磁阀和换向阀,使多台水平千斤顶出力均匀,同步运行,并能分级调压、集中控制,使各墩的千斤顶同步运行。

④导向装置。采用横向螺旋千斤顶。在顶推过程中,为防止箱梁左右偏移,始终用经纬仪校准桥梁轴线,随时检查梁中心是否偏离,如有偏离立即通知进行纠偏。纠偏时,用设在永久墩上的横向螺旋千斤顶,通过设在顶部竖向轮控制。

⑤传力系统。水平千斤顶采用穿心式,由一根高强螺纹钢筋作为水平拉杆(钢筋直径要使抗拉强度达到要求)。一端穿过千斤顶锚固在千斤顶活塞顶端,另一端穿过拉锚器用尾套进行锚固,拉锚器通过箱梁外侧的预埋钢板固定在箱梁上。拉杆两端的锚锭由一个锚环和一对设有内螺纹的楔块组成。

(2)梁段预制

梁段预制如图 5.20 所示。

图 5.20　梁段预制

①梁段浇筑根据条件及技术要求采取一次全断面浇筑或分底板、腹顶板两次浇筑或底、腹、顶板三次浇筑,等全截面完成后再向前顶推。

②模板多次重复周转,宜采用机械化装卸钢模板,内模宜采用易于折叠和移动取出的构造形式。要特别注意腹板下方底面的平整度,以免影响顶推速度和损坏顶推工具滑板。

③按图纸要求及技术规范要求进行钢筋安装、预应力筋孔道定位及固定预埋件。

④浇筑梁段混凝土:混凝土配制及浇筑要严格按设计要求及技术规范的规定进行,应尽可能采用早强水泥或掺入减水剂。振动时,如采用插入振动器,要防止触及底板从而损坏预应力预留孔和预埋件位置变动。

⑤混凝土浇筑完成后要适时进行养护。气候寒冷时,要采取保温措施,可能时要尽量采取蒸汽养护,以使混凝土强度及早达到施加预应力的强度,缩短顶推周期。

(3)顶推

启动水平千斤顶,拖动梁体在滑道上移动。顶推前要详细检查各项准备工作情况,现场要设总指挥统一指挥。为防止各站水平千斤顶的出力相关太多,将每个站均分为几级。根据各墩计算支座反力调好压力,逐级进行加压。当所有水平千斤顶中有一台行程走完,触及限位开关时,则各千斤顶全部停止,同时打开换向阀,千斤顶自动回油,准备下一个行程,直至就位。

(4)张拉

①每段箱梁混凝土达到设计强度的80%以上时,进行先期索张拉。先期永久索必须进行压浆,临时索因顶推就位后须拆除,故不需要压浆。

②全梁顶推就位后张拉后期索,拆除临时索。对于较长的预应力索,采取连接器进行连接。

③先期永久索、临时索、后期索均应严格按设计规定进行张拉和拆除,不得随意增加或漏拆预应力索。

④预应力索的张拉压装方法和要求与一般后张法预应力混凝土梁相同,其技术要求和质量标准按技术规范及图纸要求严格控制。

(5)落梁

箱梁顶进预定桥跨后,按设计图张拉后期索,拆除先期束非永久索。按相邻墩高差不超过设计规定位移值的原则分墩顶起箱梁,破除滑道,推移支座就位,安装下盘锚固螺栓,调整好支座标高,在支座下的螺栓孔内灌注高等级的水泥浆,同时用高强度混凝土填灌支座上盘螺栓孔,待水泥浆及混凝土达到设计强度后分墩落梁于支座上。

2)顶推设备

(1)千斤顶

通过计算得出顶推所需的顶推力,根据顶推力以及是否要求连续、同步,选择千斤顶(图5.21)。实际顶推力不应小于计算顶推力的两倍。

顶推施工的
辅助设施

图5.21　千斤顶

单点顶推因顶推吨位较大,一般需选择较大吨位千斤顶及相应配套油泵、控制台。目前,单点顶推施工常用千斤顶为 YC 系列、YDC 系列、YCW 系列等。

多点顶推要求对全桥水平千斤顶集中控制,同步运行各千斤顶。目前,常用同步千斤顶类型较多,如 DYG 系列、TYZF 系列、TRC 系列、TYZH 系列、TYZQ 系列。

（2）滑动装置

滑动装置包括滑板、滑道、垫块等,如图 5.22 所示。

设置在墩上的混凝土临时垫块由光滑的不锈钢板与组合的聚四氟乙烯滑块组成。其中,滑块由聚四氟乙烯板(以下简称"四氟板")与具有加劲钢板的橡胶块组成。

顶推时,组合的聚四氟乙烯滑块在不锈钢板上滑动,并在前方滑出,通过在滑道后方不断喂入滑块,带动梁身前进。

滑道一般用钢板制作,顶面铺不锈钢板。主体钢板厚度应在 40 mm 以上,不锈钢板厚度为 2 mm,不锈钢板表面粗糙度 $R_a < 5$ μm。滑道纵向长度应根据滑道反力所需最少的滑板数量来确定。滑道进口 130 cm 范围内应做成圆弧形,与梁底交角为 2°～3°,不可用折线衔接,以避免压坏滑板。滑道出口也应设圆弧段,可比进口段平。

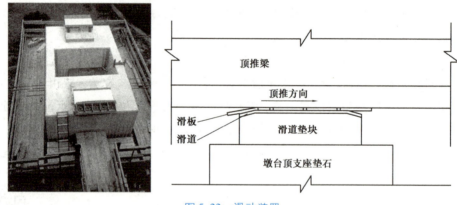

图 5.22　滑动装置

滑板是由橡胶板、薄钢板和四氟板胶合的复合制品,顶推梁使用的四氟板块数量多,且质量要求高,使用时需精心操作,妥善保存。四氟板应表面清洁,无刻痕、无油污、无翘曲变形等。当主梁底部与四氟板接触时,随着梁段的顶推前进,滑道上的四氟板从前面滑出后,应立即从后面插入填塞补充,补充的滑块应涂润滑剂,并端正插入。任何情况下,各墩顶滑道上的四氟板不得少于 3 块;四氟板磨损过多时,应及时更换。由于顶推时各墩顶阻力作用储存位移,在起落后,梁体会整体回移,因此在最后一段箱梁顶推时,千斤顶量程控制应超顶 10～15 cm。

（3）导向装置

导向轮纠偏器是常用的导向装置,由螺旋千斤顶与导向轮组成。千斤顶安装在反力架上,用来调整导向轮与主梁侧面的距离。纠偏时,在导向轮与梁侧之间加塞钢垫板使梁向前滑动,钢垫板大小需经计算确定,以免调整时因压力过大而损坏梁侧表面。

（4）导梁

为减小顶推梁运行的内力，便于顶推运行，简化施工结构，通常在主梁前端设置导梁（图5.23）。导梁长度一般为顶推跨径的60%～80%。为减轻自重，可采用变截面导梁。导梁与梁体连接处的刚度应协调，预埋件的连接强度应满足梁体顶推时的受力要求，导梁前端的最大挠度应不大于设计规定。导梁全部节间的拼接应平整，其中线的允许偏差应不大于5 mm，纵横向底面高程的允许偏差应为±5 mm。导梁与主梁之间的连接宜采用焊接连接或螺栓连接。

图5.23　导梁

钢板导梁具有刚度大、变形小等优点，适用于较大跨径的顶推法施工。其缺点是质量大、投资较大、运输不方便。钢板导梁多为变高度工字形实腹钢板梁，由主梁和横、竖向连系杆组成。为适应顶推需要，导梁前端一般做成曲线形。

钢桁架导梁具有质量轻、便于施工等优点，但因其刚度较小，导梁前端挠度大，一般用于跨径不大的顶推桥梁，或者桥横向又分成多个小箱的顶推桥梁。钢桁架导梁一般可用贝雷桁架、万能杆件、六四军用桁架或专门加工的钢桁形式，由上弦杆、下弦杆、立杆、斜腹杆和横向连系腹杆等组成，各节点用螺栓连接，便于周转使用，且运输保存方便。

（5）临时墩

为减小顶推时的跨径，避免梁受力过大产生危险，应根据设计要求考虑设置临时墩（图5.24）。设置临时墩时，要根据桥下交通、通航要求、临时墩的工程量、施工的难易程度及拆除方案，进行综合技术经济比较后确定。临时墩的设计应满足顶推时所产生的最大竖向荷载和最大水平摩阻力，且变形应满足规范要求。梁体顶推完成并落位到永久支座上后，应及时拆除。

图5.24　临时墩

为提高临时墩抵抗水平推力的能力，钢管墩身可做成斜钢管，并采用缆风索进行锚固。钢管墩身顶部要做加强处理，通常采用浇筑一定高度的封顶混凝土或钢板加劲的方式。钢管临时墩墩顶滑道的高程应设预留量，以便调整施工过程中非弹性压缩量和安装时的温度及使用过程中的温度变形。

5.2.3 工程案例

连续梁桥顶推施工案例

1）工程概况

株洲湘江四桥靠西岸主桥副孔为 7×46 m 预应力混凝土连续梁，如图 5.25 所示，采用顶推法施工。横向为对称的双幅桥，单幅长度为 322 m，每幅分 15 个节段预制顶推，第 1 段梁长 11.30 m，第 2～14 段梁长均为 23 m，第 15 段梁长 11.26 m。箱梁为单箱单室斜腹板箱形等截面，箱梁中心线高为 2.80 m。顶板宽度第一段由 13.75 m 渐变为 14.25 m，其余梁段全宽均为 13.75 m，顶板厚度为 0.28 m，设有 2% 的单向横坡。底板宽度为 6.25 m，厚度为 0.26 m。腹板厚度为 0.42 m。箱梁为三向预应力体系。

图 5.25 株洲湘江四桥

2）总体施工方案

根据箱梁的设计情况及工期安排，先顶推施工右幅箱梁，然后施工左幅箱梁。利用 10#～12# 墩引桥位置作为预制施工场地。预制台座设在 11# 墩～12# 墩位置，在 12#～13# 墩之间设置临时墩，作为顶推的过渡孔。在预制台座上逐段预制箱梁，第 1 段箱梁前端安装钢导梁，钢导梁与箱梁以及梁段之间施加纵向预应力后，逐段推出，反复循环。单幅箱梁顶推到位后，按设计要求，拆除临时预应力索，张拉后期预应力索，并完成拆除临时滑道、安装支座等落梁工作。当右幅箱梁顶推到位后，将钢导梁从根部割除，整体提升，从箱梁梁面拖回到预制底模，与预制底模同时向左幅横移，再进行左幅箱梁顶推施工。

3）单幅箱梁顶推施工工艺

单幅箱梁顶推施工工艺流程如图 5.26 所示。

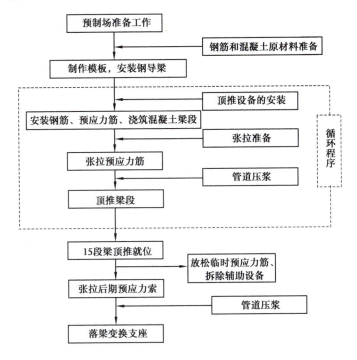

图 5.26　单幅箱梁顶推施工工艺流程图

一段梁顶推施工工序及周期如表 5.8 所示。

表 5.8　一段梁顶推施工工序及周期

序号	工序	时间/h	累计时间/h
1	底模、外侧模调整	4	4
2	底板、腹板、钢筋、预应力筋安装	18	22
3	内模安装	8	30
4	顶板钢筋、预应力筋安装	36	66
5	混凝土浇筑	12	78
6	混凝土待强、张拉准备工作	72	150
7	预应力筋张拉	12	162
8	预应力管道压浆	6	168
9	压浆后待强、顶推准备工作	48	216
10	梁段顶推出台座	24	240

备注：单幅桥顶推施工时间为 180 d。

4）箱梁预制场设置

整个预制场包括预制台座和制梁台座前的过渡孔。制梁台座又由施工平台和预制模板两部分组成。

（1）预制场整体布置

箱梁预制台座紧靠在12#墩后面，长度为23.0 m+0.3 m=23.3 m。制梁台座纵向23.3 m范围内设临1#、临2#、临3#三个滑道支承墩，并在12#与13#墩之间设置了临4#墩，第1孔46 m作为顶推过渡段。这样可保证整个顶推过程中箱梁及钢导梁抗倾覆的稳定性，并使箱梁梁段由小跨径逐步过渡到46 m的标准顶推跨径，控制梁尾端不因自重而产生较大的竖直转角，使梁段接头部位平顺，尽量减少施工误差产生的附加应力，使顶推滑动摩阻力减小。

（2）预制平台构造

预制平台支撑预制模板，以满足箱梁符合设计标高，与底模及外侧模相对应，共分8个，间距2.75 m，9排钢管立柱，上放2 I 25工字钢横梁。

（3）预制模板

底模由9排×3台500 kN齿轮千斤顶来支承、升降整个底模体系。底模纵梁由3组 I 50工字钢组成，对应腹板下的2组穿过滑道支承墩，在底板中心线设1组，纵梁上摆 I 25工字钢横梁，再铺10 mm厚钢板作底模板。整个底模体系有足够强度和刚度，满足每次梁段反复升降不变形，保证箱梁底板预制符合设计线形，避免底板不平整、产生附加应力。底模预制标高为梁底设计标高+20 mm，20 mm即为滑板厚度。底模系统横向对应滑道部位1.0 m宽范围内，纵梁（H45）、横梁（I 25）顶面标高按+2 mm严格控制。在横梁上铺10 mm底模钢板时，用钢板、型钢等重物压实，再电焊牢固。只有箱梁底板平整，顶推时滑动摩阻力小，才能保证顶推能顺利进行。

外侧模由 [20槽钢电焊成单片定型骨架，再安装成整体，上焊 [10槽钢作纵枋，然后铺5 mm厚整体钢板，下设置转动铰，外侧支点500 kN齿轮千斤顶来调整升降。模板刚度大，调整方便，精加工件少，基本都能在现场制作安装，保证模板整体性。

底模及侧模表面贴1 mm厚不锈钢板，以防止钢板生锈，影响箱梁外观质量。

由于箱梁内部构造比较复杂，有横隔墙，箱梁顶板、底板都有后期预应力齿板，不宜用整体滑动内模。两侧腹板用组合钢模、脚手钢管、对拉螺杆组成。顶板部分采用焊接脚手管架，升降螺旋顶托，上铺组合钢模。

（4）滑道支承墩

23.3 m长的预制底模内共设临1#、临2#、临3#三个滑道支承墩，共6个支承孔，在预制箱梁时，也是整个底模板的一部分，要求与整个底模板平齐，但是在顶前，底模下降脱离梁底。这时，23.0 m梁段的质量完全由6个支承点来支承顶推出预制台座。墩顶设有滑道，为平衡顶推时水平力，纵向与预制台座前12#墩用 I 25工字钢连成整体。

（5）基础处理方案

根据《公路桥涵施工技术规范》（JTG/T 3650—2020）和施工图设计技术交底要求，预制台座及滑道支承墩的基础必须牢固可靠，有足够的承载能力，在预制、顶推施工全过程不产生沉降。预制台座和滑道支承墩是两个受力体系，基础方案综合一起考虑。

临1#墩利用引桥11#墩承台，临2#墩和临3#墩采用 $D150$ cm 钻孔灌注桩基础，不考虑水平推力，垂直荷载单桩按 2 000 kN 设计，桩长为 10 m。

对应在腹板下的钢管立柱基础，利用11#墩和12#墩承台预留外伸钢筋及临2#、临3#墩桩基，浇钢筋混凝土地梁来支承。

在箱梁底板中心线的立柱、外侧模下立柱基础，采用振动锤打入 $\phi630$ 钢管桩基础，要求单根桩承载力达 400 kN。

预制台座从基础到模板，从下至上，层层垫实、焊牢，尽量减小空隙产生的压缩残余变形。对于刚性结构的预制台座，在浇筑第 1 段和第 2 段梁时，底模标高预留 2 ~ 3 mm 高度，一般不进行预压。

（6）临4#墩设计

临4#墩作为过渡孔中的临时墩，按顶推过程前期，预应力混凝土箱梁还没有达到13#墩上，钢导梁因刚度相对要小，假定不受力。这时，按临时墩受力最大的工况来设计，临4#墩是控制箱梁不因自重下挠，使梁最尾端产生竖直转角的关键。临4#墩纵向用刚性连接与12#墩连成整体，并且顶标高考虑弹性与非弹性压缩进行预留。预留值综合考虑为 18 mm。在顶推全过程中，设立基础及滑道顶面标高观测点，检查标高变化情况。在滑板上加垫不同厚度的钢板调整标高的沉降变化，为以后施工积累经验。

（7）顶推施工主力墩

将预制台座前顶推施力的主力墩设在 12#墩前支架上。纵向用钢管桩连接来平衡水平力。横向安装两台套水平千斤顶装置。安装水平千斤顶钢箱梁，应充分考虑受力以受扭（剪应力）为主，千斤顶反力架附近用钢板及型钢电焊加强，保证安全。顶推前，将底模下降 8 cm 左右，钢绞线拉索通过底模顶，拉锚器固定在箱梁尾部。

（8）施工后台

预制台座后面搭设施工后台，主要存放钢筋、模板、后拖预应力索、预应力张拉机具。临4#墩到13#墩之间用型钢搭设交通安全通道，保证顶推施工过程不中断公路交通，维护交通安全。

整个预制台座及滑道支承墩设置，考虑了上游箱梁顶推到位后，将前端到位钢导梁整体割除、提升，并从梁顶拖回到预制底模上，与预制底模一起整体横移到下游幅，重复利用，能加快工期。

5）钢导梁

钢导梁采用变高度、实腹钢板顶推导梁，高度为 3.28 m，长度为 34.5 m，通过计算，钢导梁与箱梁刚度之比控制在 1/9～1/4,总质量约 80 t。根据国内多座桥梁顶推施工的实践,这种钢导梁是安全可靠、适用的。

①两片主梁纵向由 3 节拼装成型。为加强两主梁之间联系,平面联系和横向联系采用型钢,以保证钢导梁的整体性,满足受力要求。

②主梁与箱梁连接必须保证牢固可靠,采取以下措施:

a. 将导梁根部延长的上下 T 字板埋入箱梁内 2.4 m。

b. 将箱梁内横向 T 字板范围内纵向预应力索固定端焊接在 T 字板内,利用纵向预应力索形成隐形锚固。

c. 箱梁锚固导梁的腹板内加宽部分的竖向钢筋,现场量尺下料制作安装,纵、横构造钢筋只要与导梁部分相碰,均采用电焊连接。

d. 锚固导梁的纵向精轧螺纹钢筋布置间距满足张拉千斤顶最小尺寸,确保张拉品质。固定端错位锚固,精轧螺纹钢筋涂上黄油,套上内径为 38 mm 的塑料管道(不含氯元素)。

e. 箱梁锚固导梁的部分异形段构造相当复杂,施工中高度重视,确保混凝土浇筑密实。

f. 待锚固预应力索张拉完成后,再在导梁根部附近加焊水平和竖向加劲板。

③避免顶推过程施工荷载堆积在钢导梁及第 1、2 段梁上。做好迎接钢导梁上桥墩滑道,将下挠的导梁前端鼻梁用千斤顶顶升上滑道,严禁导梁前端撞击桥墩。

6)箱梁钢筋制作安装与混凝土浇筑

①普通钢筋底板、顶板和腹板在钢筋加工场制作好单个构件,再用吊机吊入模内,绑扎安装。

②箱梁混凝土一次浇筑成型,先浇筑底板,再浇筑腹板,最后浇筑顶板部分。

梁端位置混凝土、梁内齿板位置混凝土、梁段施工缝位置混凝土、滑道对应的承托位置等部位,既是受力最大关键部位,又是构造复杂、混凝土浇筑振捣难度大的部位,均要求特别注意保证混凝土施工质量,避免出现蜂窝、麻面、空洞、裂缝。保证每次混凝土的浇筑速度,控制混凝土浇筑时间在 12 h 内;混凝土内掺外加剂,使混凝土缓凝时间控制在 18 h 以上,并要求在 72 h 内达到 50 MPa 以上,以加快施工进度。混凝土浇筑完毕后,注意及时养护。

7)预应力索施工

顶推箱梁为三向预应力体系,预应力施工中应按照《公路桥涵施工技术规范》(JTG/T 3650—2020)和设计技术交底要求进行。

①要充分理解预应力混凝土顶推连续梁在顶推过程和顶推到位后营运阶段梁受力差别很大的特点,理解设计上纵向预应力的前期、临时、后期 3 种预应力索的分类和各自的特点。施工中严格控制预应力的损失。

②注意前期预应力通索的连接质量,确保连接可靠。临时预应力束张拉后不灌浆,待顶

推到位后,用 YDC-26Q 小千斤顶单根张拉后放张、解除。

③梁体混凝土达到一定强度后进行张拉。在张拉顶板和底板纵向预应力之前,为避免因底板、顶板纵向预应力剪力滞作用,压缩变形不均匀,导致腹板在梁尾端产生水平或斜向裂纹,首先要张拉梁段端部 5 索竖向预应力筋,方可进行纵向预应力筋张拉。纵向预应力张拉箱梁四角应均匀对称进行。

④压浆。为加快施工进度,考虑到箱梁顶推的实际情况,在纵向预应力张拉完成以后,立即进行压浆。当气温在 20 ℃以上,压浆待强 24 h 以上,即可进行顶推。因为临 4#墩过渡的作用,梁段仍由小跨径支承,逐步过渡到 46 m 标准跨径,顶推过程速度相当缓慢,每分钟顶推15 cm 左右,这样不会产生钢绞线与水泥浆滑移现象及预应力损失。

8）滑道

滑道是保证箱梁顶推顺利的关键技术问题。单个滑道承压力近 6 000 kN,承压应力较大。

①严格控制所有顶推滑道设计标高误差,严禁在测量上出现差错和过大的误差。根据设计图纸对支座垫石、滑道顶面标高进行反算,并汇总在一个表上,作为指导施工控制使用。顶推时,梁底标高为设计标高+20 mm,即高出一块滑板厚度。

②整个滑道在支座垫石上由滑道调平块、组合滑道板、聚四氟乙烯橡胶滑板组成,滑道调平块用钢板加工成长方形盒,内布钢筋网,浇筑 C55 混凝土,加工尺寸应准确。滑道板用40 mm 厚钢板与 2 mm 不锈钢板组合而成,应保证滑道板加工精度、表面的光洁度。滑板在小跨径桥梁上常用的四氟乙烯橡胶滑板支座基础上进行技术改造,能够满足顶推要求。要求摩擦系数小、损坏现象少,施工时控制顶推速度和加强润滑措施,否则会增大摩阻力和垂直局部压应力,易损坏。滑板横向宽度为 64 cm,分成 2 块 32 cm。纵向长度为 20 cm,厚度为20 mm,其中四氟板厚 3 mm。承压应力控制在 6.3 MPa 内。

③滑道设置及桥墩顶面综合考虑落梁时支座安装工序,给箱梁顶推到位后,支座安装方便,加快施工进度。

④横向两个滑道外边距离为 627 cm,比箱梁底板宽 2 cm。顶推过程中,滑道纵向固定应牢固,不能因顶推时纵向拖动。四氟滑块在喂塞过程中,强调四氟面朝下,与不锈钢板接触,严禁喂反面。

9）箱梁顶推

采用柔性墩上多点自动连续顶推工艺。柔性墩指桥墩不能承受单方向过大的水平推力,将顶推施力分散到多个桥墩,主墩上都安装有顶推水平千斤顶,并要求每个桥墩上水平千斤顶出力与梁在滑道上摩阻力平衡。这样桥墩就不能承受过大的水平推力,以保证桥墩的安全,这是柔性墩多点顶推的基本原理。连续顶推指顶推水平千斤顶采用自动连续顶推装置,由 2 台水平千斤顶串成一套,并由双油路液压站分别向 2 台千斤顶供油,形成交替接力连续顶推。顶推施工主要的设备数量见表 5.9。

表 5.9　顶推施工主要的设备数量表

分类	名称	规格或型号	单位	数量
顶推、落梁机具	水平千斤顶	1 000 kN	台	9
	液压站	—	台	9
	总控台	自装	台	1
	竖直千斤顶	YD500-160	台	12

①箱梁每延米自重大约为 260 kN,顶推长度为 322 m,最大垂直荷载为 83 720 kN,导梁重 800 kN,纵向为 1.2% 上坡,静摩阻系数取 0.08,最大顶推力为 7 775 kN。当然,这是在最后一个很短的时间内。采用 1 000 kN 以上连续顶推装置 9 台,12#墩前主力墩上横向安装 2 台, 13# ~ 19#墩安装 1 台,都安装在箱底轴线上,即拉箱梁底板,俗称"拉肚皮"。

②单箱梁 9 台连续顶推装置都由总制台集中控制,使顶推同步进行。

③拉锚器设在箱梁底板,在箱梁内底板上设置齿板,钢绞线拉索在齿板上用多孔群锚锚固,斜出底板下,在底板下垫一根枕木,将拉索垫出一定高度,再放进连续顶推装置。这样由自动连续顶推装置拉动箱梁在滑道上滑动,直到拖出预制台座,如此循环,直至单幅 15 节梁段顶推就位。

④12#墩前支架作顶推出力的主力墩,主力墩纵向与制梁台座连成整体,平衡顶推时的水平推力,并在钢支架上作加强处理,满足顶推千斤顶受力要求。

⑤采用有力措施合理分配千斤顶装置出力以控制桥墩顶纵向位移在设计允许值范围内,避免梁呈爬行状态滑动,确保桥墩安全。

桥墩上水平千斤顶出力,先假定动摩擦系数,根据每个桥墩上的垂直荷载来确保一般桥墩上水平顶推装置的出力。对于钢导梁搭上的桥墩,根据变化中垂直荷载,由专人随时调整液压泵站上油压,确定出力。

对桥墩位移进行观察,在桥墩上设置观测点,观测从静止到滑动状态桥墩顶的位移值。从 13# ~ 16#墩顶纵向张拉 4 根钢绞线,16# ~ 19#墩顶纵向张拉 2 根钢绞线,控制桥墩纵向位移,确保桥墩安全。

⑥箱梁顶推滑动过程中,在制高点架设仪器,观测箱梁与桥墩轴线的偏差值,随时指导顶推前端横向纠偏。

在桥墩顶相对箱梁两侧位置设置导向轮纠偏装置,在导向纠偏装置与箱梁外侧加垫不同厚度钢板来调整梁横向偏差值。这样将导向装置与箱梁的侧面接触转为平面接触,不会压坏箱梁外侧面,不影响箱梁外表美观。导向轮在预制台座前 12#墩上固定一对,控制梁段尾部的横向位置,顶推前方设置两对导向轮,交替向前移动,控制梁的前段横向位置。当梁顶推到

15#墩时,留一对导向轮,控制梁段横向位置。

⑦千斤顶顶推装置及横向导向装置的固定都采用在桥墩盖梁顶面埋钢板来固定,桥墩上均需考虑操作人员上下人梯、脚手支架、油泵、顶推装置拆装。用型钢制作横梁,将左右幅桥墩连成整体。落梁时,支座就位移动和就位,落梁竖直千斤顶移动,支架和护栏的设置要确保人身安全。所有预埋件、支架都尽量避免在桥墩外侧设置,都考虑保证桥墩外表美观。

10)落梁

箱梁顶推到位后,拆除钢导梁,解除纵向临时预应力索,张拉后期纵向预应力索,并在管道压浆达到强度后落梁。落梁即将箱梁顶起来,拆除顶推时滑道装置,安装就位永久支座,将箱梁均匀地降落到永久支座上,再固定永久支座。

箱梁纵向是长条形,落梁高度不到 20 mm,采取分段落梁方法,即每次顶起 3 个桥墩,完成 2 个桥墩落梁,另一个桥墩作为过渡墩只落 10 mm,待两个桥墩上千斤顶转移到位后,又重新顶起 3 个桥墩。这样重复进行,直至全桥落梁完成。

落梁千斤顶型号为 YD500-160,顶升力为 5 000 kN,行程为 160 mm,最小高度为 650 mm。每个墩上安装 4 台,在横撑上对称布置。

落梁过程中,将准备好的保险垛作为保险装置,保险垛用钢板盒灌注混凝土组合而成。落梁之前,将制订详细的操作规程,进行技术交底,并将桥墩上清理干净,做好充分准备,使落梁时间越短越好。

11)顶推梁施工质量保证措施

连续预应力箱梁采用顶推法施工,工序比较多,有一定的连贯性;施工工艺复杂,质量要求高。施工过程中,某一个部位出现质量问题、某一道工序故障,都影响整个箱梁施工的正常进行。参加施工的全体人员必须高度认真负责,精心组织和施工,树立牢固的质量意识,确保施工质量和箱梁预推施工顺利进行。

①每道主要工序施工前,召开技术交底会,使参加施工人员明确操作要点及控制要点。

②制订重要工序技术操作规程,用文字向施工、技术人员交底,包括测量放样技术要求、箱梁混凝土浇筑技术要求、预应力施工技术要求、箱梁落梁操作技术要求。

③定期对箱梁施工质量进行总结,找差距、定措施,明确职责,奖罚兑现,确保施工质量。

④认真做好各项施工原始记录,及时整理入档。

⑤在施工过程中,要注意重要工序和关键部位的施工。

a. 要严格控制好底模的纵横标高,避免因纵横标高误差使梁体产生附加扭矩和附加弯矩。

b. 对滑道的设置和箱梁模板的支立均要达到应有精度,避免因施工误差造成较大的二次应力。

c. 为防止在顶推箱梁过程中出现"爬行"现象,要做到以"分级调压、集中控制、差值限定"为总原则进行施工。

12)顶推梁施工安全保证措施

（1）施工要点

施工人员应自觉遵守安全生产规章制度,不违章作业,并严格按照下列安全施工要点进行:

①施工人员进入现场必须戴好安全帽,并正确使用个人劳动保护用品。

②3 m以上高空作业,没有搭设跳板或平台时,系好安全带。

③高空作业时,严禁往下或往上抛扔工具、材料等物品。

④非专业电气和机械的操作人员严禁使用或乱动机电设备。

⑤各种电动机械设备,必须有可靠有效的安全接地和防雷装置。

⑥在吊装区域内,禁止非操作人员入内,吊杆垂直下方严禁站人。

⑦特种作业人员持证上岗。

（2）施工现场安全保证措施

①施工现场的布置应符合防火、防触电等安全规定及文明施工的要求。

②现场道路平整、坚实、畅通,危险地点应悬挂警示标牌。

③临时用电线路的安装、维修、拆除,均由经培训并取得上岗证的电工完成。非电工不准进行电工作业。

（3）施工机械安全保证措施

①各种机械操作人员和车辆驾驶员,必须取得操作合格证,严禁操作与证不相符的机械,严禁将机械设备交给无本机操作证的人员操作。

②操作人员必须按照本机说明书规定,严格执行工作前的检查制度和工作中注意观察及工作后的检查保养制度。

③驾驶室或操作室应保持整洁,严禁存放易燃、易爆物品,严禁酒后操作机械,严禁机械带病运转或超负荷运转。向机械加油时,要严禁烟火。

④机械设备在施工现场停放时,应选择安全的停放地点,夜间应有专人看管。

⑤严禁对运转中的机械设备进行维修、保养、调整等作业。

⑥指挥施工机械作业人员必须站在能让人瞭望的安全地点,并应明确规定指挥联络信号。

⑦使用钢丝绳的机械,在运行中严禁用手套或其他物件接触钢丝绳。用钢丝绳拖拉机械或重物时,人员应远离钢丝绳。

⑧定期组织安全大检查,对检查中查出的安全问题,按照"三不放过"的原则进行调查处

理,制订防范措施,防止事故的发生。

（4）高空作业安全措施

①所有进入施工现场的人员必须戴好安全帽,并按规定佩戴劳动保护用具,如安全带等安全工具。

②作业人员不得穿拖鞋、高跟鞋、硬底鞋等易滑鞋子和裙子上班,并进入施工现场。

③施工作业搭设的扶梯、工作台、脚手架、护身栏、安全网等必须牢固可靠,并经验收合格后方可使用。。

④作业用的料具应放置稳妥,小型工具应随时放入工具袋内。上、下传递工具时,严禁抛掷。

⑤应经工程技术人员同意后方可拆除支架,并按自上而下的顺序进行,禁止将杆、扣件、模板等向下抛掷。

⑥夜间施工必须有充足的灯光照明。

移动模架
施工法概述

任务5.3　移动模架施工

滑移支撑系统(MSS),又称造桥机、滑移支架、无支架模板系统等,适用于滩涂、峡谷高墩身、城市高架桥等场地的连续梁或简支梁的现浇混凝土桥梁施工。

5.3.1　移动模架施工特点

移动模架是以移动式桁架为主要支承结构的整体模板支架,可一次完成一联梁体混凝土的浇筑,适用于跨度小于50 m的多跨简支梁和连续梁的施工(图5.27)。这种模架的结构比较简单,用料少,质量轻,便于模板高度的调整和控制,而且该模架对梁体尺寸不加限制,施工时模架的移动既方便又安全。

图5.27　移动模架

移动模架施工需要一定数量的支架,但比起固定支架就地浇筑施工所需的支架数量要少得多,周转次数多,利用效率高,而移动模架是以移动式桁架为主要支承结构的整体模板支架,施工速度也比在支架上现场浇筑快得多,但相对预制梁段逐孔施工要长些,同时后支点位于悬臂端,易产生较大的施工弯矩。

移动模架施工机械化程度高,其模板、钢筋、混凝土和张拉工艺等整套工序均可在模架内完成。同时由于施工作业是周期进行,且不受气候和外界因素干扰,不仅便于工程管理,又能提高工程质量,加快施工速度。

移动模架逐孔现浇施工需要一整套设备及配件,除耗用大量钢材外,还需有整套机械动力设备和自动装置,一次投资较大。为了提高使用效率,必须解决装配化和科学管理的问题。装配化就是设备的主要构件采用装配式,能适用不同跨径、不同桥宽和不同形状的桥梁,扩大设备的使用面,降低施工成本。

常用移动模架形式有移动悬吊模架、活动模架、落地移动模架、整体移动模架和滑移钢梁专用模架。

5.3.2　移动模架施工

1)施工设备

移动悬吊模架的基本结构包括承重梁、横梁、支承系统等(图5.28)。

①承重梁:通常采用钢梁,长度大于2倍跨径,是承受施工设备自重、模板系统重力和现浇混凝土重力的主要构件。

②横梁:从承重梁两侧伸出,两端垂直向下,到主梁的下部再呈水平状态,形成下端开口的框架并将主梁包在内部。

③支承系统:由活动支承和后端支承组成。

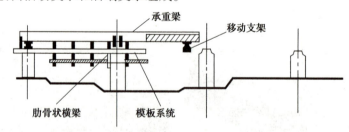

图5.28　移动模架总体构造

2)施工工艺

移动模架施工箱梁施工工艺流程如图5.29所示。

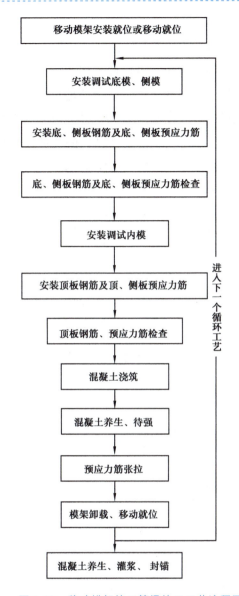

图5.29 移动模架施工箱梁施工工艺流程图

(1)施工准备

预备枕木或预制混凝土垫块(主梁拼装时垫高主梁,便于主梁底板螺栓连接操作)。箱梁内模、外模及模板支架设计及加工。培训移动模架操作人员。50 t履带吊进场,移动模架器材进场。在吊装主梁的墩顶预埋精轧螺纹钢锚杆,安装墩顶贝雷架,并锚固于墩顶。

(2)移动模架组拼

根据桥梁本身的特点以及施工的总体安排,移动模架组拼采用在梁孔位处拼组的施工方案拼装模架。

（3）移动模架预压

移动模架拼装完成后,应在首孔梁的浇筑位置就位后进行荷载加载试验。移动模架系统为整体滑移结构,相同跨径经过一次预压就可以检测移动模架的挠度、强度和刚度等力学性能,以及确定施工预拱度。如移动模架系统力学性能满足施工要求,以后等跨径梁体施工不再预压,按原预压经验设置预拱度。施工跨径改变时,应重新预压后确定施工预拱度。

对模架进行加载试验的目的主要有:消除模架结构的各种非弹性变形;检验主梁和支承系统的承载能力刚度和安全性;观测模架结构的弹性变形以了解其挠度值在施工中的变化情况,为箱梁浇筑预拱度设置提供经验数据。

预压前应先调整外模,根据理论预拱度值将模板调整至设计高程,并测量、记录所有点高程后,开始加载预压;加载顺序同混凝土浇筑顺序,以后每天定时观测每个点一次,直到支承变形稳定为止。

移动模架预拱度的调整是施工重点。移动模架挠度值设置要考虑周全,挠度值的计算要尽量结合实际情况。移动模架挠度值主要由 5 个部分组成:

①混凝土自重产生的挠度值。

②预应力钢铰线张拉产生的反拱值,支点间按抛物线计算。

③各系统之间钢材压缩产生的变形值。

④后一孔箱梁混凝土自重对前一孔箱梁的影响值。

⑤每一联箱梁第二孔以后各孔的悬臂端施加的集中力产生的影响值。

（4）移动模架预拱度设置

移动模架预拱度为箱梁设计预拱度与移动模架弹性变形之代数和,并适当考虑钢筋骨架对移动模架制梁预拱度的消减。施工前,应根据预压获得移动模架工作的各项参数,绘出移动模架加卸载变形曲线图,计算出移动模架的综合

移动模架法
——加载预压
及预拱度设置

刚度系数,针对设计施工图纸提供的参数,充分考虑各种影响因素,仔细计算需设置的预拱度。施工过程中,还应根据实际施工情况进行参数校准。这些参数包括每跨梁体的实际施工周期（梁体混凝土的浇筑时间、预应力筋的分批张拉时间以及移动模架的前移时间等）、施工温度及变化情况、移动模架的实际刚度。顺桥向预拱度的设置,宜在模板分段处各点按二次抛物线线形过渡。

在前两路箱梁施工中,应分别测定和记录浇筑混凝土前后移动模架变形,同时对已浇筑梁体的线形进行监控,以便修正后续浇筑架体时微调移动模架预拱度消除模拟状态和实际状态不同而带来的预拱度偏差,保证梁体线形与设计线形吻合。

（5）现浇梁体混凝土

模架组拼完成后,首先安装模板,调整底模标高,利用木楔将底模调整至预定位置,然后测量梁体的空间位置,并根据设计要求和测量结果,使用底模支撑架上的木楔进行梁段三维

空间的调整,直至满足要求为止。模板安装好并经检查合格后开始绑扎梁体钢筋及安装预应力管道,然后便可浇筑梁体混凝土。待混凝土养生至设计张拉强度后,按要求张拉预应力筋并分阶段调整梁底表面的高度,直至张拉完毕并脱空箱式支撑、退出钢楔块为止。卸掉千斤顶,将承重主桁梁落在滑道上,模板脱落。

（6）预应力筋张拉

预应力施加是预应力箱梁结构质量的最终体现。预应力的施加效果受孔道线形、预应力筋的力学性能、张拉控制程序、锚具质量精度等多方面因素影响。施工中应控制好断丝、滑丝、预应力损失等,以保证梁体预应力的施加效果。

移动模架施工
——预埋件安装
与模架行走步骤

（7）移动模架移行

拆除底模,使之悬挂于一侧桁梁上,同时拆除两组承重桁梁间的临时连接。同时移行卷扬机就位连接。通过移行卷扬机拖拉移动模架在滑道上前行至下一梁孔位,调整就位后进行下一循环作业。

5.3.3　工程案例

连续梁桥移动
模架施工案例

1）工程概况

青岛海湾大桥(又称青岛胶州湾大桥)于 2011 年 6 月正式运营通车,于 2011 年 9 月被美国《福布斯》评为"全球最佳桥梁"。2013 年 6 月 4 日,美国匹兹堡第 30 届国际桥梁大会(IBC)向青岛海湾大桥颁发乔治·理查德森奖。青岛海湾大桥红岛互通立交项目包括红岛互通立交和红岛连接线。其中,红岛互通立交位于青岛市红岛镇东大洋村南侧胶州湾海域中,距陆域约 1 km,采用 Y 形互通式立交型式,取有大鹏展翅之势,是青岛海湾大桥主线与红岛连接线相交叉的枢纽立交,主要功能是实现红岛区域的车流方便上下海湾大桥主线,是世界上第一座海中互通立交桥(图 5.30)。

青岛海湾大桥红岛互通立交匝道桥施工范围如下:

①A 匝道 AK0+149.85 ~ AK0+949.85,长度为 800.0 m,共计 4 联,最大施工跨度为 50 m,最小平曲线半径 $R_平$ = 600 m,最小竖曲线半径 $R_竖$ = 12 000 m。

②B 匝道 BK0+000 ~ BK1+531.9,长度为 1 531.9 m,共计 9 联,最大施工跨度为 60 m,最小平曲线半径 $R_平$ = 350 m,最小竖曲线半径 $R_竖$ = 9 000 m。

③C 匝道 CK0+149.9 ~ CK1+780.757,长度为 1 630.957 m,共计 11 联,最大施工跨度为 60 m,最小平曲线半径 $R_平$ = 350 m,最小竖曲线半径 $R_竖$ = 3 800 m。

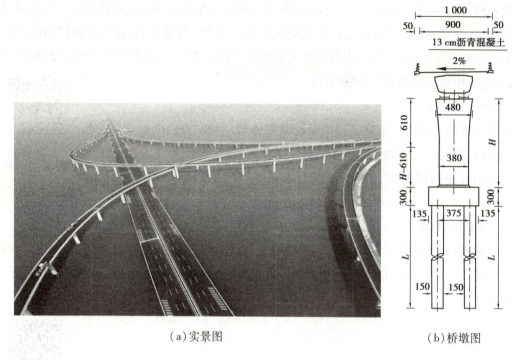

（a）实景图 （b）桥墩图

图5.30 青岛海湾大桥红岛互通立交匝道桥

④D匝道AK0+390.9～AK1+075.5，长度为684.6 m，共计4联，最大施工跨度为50 m，最小平曲线半径$R_平$=600 m，最小竖曲线半径$R_竖$=12 000 m。

⑤红岛连接线K0+000～K1+310，长度为1 310 m，其中起点设平交口与泉大公路连接，K0+100处设收费站，桥梁范围为K0+160～K1+310，共计5联，其中第1～4联为5×50 m，第5联为3×50 m，最小平曲线半径$R_平$=3 000 m，最小竖曲线半径$R_竖$=35 000 m。

设计方案共采用4台移动模架，其中A、D匝道与连接线共用两台，B、C匝道各一台。A、D匝道施工起点从主线桥相接处开始向连接线方向施工，B、C匝道施工起点从A、D匝道相接处向主线桥方向施工。

2）移动模架组成

该工程50 m跨箱梁墩高从7～24 m不等。根据工程情况，设计方案采用下行式移动模架系统，共设置3对牛腿，施工时只用其中两对牛腿，另一对牛腿在移动模架纵移前预先安装在下一孔桥墩承台上，以缩短施工周期。移动模架系统主要由牛腿、推进平车、主梁、鼻（导）梁、横梁、后横梁、外模及内模组成。每一部分都配有相应的液压或机械系统。

（1）牛腿

牛腿采用横梁式钢箱结构，钢板材质为Q345B，为横梁、竖向支腿组合而成，通过竖向支腿支撑在承台上，并与墩柱通过螺旋丝杠和对拉丝杆抱紧固定。共设置3对牛腿，其主要作用是支撑推进平车，将施加在推进平车上的荷载通过牛腿传递到承台上。每对牛腿左右共设有两台推进平车，每台平车上配有两台横向顶推液压缸、一台水平旋转液压缸、两台竖向顶升主液压缸和一台纵向顶推液压缸。主梁安放在推进平车上。推进平车与牛腿之间、牛腿与主梁之间共有 4 个滑动面,其中牛腿上表面与推进平车下表面分别镶有不锈钢板和塑料滑板。推进平车上滑动面安有聚四氟乙烯滑板,主梁下滑动面镶有不锈钢板,整个操作系统通过三向液压系统使主梁在横桥向、顺桥向及竖向正确就位。

(2)主梁

移动模架系统主梁为一对钢箱梁,钢板材质为 Q345B,主梁刚度按最大净挠度≤1/500 施工跨径控制,最大净挠度控制在 100 mm 以内。主梁截面尺寸为 2 000 mm×3 000 mm,上、下翼缘板厚为 20～40 mm,腹板厚为 12～16 mm。A、D 匝道的主梁长度约为 65.5 m,分为 6 节;B、C 匝道的主梁长度约为 72 m,分为 7 节,主梁节与节间用高强螺栓连接。主梁两端设有前后鼻梁,A、D 匝道每根长约为 26 m,B、C 匝道每根长约为 31 m,分为 3 节,节间也用高强螺栓连接,起到支架向下一孔移动时的引导和承重作用。

(3)鼻梁

鼻梁为桁架式结构,A、D 匝道移动模架鼻梁每根长约为 26 m,B、C 匝道移动模架鼻梁每根长约为 31 m,分为 3 节,节间也用高强螺栓连接,起到支架向下一孔移动时的引导和承重作用。该工程平曲线 $R_平$ =350 m,竖曲线 $R_竖$ =3 800 m,相对较小,为适应纵移过孔时的高差,减小前、后鼻梁的受力,前、后鼻梁与主梁连接间采用铰接,铰接处通过液压千斤顶实现鼻梁的水平旋转和竖向旋转。

(4)横梁

横梁为钢板焊接的箱形型式,钢板材质为 Q345B,同一断面上每对横梁间用销子连接,横梁下面设有支撑螺旋顶,横梁上面以安置底模板和侧模支撑框架。螺旋顶底座直接安装在主梁上翼缘板上,螺旋顶顶面设有滑道。模板横梁可以在滑道上横桥向滑动,横梁还能通过支撑螺旋顶进行竖向调整。移动模架行走时,因施工便桥预留的净空较小,移动模架主梁系统不能按传统方式整体打开(主梁系统横桥向只能作微小调整,调整范围不大于 1 m),须首先通过横梁带动模板系统水平开模,直到让开箱梁底板后并销定,再在主梁系统的带动下纵移过孔。纵移到位后,横梁再带动模板系统水平合模并销定,达到绑扎钢筋的使用状态。

(5)外模

外模由底板、腹板、肋板及翼缘板组成。底板分块直接铺设在横梁上,并与横梁相对应。每对底板沿横梁销接方向由普通螺栓连接。腹板、肋板及翼缘板也与横梁相对应,并通过在横梁设置的模板支架及支撑来安装。

外模板底面板采用 6 mm 厚钢板,缘翼板及侧模纵筋采用 6 mm 面板加不等边角钢,底板纵筋采用 H 型钢和不等边角钢,以起到减轻模板质量和增加模板刚度的效果。横梁、模板系统如图 5.31 所示。

(6)后横梁

后横梁为一根钢箱梁[图 5.32(a)],其主要作用有两个:一是当在每一联的第二孔及以后各孔时,通过吊杆将移动模架系统后端主梁吊起,将主梁及外模板系统与已浇筑完毕的箱梁混凝土锁紧在一起,使已浇混凝土与新浇混凝土共同变形,以防止新、旧混凝土接缝处出现

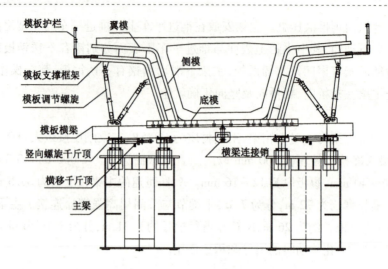

图 5.31　横梁、模板系统图

错台;二是在移动模架过孔时作为抵抗设备横向倾覆的平衡机构。

（7）平衡 C 形梁

平衡 C 形梁为桁架结构［图 5.32(b)］,主要作用是在施工匝道桥时平衡外模板开模前后产生的横向倾翻弯矩。因连接线双幅桥中央分隔带的宽度仅为 0.5 m,在施工时需将平衡 C 形梁拆除。

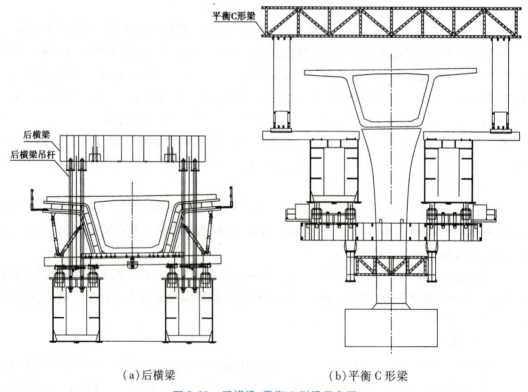

（a）后横梁　　　　　　　　（b）平衡 C 形梁

图 5.32　后横梁、平衡 C 形梁示意图

（8）内模

移动模架内模系统采用小块组钢模板或木模板，以方便拆装，加快施工速度。

3）施工工艺

移动模架箱梁施工工艺流程如图5.33所示。

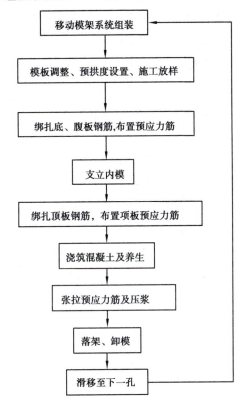

图5.33　移动模架箱梁施工工艺流程图

4）主要拼装方法及荷载试验

（1）高强螺栓连接施工一般规定

①高强螺栓连接在施工前应对连接实物和摩擦面进行检验和复验，合格后才能进行安装。表面上和螺栓螺纹内有油污或生锈的应用煤油清洗。清洗后，在螺母的螺纹内及垫圈的支承面上涂以少许黄油，以减小螺母与螺栓间的摩擦力。

②拼装用的冲钉直径（中间圆柱部分）应较孔眼设计直径小0.2~0.3 mm，其长度应大于板束厚度。

③对每一个连接接头，应先用螺栓和冲钉临时定位。对于一个接头来说，临时定位用螺栓和冲钉数量的确定，原则上应根据该接头可能承担的荷载计算，并应符合下列规定：

a.不得少于接头螺栓总数的1/3。

b. 临时螺栓不得少于两个。

c. 穿入的冲钉数量不宜多于临时螺栓的30%。

④高强螺栓的穿入,应在结构中心位置调整后进行,其穿入方向应以施工方便为准,力求一致。安装时,要注意垫圈的正反面,螺母有圆台面的一面应朝向垫圈有倒角的面;对于六角头高强度螺栓连接副靠近螺栓头一侧的垫圈,有倒角的一面应朝向螺栓头的方向。

⑤高强度螺栓安装时,应能自由穿入,严禁强行穿入。如螺栓不能自由穿入时,应用绞刀修整孔,修整后的孔最大直径应小于1.2倍螺栓直径。

在修整孔前,应将四周螺栓全部拧紧,确保连接板紧贴,防止铁屑落入板缝内。其后再进行绞孔,严禁使用气割法扩孔。

⑥高强度螺栓在终拧以后,螺栓螺纹外露应为2~3扣。

(2)主梁的拼装检查

①移动模架安装应符合钢桥安装的相关规定。

②连接板连接之前,应先检查主梁及连接板连接面是否喷砂。

③高强螺栓终拧完毕后,将部分抽检螺栓做好标记,用标定过的扭矩扳手对抽检螺栓进行紧固力检测。检测值不小于规定值的10%,不大于规定值的5%为合格。对于主梁节点及纵横梁连接处,每栓群抽检5%,但不得少于两套。不合格者不得超过抽检总数的20%,否则应继续抽检,直至达到累计总数80%的合格率为止。对于欠拧者补拧,超拧者更换后,重新补拧。

(3)横梁安装

用吊机将对接好的横梁一片片吊起直接放置在主梁上方的支撑螺旋千斤顶上。先装靠近墩身的横梁,保持平衡。横梁安装好后,再装各连接撑杆。

(4)外模板安装、调整及过孔

①顶升千斤顶,使主梁脱离支架,拆除支架顶垫块,拧紧螺旋支撑、锁定。

②纵移主梁至模架浇筑位置。

③调整两侧主梁,使横梁对接,用螺栓固定。

④安装机械调节支撑座、侧模支撑梁。

⑤参照外模平面展开图,将外模的底模、侧模及翼板底模依次吊装在外模支撑架上,并边安装外模边调节其预拱度直至满足精度要求,如图5.34所示。

⑥外模安装完毕,用拉杆将侧模与侧模支撑梁对拉。

⑦模板的调整:移动支撑系统预拱度的调整是施工重点,移动支撑系统挠度值的影响因素要考虑周全,挠度值的计算要尽量结合实际情况。

⑧设备的加载试验及测试方案:待移动模架系统全部拼装完成后,即可做设备的加载试验。试验可以采用沙袋堆载的方法逐级加载,直至加至与混凝土等载后,观测设备的挠度变形值。沙袋堆载时,应注意箱梁腹板与顶底板处荷载不同,以保证移动模架系统的受力与实

际浇筑混凝土时一致。挠度变形值根据理论计算理论值,加载试验完毕后,现场可根据实际测量值与理论值对比确定第一孔的预拱度调整值。浇筑完第一孔后测量实际值,以后浇筑可根据实际值调整。

⑨外模板纵向行走(图5.35)。移动模架纵向行走时,因为另一副桥已浇筑,在正常桥墩处,移动模架开模行走时,模板不会与已浇筑桥发生干涉,在过伸缩缝处桥墩时,如果此处已加厚,行走前应将桥内侧翼缘板模板先旋转一定角度,行走通过伸缩缝后,再转回原位置。另一副桥浇筑时,伸缩缝处后浇筑,以避免旋转模板,加快施工进度。

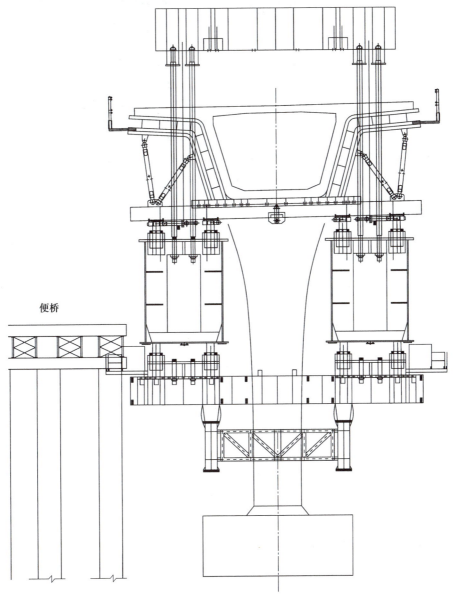

图 5.34　合模浇筑

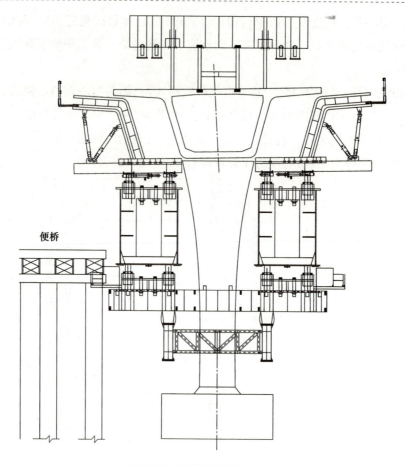

图 5.35 开模行走到下一跨

以上每个构件在拼装前及每道工序在安装完成后,均需验收合格后方可进行下一道工序施工,,如表 5.10 所示。移动模架安装完成后,应检查所有的安装,确认安装无误。在浇筑混凝土前,应抽查 5% 的受力螺栓。

表 5.10 混凝土浇筑前检查表

序号	检查内容	检测者	日期	校核	日期
1	安全检查:平台、楼梯、安全网等				
2	液压系统检查、阀等泄漏测试				
3	千斤顶机械锁已拧紧				
4	主梁节间高强螺栓已上紧				
5	横梁与主梁、横梁之间连接螺栓已上紧				
6	螺栓预紧力检查/抽查				
7	纵移、横移油缸缩回,用销轴锁定顶推机构				
8	电器检查,线路与接头无裸露、松动和浸水现象				

续表

序号	检查内容	检测者	日期	校核	日期
9	模板标高及预拱度				
10	牛腿支腿、牛腿梁已与墩柱牢固固定				
备注:每孔检查一次					
检查人: 时间:					
校核人: 时间:					

任务5.4 悬臂施工

对于大跨度连续梁桥或连续刚构桥,施工时如果不具备搭建支架的条件,无法用支架法进行大跨度预应力混凝土现浇施工,可以采用以挂篮为主要施工设备的悬臂施工。

悬臂施工是把梁体分成若干节段制作,以挂篮作为支撑平台,把各节段采用一定的连接方式对称接长直至梁体合龙的施工方法(图5.36)。

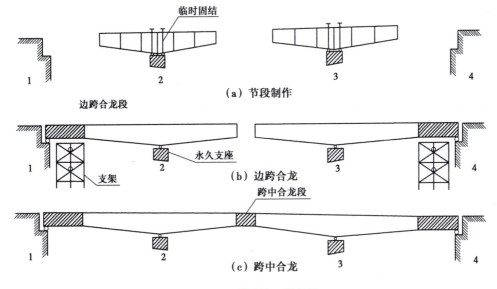

图5.36 悬臂施工示意图

连续梁桥与连续刚构桥都适合采用悬臂施工。二者的区别在于:连续梁桥包含临时支座的固结与临时支座的拆除;连续刚构桥由于支座与桥墩是刚性连接没有支座,不包含支座的固结与拆除。

悬臂施工总的施工顺序为:墩顶0号块浇筑→节段的制作与安装→施工结构体系转换→各桥跨间的合龙段施工。

体系转换按合龙顺序的先后,主要分为以下两类:

①先边跨后中跨合龙:T构→单悬臂→连续梁(连续刚构)(图5.37)。

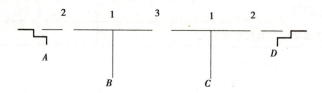

图5.37　先边跨后中跨合龙

②先中跨后边跨合龙:T构→双悬臂→连续梁(连续刚构)(图5.38)。

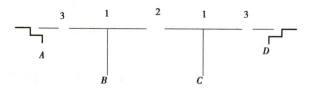

图5.38　先中跨后边跨合龙

图5.38中在结构呈双悬臂状态时,一端施力将引起另一端产生较大的位移,稳定性较差,且费用昂贵,故较少采用。常采用先边跨后中跨合龙的方式。

节段可采用现浇与预制两种方式制作,因此,悬臂施工分为悬臂浇筑和悬臂拼装两类。

5.4.1　悬臂浇筑法

悬臂浇筑施工工艺流程如图5.39所示。

1)悬臂施工挂篮

挂篮是悬臂浇筑施工方法的主要机具,是一个能沿轨道行走的活动脚手架,挂篮悬挂在已经张拉锚固的箱梁梁段上。挂篮由承重结构、悬吊系统、锚固系统装置及平衡重、行走系统、底模平台、工作平台组成。悬臂浇筑时,箱梁梁段的模板安装、钢筋绑扎、管道安装、混凝土浇筑以及预应力张拉、压浆等工作均在挂篮上进行。当一个梁段的施工程序完成后,挂篮解除后锚,移向下一梁段施工。所以,挂篮既是施工设备,又是预应力筋未张拉前梁段的承重结构。

(1)挂篮的形式

挂篮的形式多样,主要有三角形挂篮、菱形挂篮和平行桁架式挂篮等,如图5.40—图5.42所示。施工中可根据实际情况选用。

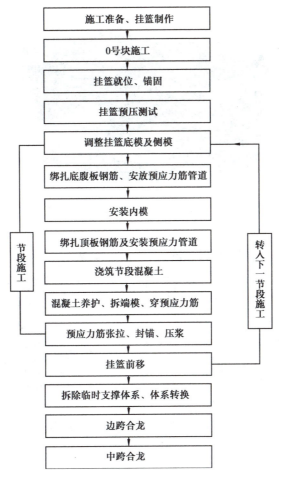

图 5.39　悬臂浇筑施工工艺流程图

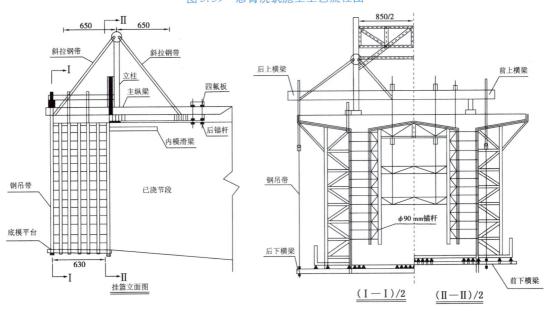

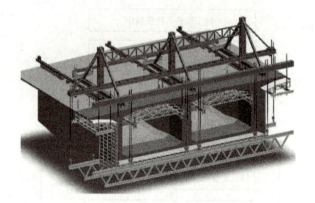

图 5.40　三角形挂篮

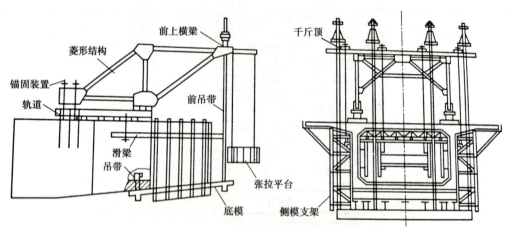

前上横梁
菱形结构
锚固装置
轨道
滑梁
吊带
底模
前吊带
张拉平台
千斤顶
侧模支架

图 5.41　菱形挂篮

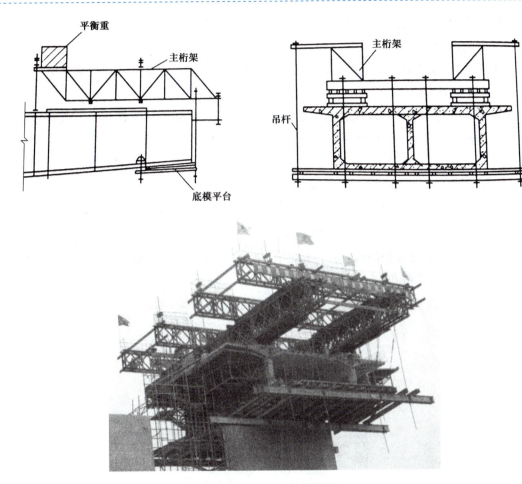

图 5.42　平行桁架式挂篮

（2）挂篮构造

①承重结构：挂篮的主要受力构件，可以采用万能杆件或贝雷梁拼装的钢桁架，也可采用钢板梁或大号型钢作为承重结构。

②悬吊系统：将底模板、张拉工作平台的自重及其上面的荷载传递到承重结构上。可采用钻有销孔的扁钢或两悬吊系统端有螺纹的圆钢组成。行走时的悬挂系统不宜采用精轧螺纹钢。

③锚固系统装置及平衡重：防止挂篮在行走状态及浇筑混凝土梁段时倾覆失稳。有平衡重挂篮在行走时解除锚固系统，依靠平衡重作用可防止行走时挂篮失稳。不设平衡重挂篮在行走时需先将行走反挂系统锚固于行走梁上，以防失稳。锚固系统可以利用结构精轧螺纹钢接长，或预留锚杆孔锚固在梁板上，或直接预埋锚杆在梁体混凝土内，锚杆连接在挂篮的反压锚梁上锚固挂篮。

④行走系统：包括行走牵引系统、行走轨道系统。

牵引系统常采用千斤顶，利于钢绞线牵引，用锚固在混凝土梁上的型钢做轨道。

⑤底模平台:供立模板、绑扎钢筋、浇筑混凝土、养生等工序用,包括前、后下横梁和纵梁,以及纵梁上的模板分配梁。

⑥工作平台:位于挂篮承重结构的前端,用作张拉预应力筋、压浆等操作的脚手架。

(3)挂篮安全保证

①挂篮刚度决定了挂篮悬挂端在梁段质量、内外模体系、外模拼装平台等荷载作用下的沉降量。为避免因挂篮前端沉降量过大而导致梁的线形难以控制及新旧混凝土结合面产生变形裂隙,要求挂篮必须具备足够的刚度,其悬挂点处的沉降量必须控制在合理范围内。

②在悬臂施工过程中,挂篮防倾覆问题主要涉及两个方面:一是梁段施工过程中挂篮体系的防倾覆问题;二是挂篮前移过程中的防倾覆问题。

梁段施工过程中,挂篮体系的防倾覆措施主要为挂篮后端的锚固。施工中,通常借助梁体腹板内的竖向精轧螺纹钢筋或者在顶板施工时的预留梁体内精轧螺纹钢筋将柱后端锚固在箱梁顶板上,如图5.43所示。

图5.43 挂篮悬臂施工中后端的锚固

在挂篮前移过程中,后端锚固必须解除,此时挂篮后端开始上翘,使挂篮后端的倒钩走行轮紧紧钩住轨道梁顶板的下缘,以此避免挂篮的前倾坠落。这就要求轨道梁必须被紧紧锚固在梁面上,为挂篮走行过程中的防倾覆提供条件,如图5.44所示。

(4)挂篮拼装与试压

①挂篮组拼。墩顶现浇梁段施工完成后,依据挂篮设计资料,确定挂篮组拼控制线,在墩顶拼装挂篮。有条件时,应在地面上先进行试拼装,以便在墩顶熟练有序地开展拼装挂篮工作,拼装时应对称进行。依据实际起重能力选择合理的起重方案,然后按照先主桁、次底篮、再模板、最后其他附属结构的顺序进行挂篮的组拼。

②安全防护。挂篮的操作平台下应设置安全网,防止物件坠落,以确保施工安全。挂篮应呈全封闭,四周设围护,上下应有专用扶梯,方便施工人员上下挂篮。

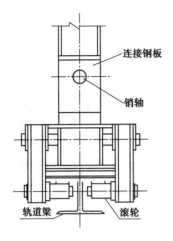
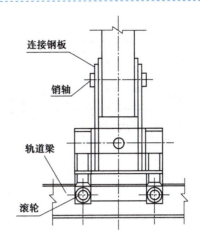

图 5.44　挂篮前移时的防倾覆措施

③荷载试验。为了检验挂篮的整体性能和安全,消除结构的非弹性变形,获取挂篮弹性
变形曲线的参数,为箱梁施工提供数据,应对挂篮
进行试压(图 5.45)。试压通常采用试验台座加
压法、水箱加压法、砂装法、等效荷载反拉法等。
试验采用分级加载方式进行。试验过程中,加载
时要注意荷载的分布,每一级加载完成后,待体系
稳定下来后再进行沉降量的测量;加载完成后,分
级卸载,每卸载一级就进行一次标高回弹测量,根
据加载和卸载的测量数据,分析挂篮的刚度。

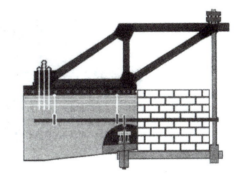

图 5.45　用预制混凝土块进行预压试验

2)0 号块施工

0 号块是悬臂施工的起点,同时为挂篮提供安装平台,起着重要作用。0 号块一般在墩顶
上立模现场浇筑。

(1)0 号块托架施工

对于低墩来说,施工托架可采用落地支撑;对于高墩或有水环境的桥梁,可以利用墩顶预
埋件设置牛腿支撑。施工托架常用扇形、门式等形式(图 5.46)。托架可采用万能杆件、贝雷
梁、型钢等构件拼装,也可采用钢筋混凝土构件做临时支撑。

为保证在托架上浇筑混凝土的施工质量,应有效防止和减少因托架变形而产生的不良影
响。因此,在托架施工时,需采取预压、抛高(预留沉降度)及调整措施,以减少托架变形对混
凝土质量的影响(图 5.47)。预压应逐级进行,使压力最终达到托架顶面全部荷载的 120%。
所以,在预压过程中可以测得托架的弹性沉降量,以此为 0 号梁块底模的安装提供准确的预
抛高量。从 0 号梁块开始就为连续梁悬臂施工的线性控制工作奠定坚实的基础。

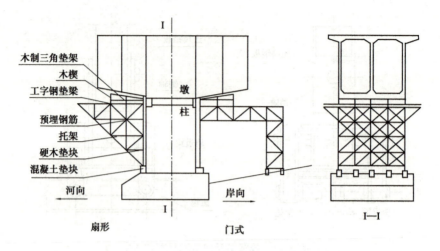

图 5.46　扇形托架与门式托架示意图

图 5.47　对托架进行预压试验

（2）0 号块临时固结

在施工过程中,0 号块梁段承受着两侧悬臂浇筑时产生的不平衡力矩,因此需设置临时梁墩锚固以保证安全。临时固结、支承措施分为两类。

①0 号块梁段与桥墩用普通钢筋或预应力筋临时固结,待需要解除固结时切断(图5.48)。

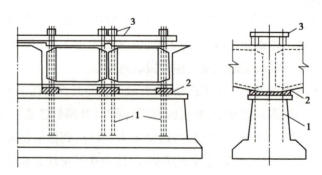

图 5.48　0 号块与桥墩的临时固结构造
1—预埋临时锚固用预应力筋;2—支座;3—工字钢

②在桥墩一侧或两侧加临时支承或支墩(图5.49)。

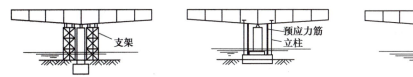

图 5.49　临时支承措施

临时支承可用硫黄水泥砂浆块、砂筒或混凝土块等卸落设备,以便在体系转换时,较方便地将其撤除。在临时梁墩固结或支承的构造设计中,一般应考虑最大悬臂状态时悬臂结构一侧有一梁段因施工超前而产生的不平衡力矩,验算临时构件的强度、刚度和稳定性及相应的桥墩强度指标,稳定性系数不应小于1.5。

若采用硫黄水泥砂浆块做临时支承的卸落设备,在用高温熔化拆除支承时,必须在支承块之间采取隔热措施,以免损坏支座部件。

(3)底模和侧模安装

依据设计资料,复核悬浇梁段轴线控制网和高程基准点,确定并调整立模的轴线及高程。立模时,应预留预拱度。

(4)绑扎底、腹板钢筋,安装预应力筋管道

预应力管道及定位钢筋等一般在钢筋绑扎过程中安装完成。在预应力管道布设过程中,要注意和前一节段的管连接接头严密,设置足够的定位钢筋,以保证位置正确。用胶带纸将锚头与波纹管连接及波纹管接头处密封,封住压浆管管口,将压浆管和钢筋绑扎连接牢固,在纵向波纹管内插入 PVC 管,以免浇筑混凝土时振动脱落而进浆。预应力管道布设时,要注意按施工设计方案布置出气孔、出浆孔。钢筋与管道相碰时,只能移动不得切断钢筋。

(5)安装腹板内模模板

通常,挂篮设计时,要考虑挂篮行走时能使内模与挂篮其余部分可分两次行走到位的构造。

(6)绑扎顶板钢筋、安装顶板横向预应力筋及纵向预应力筋

按要求绑扎钢筋后,安装预应力管道及需要张拉钢丝索的锚垫板。另外,还要预埋护栏筋、翼板和底板泄水孔以及挂篮预埋孔。护栏预埋钢筋和翼板钢筋同时绑扎,挂篮预埋孔位置要准确,以免影响挂篮的使用。为便于以后箱室内底板预应力张拉,在顶板上适当位置预留适当尺寸的人孔,以便于人员上下和设备运输。以上工作完成后,支堵端头模板。顶板底层横向钢筋最好采用通长筋。

若挂筋下限位器、下锚带、斜拉杆等部位影响下一步操作必须切断钢筋时,应待该工序完工后,将割断的钢筋连接好再补孔。

（7）混凝土浇筑、养生、拆堵模板、凿毛

浇筑混凝土时，必须从两个悬臂端对称均衡地进行浇筑。

（8）清孔、穿束、张拉、压浆

参考前面相关内容。

（9）体系转换

结构由双悬臂状态转换成单悬臂受力状态时，梁体某些部位的弯矩方向发生转换。梁端临时锚固的放松，应均衡对称进行，确保逐渐均匀地释放。

对转换为超静定结构，需考虑钢束张拉、支座变形、温度变化等因素引起结构的次内力；结构体系转换中，临时固结解除后，将梁落于正式支座上，并按标高调整支座高度。

（10）挂篮前移

挂篮完成体系转换后即可进行挂篮的前移。

挂篮行走时，首先控制好轨道的中线和间距，防止挂篮走偏。主桁轨道必须要求放水平，轨道与箱梁必须固定牢靠。为保证挂篮就位时不扭曲、偏移，在主桁上设置垂直于主桁纵向轴线的标记线，用仪器观测来控制。如相差过大，要及时调整。

挂篮行走时，注意反压、反锚系统的可靠性，同时应设反向拉绳，对挂篮和反锚系统进行反拉。

挂篮行走到位后安装后锚杆，拆除行走小车，再一次完成挂篮的体系转换。

3）边跨直线段施工

边跨长出对称施工的部分采用直线等高形式，通常采用搭建支架的方式进行现浇，然后与悬臂对称施工的梁体在空中合龙。

4）合龙段施工

梁体合龙与
体系转换

①合龙段类型。合龙段施工一般要在两个部位进行：一个是跨中合龙，另一个是边跨合龙。合龙段的长通常为2 m，大多采用先边跨后中跨的方式。

②合龙段吊架。合龙段采用挂篮底篮改吊架的方法进行施工。悬臂梁段浇筑完毕，挂篮主桁后移，将挂篮的底篮整体前移，使底篮前端支撑于合龙段另一端现浇段的支架上，后端通过锚固于悬臂梁段，形成吊架。

③悬臂端平衡重。悬臂端平衡重采用加水箱的方法设置，平衡重吨位由施工平衡设计确定（图5.50）。

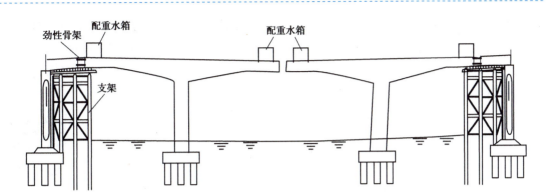

图 5.50　合龙段施工配重示意图

④合龙段锁定。由于合龙段位于最大悬臂的前端,而最大悬臂的前端恰恰是最不稳定的部位,容易受诸多因素的影响而变动,因此,为了保证合龙段施工时的稳定性,提高混凝土浇筑后的质量,必须借助刚性构件将悬臂端临时锁定,使悬臂端之间保持相对固定(图5.51)。合龙段锁定遵循"双拉又撑"的原则,采用劲性骨架和张拉临时预应力筋的方式。可将刚性构件分别搭在合龙段两侧最大悬臂梁端的顶板和底板表面,与预埋件迅速焊接,形成刚性锁定。

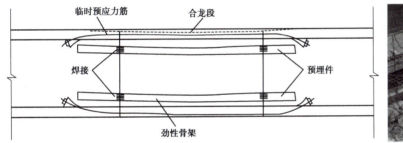

图 5.51　合龙段合龙锁定布置

⑤安装普通钢筋及预应力管道。

⑥浇筑合龙段混凝土。合龙段混凝土浇筑应选择在一天中气温较低且温度变化比较平稳的时段进行,以避免因混凝土收缩或温度变化产生较强的应用作用。当合龙段混凝土的强度达到规定值时,应解除临时锁定,然后尽快完成合龙段预应力筋张拉,使合龙段混凝土处于受压状态。

⑦预应力张拉顺序:边跨顶板预应力束→底板第一批预应力束→中跨预应力束→底板第二批预应力束→拆除临时预应力束→压浆。

⑧拆除模板及吊架。

5)施工监控

悬臂施工由于在自由端进行,每个新梁段的施工都迫使前面已完成的梁体在新梁段重力和预应力的作用下产生变位。为避免在施工过程中发生误差的积累,必须实施准确的施工控制,对挠度和施工高程进行施工高程精密测量,及时发现前一次施工留下的误差并找到产生的原因。根据下一个施工节段的全部质量、预应力强度、混凝土弹性模量和节段长度等因素,计算出本节段合理的立模标高,对前一次误差给予及时修正,避免误差积累,确保梁体线形符合设计目标。

5.4.2　工程案例

刚架桥施工
案例

某三跨连续刚构桥,跨径布置为 57.5 m+95 m+57.5 m,采用预应力钢筋混凝土变截面箱梁,箱梁宽度为 12 m,箱梁高度(从 6.1 m 变化到 2.4 m)和底板厚度(从 10 cm 变化到 68 cm)均按 1.8 次抛物线变化(图 5.52)。

本桥施工划分为 6 个部分:0 号块托架现浇施工段、主跨挂篮施工段、边跨现浇施工段、边跨合龙、中跨合龙、二期恒载工程。

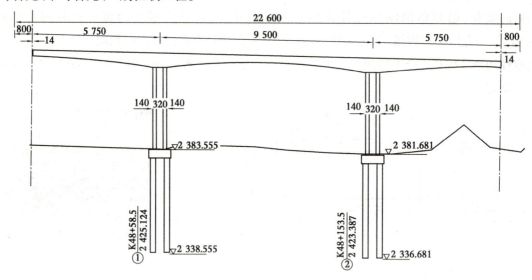

(a)桥跨布置

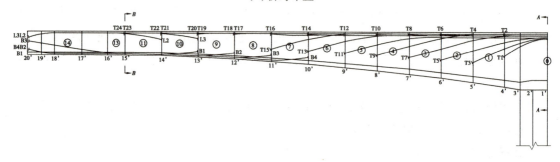

(b)预应力束布置

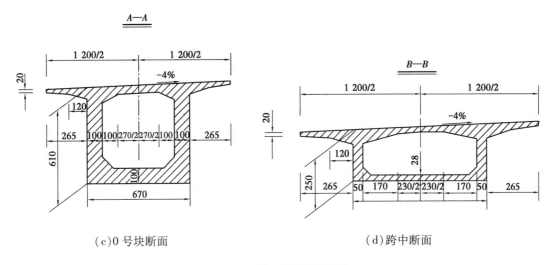

（c）0 号块断面　　　　　　　　　　　（d）跨中断面

图 5.52　某三跨连续刚构桥

1）0 号块托架现浇施工段

● 步骤 1

完成桩基、承台及主墩墩身的施工。

● 步骤 2

①安装 T 构主梁 0 号块现浇支架（托架），并做好主墩墩身顶部定位，以保证 0 号块浇筑质量。

②立模，绑扎钢筋，浇筑 0 号块混凝土，如图 5.53 所示。

③拼装挂篮用于浇筑 1 号梁段，挂篮上桥前须做加载试验。

④张拉并锚固 0 号块纵向预应力束 T1、T2。

⑤立模，绑扎钢筋，做好浇筑 1 号梁段混凝土准备工作。

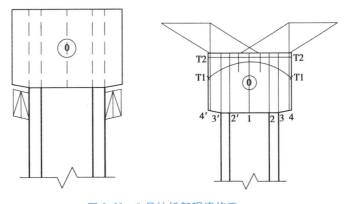

图 5.53　0 号块托架现浇施工

2）主跨挂篮施工段

• 步骤 3

浇筑 T 构 1 号梁段混凝土，混凝土养生。达到设计强度的 85% 且龄期达到 4 d 后，准备张拉预应力束（图 5.54）。

• 步骤 4

张拉并锚固 1 号梁段纵向预应力束 T3、T4（采用单端张拉）及 0 号块的横、竖向预应力束（图 5.55）。

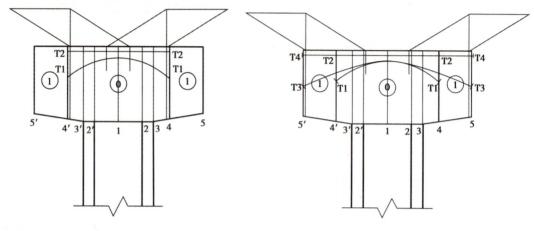

图 5.54 浇筑 1 号梁段混凝土   图 5.55 张拉 1 号梁段预应力束

• 步骤 5

①挂篮分别前行，用于悬浇 T 构箱梁，两个 T 构同时进行。

②在已浇梁段上调试好挂篮，确定立模标高。

③立模绑扎 2 号梁段钢筋，做好浇筑 2 号梁段混凝土准备。

• 步骤 6

①浇筑 2 号梁段混凝土（图 5.56）。

②混凝土养生，达到设计强度的 85% 且龄期达到 4 d 后，准备张拉预应力。

• 步骤 7

张拉并锚固 T 构 2 号梁段纵向预应力束 T5、T6（图 5.57），以及 1 号块的横、竖向预应力束，顺序同上。

• 步骤 8—41

采用以下 3 个流程循环完成 3—11 号梁段的对称悬浇施工（图 5.58）。

a.前移挂篮，确定立模标高，立模，绑扎钢筋。

b.同步对称浇筑混凝土。混凝土养生，达到设计强度的 85% 且龄期达到 4 d 后，准备张拉预应力束。

c.张拉本梁段纵向预应力束以及前一块件的横、竖向预应力束,并锚固、压浆。

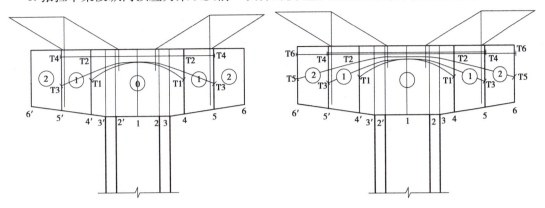

图 5.56　浇筑 2 号梁段混凝土　　　　图 5.57　张拉 2 号梁段预应力束

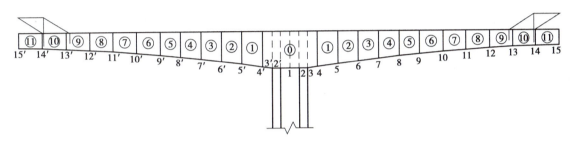

图 5.58　梁段对称悬浇施工

3)边跨现浇施工段

●步骤33

①桥台安装主梁 14 号梁段现浇支架,并做好墩身顶部定位,以保证 14 号块浇筑质量(图 5.59)。

②立模,绑扎钢筋,浇筑 14 号梁段混凝土,注意安装盆式橡胶支座及现浇段应向跨中方向留有预偏值。预偏值为顶推中跨时向交界墩的位移值。

③混凝土达到设计强度的 85% 且龄期达到 4 d 后,准备合龙边跨。

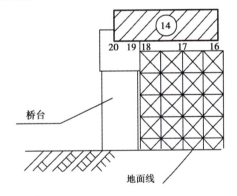

图 5.59　边跨现浇施工

4)边跨合龙

●步骤34

①将边跨挂篮改装为合龙吊架,根据监控单位的意见进行水箱压重,中跨跨中则进行相应配重(图 5.60)。

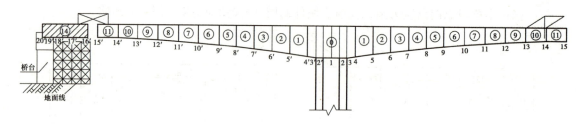

图 5.60　边跨合龙段施工

②确定立模标高,立模,绑扎钢筋。

③同步对称浇筑边跨合龙段。混凝土养生,达到设计强度的85%且龄期达到4 d后,准备张拉预应力束。

④张拉边跨11、13、14 块的横、竖向预应力束,并锚固、压浆(图5.61)。

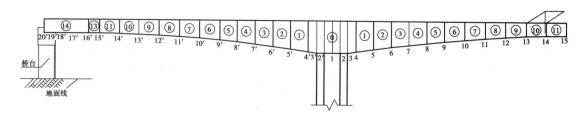

图 5.61　边跨合龙

• 步骤 35

①边跨合龙段混凝土强度达到设计强度的85%且龄期达到4 d后,进行两边跨顶底板纵向预应力束张拉(图5.62)。

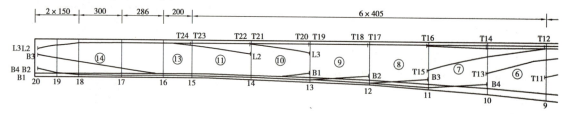

图 5.62　合龙段预应力束张拉

②拆除边跨支架和合龙吊架。

5) 中跨合龙

• 步骤 36

①跨中处挂篮改为合龙吊架,安装、调试中跨合龙吊架;多余的挂篮构件拆除后放在原处(图5.63)。

②立模,绑扎钢筋,合龙段劲性骨架安放就位。

③根据计算及实际情况(参考值:顶推力为150 kN,跨中相对位移为3.3 cm)用千斤顶在两个合龙段同步施加水平力顶推,中跨合龙段进行水箱压重,边跨侧则进行相应配重。

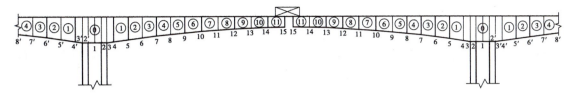

图 5.63　合龙吊架安装

●步骤 37

①劲性骨架合龙锁定(合龙温度不大于 5 ℃)。

②浇筑中跨合龙段混凝土,要求在凌晨完成初凝,合龙温度不高于 5°C。浇注混凝土时,进行水箱放水,边跨侧配重不变。

③加强混凝土的养生,混凝土达到设计强度的 85% 且龄期达到 4 d 后,方可张拉中跨预应力合龙束,灌浆。

④混凝土达到设计强度的 85% 且龄期达到 4 d 后,张拉中跨 11、12 号块横、竖向预应力,并压浆、锚固,然后释放边跨侧配重。中跨合龙如图 5.64 所示。

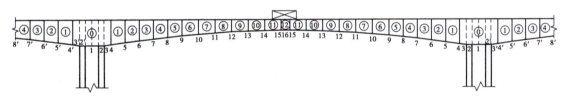

图 5.64　中跨合龙

●步骤 38

①释放所有配重。

②拆除所有挂篮及吊架(图 5.65)。

图 5.65　拆除挂篮及吊架

●步骤 39

在混凝土强度达到设计强度的 85% 且龄期达到 4 d 后,张拉跨中底板纵向预应力束(D1～D8),如图 5.66 所示。

a.张拉预应力束 D8、D7,灌浆、锚固,3 d 后准备张拉下一组底板预应力束。

b.张拉预应力束 D6、D5,灌浆、锚固,3 d 后准备张拉下一组底板预应力束。

c.循环每次张拉两组直至张拉预应力束 D2、D1,灌浆、锚固。

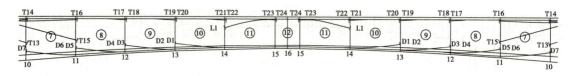

图 5.66 张拉跨中预应力束

- 步骤 50

混凝土强度达到设计强度的 85% 且龄期达到 4 d 后,张拉边跨剩余底板束、合龙束。

①张拉预应力束 B3、L3、B2,灌浆、锚固,4 d 后准备张拉下一组钢束。

②张拉预应力束 B1、L2,灌浆、锚固。

③按以上顺序及要求每次张拉、灌浆、锚固两根底板束。

- 步骤 51

全桥预留孔道灌浆。

6)二期恒载工程

- 步骤 52

①全桥进行铺设二期恒载工程。

②全桥进行动静载加载试验。

5.4.3 悬臂拼装法

悬臂拼装法是将预制节段块件,从桥墩两侧依次对称安装节段,张拉预应力筋,使悬臂不断接长,直至合龙的施工方法,如图 5.67、图 5.68 所示。

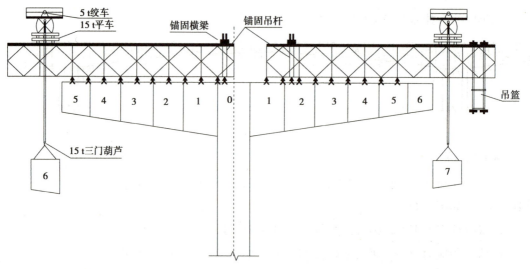

图 5.67 利用桁架梁吊机进行预制梁段的拼装

图 5.68　预制梁段的拼装

梁段的预制
与吊运

1)节段预制

　　一般情况下,0 号梁段采用现浇,其余节段采用预制。预制节段的长度取决于运输、吊装设备的能力,块件长度一般为 1.4～6.0 m,块件质量 140～170 t。预制节段要求尺寸准确,拼装接缝密贴,预留孔道对接要顺畅。节段预制常采用两种方法:长线预制和短线预制。

　　(1)长线预制

　　长线预制是在工厂或施工现场按梁底曲线形状制作固定底座,在底座上安装底模进行的施工方法。底座可用土胎或石砌形成梁底形状,地质较差的预制场,可采用短桩基础,然后搭设排架形成梁底曲线,如图 5.69 所示。

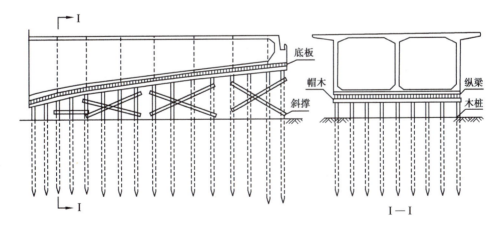

图 5.69　长线法台座示意图

　　为保证预制块件的尺寸、接缝密贴及预留孔道的对接顺畅,长线预制常采用间隔浇筑法预制块件,使先浇筑节段的断面成为浇筑相邻块件时的端模(图 5.70)。

长线预制法底模长度最小为桥梁跨径的一半,需要较大的施工场地,并要求操作设备能在预制场移动,所以,长线预制宜在具有固定梁底缘形状的多跨桥上采用,以提高设备的使用效率。

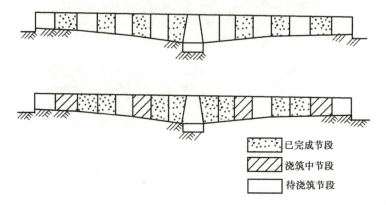

已完成节段
浇筑中节段
待浇筑节段

图 5.70　长线预制施工

（2）短线预制

短线预制节段由可调整外部及内部模板的台车与端模架完成。曲线桥和弯桥采用悬拼施工时常采用短线预制。预制时,预制节段可在纵轴位置和节段宽度方向上进行调整。曲线桥节段预制如图 5.71、图 5.72 所示。

短线预制节段的拼装面常做成企口缝,腹板企口缝用于调整高程。顶板企口缝可控制节段的水平位置,使拼装迅速就位,并能提高结构的抗剪能力。也有的在预制节段的底板处设预埋件,用以固定拼装时的临时筋(可用临时预应力或用花篮螺丝绞紧)。

短线预制适合工厂节段预制,设备可周转使用,每条生产线平均 5 d 可生产 4 块,但节段的尺寸和相对位置的调整要复杂一些。

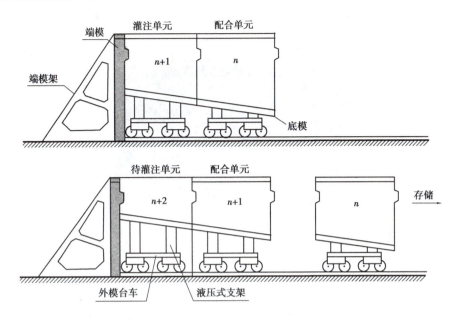

图 5.71　短线法台座

图 5.72　固定端模安装

2) 节段存放与移运

梁体节段自预制底座上出坑后,一般先存放于存梁场(图 5.73),拼装时节段从存梁场移至桥位处。梁段运输有水、陆、栈桥及缆吊等各种形式。

3) 节段起吊

常用的悬拼机具有汽车吊、浮吊、移动悬臂吊机、菱形移动桁架吊机、连续桁架吊机等。汽车吊适用于墩不高且在陆上或便桥上施工的情况,浮吊适用于

梁段的拼装
施工

墩不高的河中桥孔。墩较高或水流湍急时,应采用后3种施工方法。移动式悬臂吊机拼装如图5.74所示。

图5.73　存梁场

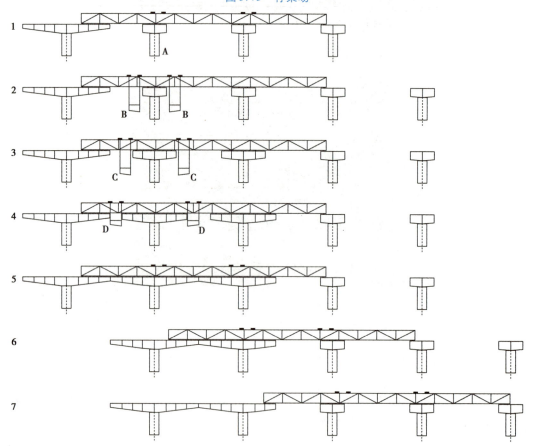

图5.74　移动式悬臂吊机拼装

(1)悬臂吊机

悬臂吊机由纵向主桁架、横向起重桁架、锚固装置、平衡重、起重系、行走系和工作吊篮等部分组成。

纵向主桁架为吊机的主要承重结构,可由贝雷片、万能杆件、大型型钢等拼制。一般由若干桁片构成两组,用横向联结系联成整体,前后用两根横梁支承。

横向起重桁架是供安装起重卷扬机直接起吊箱梁块件之用的构件。纵向主桁架的外荷载通过横向起重桁传递给它。横向起重桁架支承在轨道平车上,轨道平车搁置于铺设在纵向主杆上弦的轨道上,起重卷扬机安置在横向起重桁上弦。

设置锚固装置和平衡重的目的是防止主桁架在起吊块件时倾覆翻转,用来保持其稳定状态。对于拼装墩柱附近块件的双悬臂吊机,可用锚固横梁及吊杆将吊机锚固于 0 号块上。对称起吊箱梁块件,不需要设置平衡重。单悬臂吊机起吊块件时,也可不设平衡重,而将吊机锚固在块件吊环上或竖向预应力筋的螺丝端杆上。

起重系统一般是由 50 kN 电动卷扬机、吊梁扁担及滑车组等组成。起重系的作用是将由驳船浮运到桥位处的块件提升到拼装高度以备拼装。滑车组要根据起吊块件质量来选用。

吊机的整体纵移可采用钢管滚筒在木走板上滚移,由电动卷扬机牵引。牵引绳通过转向滑车系于纵向主桁架前支点的牵引钩上。横向起重桁架行走采用轨道平车,用倒链滑车牵引。

(2)移动式桁架拼装法

移动桁式桁架在悬臂拼装施工中使用较多,根据桁梁的长度分为两类:

①第一类为桁梁长度大于最大跨径。桁梁支承在已拼装完成的梁段上和待悬臂拼装的墩顶上。由吊车在桁梁上移运节段进行悬臂拼装。

②第二类为桁梁的长度大于两倍桥梁跨径。桁梁的支点均支承在桥墩上,而不增加梁段的施工荷载,同时前方墩 0 号块施工可与悬臂拼装同步进行。采用移动桁式桁架悬拼施工,其节段质量一般可取 100~130 t。

4)节段拼装

悬臂拼装法梁段之间的连接有 3 种:剪力齿咬合、湿接缝、胶接缝。

(1)剪力齿咬合

梁端面的剪力齿能帮助预制梁节段迅速正确地安装就位(图 5.75)。在预应力束张拉后,剪力齿之间的咬合可以增强结合面的抗剪能力,从而增强拼装式桥梁的承载能力。

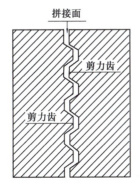

图 5.75　剪力齿示意图

（2）湿接缝

湿接缝宽度为 0.1 ~ 0.2 m，施工时下设临时托架，完成接头钢筋焊接、混凝土浇筑振捣和预应力张拉的工作。浇筑混凝土需使用强度等级较高的砂浆和细石混凝土。0 号块与 1 号块之间用湿接缝连接，以保证 1 号块的准确定位。

（3）胶接缝

胶接缝是用环氧树脂胶加水泥在节段接缝面涂抹厚约 0.8 mm 的薄层，使块件连接密贴，从而提高结构抗剪能力、整体刚度和不透水性。

5）悬臂施工挠度控制

悬臂拼装过程中，自重、各段混凝土性能程度的差异以及对预应力钢束的张拉等会导致梁体的悬臂线形和梁端标高发生变化，可能会导致合龙口出现错位。为避免这种情况，要求大跨度悬臂拼装施工中必须实施挠度监控。

悬拼过程中，发现实际悬拼挠度过大时，需认真分析原因，及时采取措施。可采取的措施按上翘程度不同，有以下 3 种：

①通过多次涂胶将胶接缝做成上厚下薄的胶接层，以调整上翘程度。

②在接缝上缘的胶层内加垫钢板，增加接缝厚度。

③凿打端面，将块件端面凿去一层混凝土，凿去的厚度沿截面的上、下方向按需要变化，然后涂胶拼接；增加一个湿接缝，即改胶接缝（或干接缝）为湿接缝，将块件调整到要求的位置。

5.4.4　工程案例

连续梁桥悬臂
拼装施工案例

1）工程概况

某预应力混凝土连续梁桥，跨径为 75 m，梁高 4 m，单箱单室，腹板厚度从 90 cm 变化至 40 cm，顶、底板厚 25 cm，翼板悬臂长 3.95 m，墩顶设横隔墙，其余不设。箱梁采用体内、体外混合配置预应力，体外索采用 25φ15.24 规格无黏结预应力环氧喷涂钢绞线。箱梁节段采用短线法预制、悬臂拼装法施工。

2）节段制作

（1）节段参数

箱梁节段分 17 种规格，共 1 077 个节段，节段长 2 m、2.7 m、3 m、3.3 m、3.6 m、4.0 m、4.6 m 不等，最大节段质量为 139.9 t。每联边跨的跨中留有 15 cm 和 10 cm 宽湿接缝各一道，衔接悬臂安装和悬挂安装的相邻梁段，其余跨中合龙段两侧为两道 15 cm 宽湿接缝。梁段预制共投入 6 套钢质模板系统,配置液压装置与顶伸螺杆装置,模板可灵活操作和精准定位。

（2）节段制作原则

①为发挥短线匹配法制梁的优势,箱梁节段应尽可能标准化,减少规格种类。例如,箱梁宜采用等高截面;桥面横坡可通过支座垫石高差实现;渐变的腹板厚度可作数次阶梯突变处理;钢筋最好在专用胎架上绑扎成型,再整体吊装入模,以提高制梁速度,避免污染模板。

②对配有横隔墙或体外索转向块的非标准节段,其梁内凸起的构造不便于利用标准内模随梁段箱体一道预制,需预留钢筋,进行二次浇筑。可穿过折板式钢网在一次浇筑时预留横隔墙钢筋;转向块钢筋可采用墩粗直螺纹接头,二次浇筑转向块前接长。

3）悬臂吊机

采用提升能力为 180 t 的架桥机进行对称悬拼。架桥机长 168 m,质量为 1 200 t,纵、横向行走采用液压系统推进,通过遥控架桥机吊具的纵、横向液压油缸和电动转盘,促使梁段前后俯仰、左右倾斜或平面内转动,以实现梁段精确匹配安装。

4）预制模板系统

预制模板系统包括固定端模、底模、台车、侧模、支架、内模、滑车、匹配梁以及移动端模。短线法要求模板构造刚度大、尺寸精准、机械化作业程度高,以适应梁段不同长度及内腔、腹板、底板尺寸变化的预制需要。端模既可适应不同腹板厚度的梁段预制需要,也可适应匹配面不同的剪力键数量。每个预制台座有两套底模和一套底模台车,一套底模用于浇筑梁段,一套用于匹配梁段。底模台车液压千斤顶系统具备梁段和底模三向调位功能,并可沿台座轴线牵引移动。底模面板由标准部分、可拆除部分和可更换部分组成,以适应不同长度的梁段,并能与固定端模、匹配梁底模很好连接。侧模只作开合,不移动,上、下口设置高强对拉螺杆,通过支架螺旋撑杆调节。内模通过液压系统支护,设计成小块组合模板,分为标准块和异形块,可根据不同节段内腔尺寸自由组合。

5）测量精度控制

为减少不利因素对测量精度的影响,预制场测量塔采用钢管桩基础,四周混凝土包裹,以减少地基沉降的影响。测量塔外露部分包裹土工布,防止阳光直射,避免温差变形。测量塔装遮阳棚,避免阳光直照仪器。要避免在 6 级以上大风条件下和高温时段的测量作业,定期对测量塔进行校核。

6）接缝施工

合龙段湿接缝采用与箱梁同等级的素混凝土,接缝断面要做严格凿毛处理。节段匹配面是密齿剪力键,体内、体外混合配束结构要求对穿越接缝的体内钢束进行防护,通常采用环氧树脂黏结密封。接缝的耐久性至关重要,由于穿越接缝的体外钢束不存在个别位置上的薄弱问题,故预制节段拼装结构的耐久性问题最终反映在体内钢束的灌浆质量和接缝对体内钢束防护的可靠性上。接缝密封不严,会大大降低体内索真空辅助灌浆的质量效果。

环氧树脂要求与混凝土等强度,工作温度范围为 5 ~ 40 ℃,初步固化时间大于 2 h,24 h 内完全固化。匹配面要均匀刷涂环氧树脂,厚度控制在 3 mm,加压固化后厚度为 0.5 ~ 1 mm,以免不均或太厚造成梁段上翘、低头以及滑移。刷涂环氧树脂前,匹配面体内索管口要安装环形橡胶密封圈,防止环氧树脂堵塞预应力孔道。环氧树脂刷涂完毕后,要立即张拉临时预应力。

7)体外预应力索安装

体外预应力索的防腐主要依靠钢索自身的防腐性能。该桥采用环氧全喷涂钢绞线,它由环氧层、油脂、PE 套管形成 3 层防腐,HDPE 外套管无防腐作用。

钢绞线采用砂轮切割机下料。下料后的钢铰线两端各长 L($L=L_0+0.8\Delta L$,L_0 为千斤顶的工作长度,ΔL 为钢铰线一端的伸长量)的 PE 套要小心剥除,以免损伤环氧涂层。利用梳束器人工穿束,保证钢绞线平行。无论是下料还是穿索,都不允许在地面上拖拽钢铰线,以避免 PE 套破损。

由于体外索长且为曲线布置,为使索内各钢绞线受力均衡,需先安装体外索一端夹片,另一端用 26 t 小型专用千斤顶逐根牵引钢铰线(牵引力不大于 10%),最终在两端整束张拉。

体外索锚固系统的锚头为一个密封腔,密封腔内灌注钢绞线专用防腐油脂。这种锚固系统可以监测锚头的腐蚀状况,随时更换防腐油脂。这种体外预应力体系的钢束可以单根抽换。

灌锚采用专业注油泵,向锚固端喇叭管、连接管内注满防腐油脂。灌锚后,用砂轮机平整地切除锚头外多余的钢绞线(钢绞线长出锚板端面的总长度为体外索伸长量+500 mm),接着装上夹片防松装置 ,最后安装锚头保护罩并填满油脂 。

8)线形控制

线形控制是预制悬拼施工方法的关键技术。首先要开展节段预制试验,初步确定混凝土弹性模量、收缩徐变、混凝土容重等;其次是线形计算,通过结构分析,确定预拱度;接着是预制过程线形监控;最后是安装过程线形监控。

本桥悬臂拼装施工过程如图 5.76 所示。

（a）墩顶梁 0 号块就位

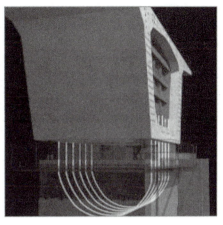

（b）临时锚固

（c）墩顶临时预应力锚固

（d）墩顶二次混凝土浇筑

（e）梁段运输

（f）梁段起吊

(g)梁段拼装

(h)环氧树脂拌和

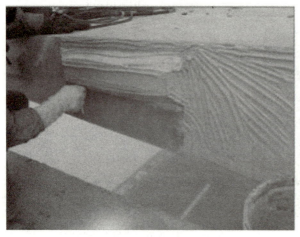

(i)环氧树脂涂抹

(j)临时预应力筋张拉

(k)体内永久预应力筋两端对称张拉

(l)真空压浆

（m）合龙段吊装调位、劲性骨架焊接

（n）合龙段湿接缝预应力管道安装

（o）合龙前解除临时锚固

（p）合龙段湿接缝混凝土浇筑

（q）临时支座凿除

图 5.76　悬臂拼装施工过程现场实景图

173

项目小结

连续梁桥是一种常见桥型。施工连续梁桥的工艺非常丰富,学生应根据每座桥的特点判断出最适合的施工方法,故连续梁桥施工是本书的重点内容,需重点掌握。连续梁桥施工的转体法请参看拱桥项目中的叙述。

支架现浇是土木工程一个非常重要的临时施工措施,应用极其广泛,而其原理相通。务必要掌握支架的计算原理,举一反三,触类旁通其他桥梁施工临时设施的计算,对日后的学习与工作都大有裨益。

需要特别说明的是,连续梁桥的施工方法虽然有很多可供选择,但作为施工单位来说并不能随意更改施工方法。因为桥梁从施工状态到成桥状态的修建过程中会经历一些临时受力状态,产生一系列体系转换。受力体系改变后,桥梁自身内力就会发生改变。所以,同一座桥采用不同的施工方法就会有不同的配筋,故施工单位应严格按照设计图纸的要求进行施工。

巩固与提高

5.1 连续梁桥除支架现浇法、顶推法、移动模架法、悬臂施工法外,还有哪些施工方法?

5.2 桥梁施工最常用哪两种支架类型?分别适用在哪些地方?它们的受力模型是什么?

5.3 为什么立交桥、弯桥、异形桥适合支架现浇法?

5.4 满堂支架中,扫地杆和剪刀撑的作用是什么?

5.5 脚手架和支架的区别是什么?为什么它们不能相连?

5.6 支架的计算实质是验算杆件的强度、刚度、稳定性。为什么模板、主次楞、纵横梁只验算了强度和刚度,没有验算稳定性?

5.7 顶推法施工过程中,导致主梁任意截面都会交替出现正负弯矩,怎么避免截面开裂?

5.8 变截面连续梁为何不能用顶推法施工?

5.9 除了顶推法,还有哪几种方式能让主梁向前移动?

5.10 移动支架逐孔现浇与移动模架现浇有何区别?

5.11 简述悬臂施工工艺流程。

5.12 0号块施工时临时固结的方式是什么?

5.13 简述长线预制与短线预制的优缺点。

5.14 悬臂施工挠度常用的控制措施有哪些?

5.15 合龙段施工常用的措施有哪些?

项目6 钢筋混凝土拱桥施工

掌握钢筋混凝土拱支架现浇施工的工艺流程及施工要点;熟悉钢筋混凝土拱桥悬臂施工的工艺流程及施工要点;熟悉缆索吊装施工设备、掌握缆索吊装施工程序及施工要点;熟悉转体施工的分类,熟悉转盘的设置,掌握转体施工的工艺流程及施工要点;熟悉劲性骨架的工艺流程及施工要点。

能选择合适的拱架类型,编制支架现浇施工拱桥施工方案;能正确对拱圈(肋)进行分段,编制拱桥悬臂施工方案;能编制缆索吊装施工拱桥施工方案,并明确吊装过程中事故预防方案;针对有平衡重平转施工、无平衡重平转施工、竖转施工,选择合适的转盘,编制转体施工方案;编制拱桥劲性骨架施工方案。

中国的拱桥始建于东汉中后期,已有1 800多年的历史,形式之多,造型之美,世界少有。赵州桥是世界上现存年代久远、跨度最大、保存最完整的单孔坦弧敞肩石拱桥,其建造工艺独特,在世界桥梁史上首创"敞肩拱"结构形式,欧洲到19世纪中期才出现,比中国晚了1 200多年。1991年,美国土木工程师学会选定中国赵州桥为最悠久的"国际历史土木工程里程碑"。继往开来,砥砺前行,如今我们不仅继承了古代石拱桥砌筑的传统技艺,而且开创了许多现代拱桥施工的新技术。在建的600 m跨径的天峨龙滩特大桥竣工后,世界排名前五的拱桥全部来自中国。不管是古代石拱桥还是现代拱桥,中国都是处于引领世界潮流的地位。拱桥是所有桥型里施工难度最大的,必须认真学习拱桥施工技术。

任务6.1 拱架现浇施工

6.1.1 钢筋混凝土拱桥拱架

拱桥有支架施工又称拱架施工,适用于砖石、混凝土块及混凝土拱桥。其程序是先采用木材、钢材(构件)等形成拱架(或拱胎),然后在拱架(或拱胎)上浇筑主拱圈(或按设计方案砌筑或浇筑拱上结构的一部分),最后卸架并完成其余部分的施工(图6.1、图6.2)。

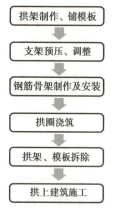

图 6.1　拱架施工流程图

拱上建筑施工

图 6.2　拱架施工

拱架的类型

1)拱架的类型

拱架是用有支架施工法建造拱桥必不可少的辅助结构,用以在整个施工期间支承全部或部分拱圈和拱上建筑的质量,并保证拱圈的形状符合设计要求。拱架需要具有足够的强度、刚度和稳定性,需进行施工图设计。拱架的荷载包括拱圈自重、拱架和模板自重、施工人员机具的重量,以及振捣混凝土产生的荷载等。拱圈因材料不同、形式不同,有多种类型。按材料分为木拱架、钢拱架、竹拱架、竹木混合拱架、钢木组合拱架以及土牛拱胎架。

按形式不同,拱架分为满布式拱架、墩架式拱架、常备式钢拱架等,如图 6.3 至图 6.6 所示。

图 6.3　满布式拱架

图 6.4　工字梁拱架

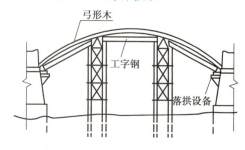

图 6.5　墩架式拱架

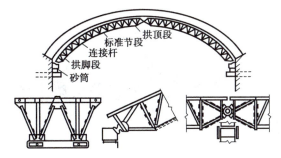

图6.6　桁架式拱架

拱架的制作

2)拱架的制作

拱架应具有准确的外形和尺寸,拱架顶面需适应拱圈内弧线形状,拱架顶的高程在拱底以下 30～50 cm。该间隙用以安装弓形木、模板。拱架由杆件拼装而成,杆件的形状尺寸根据拱架大样确定。杆件加工完需先试拼,根据试拼情况局部调整后才可在桥孔中安装。在风力较大地区,需设置缆风索,以确保稳定。

满布式拱架与墩架式拱架一般在桥孔就地拼装,质量较轻的工字梁拱架可采用半孔吊装安装,钢桁架式拱架可用悬臂逐节拼装法或缆索吊装拱架。

拱架安装完毕后,应对其平面位置、顶部高程、节点联系及纵横向稳定性进行检查,符合要求后,对拱架宜进行预压(预压荷载为实际荷载的 1.2 倍),以检验顶拱的安全性,并消除拱架的非弹性变形。

常用的拱架安装方法如图 6.7 至图 6.9 所示。

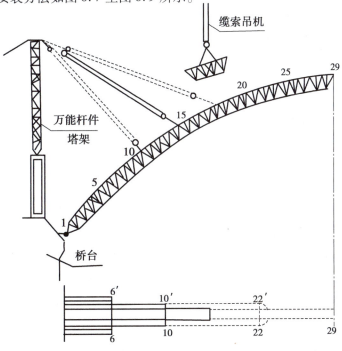

图6.7　悬臂逐节拼装拱架

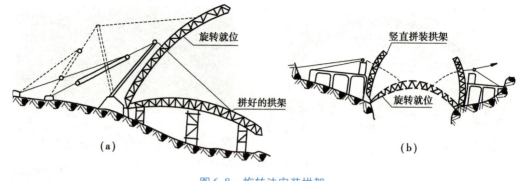

图 6.8　旋转法安装拱架

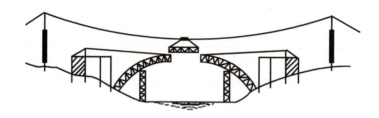

图 6.9　缆索吊装拱架

3）拱架预拱度设置

为保证结构竣工后尺寸准确,拱架应预留施工拱度,预拱度设置如图 6.10 所示。预拱度与下列因素有关:

①拱圈自重引起的拱顶弹性下沉;

②混凝土由于温度降低与收缩产生的拱顶弹性下沉;

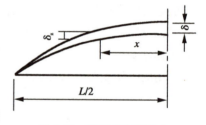

图 6.10　预拱度设置方式

③墩台位移产生的拱顶下沉;

④拱架基础受载后的非弹性压缩。

拱顶处的总预拱度取值范围为 $L/800 \sim L/400$,拱脚为 0,拱顶以外其他各点的预拱度可按拱轴线坐标高度比例或按二次抛物线分配。

4）拱架的拆除

拱架应该在拱圈混凝土强度达到设计强度的 85% 时,方可拆除。

为了能使拱架所支承的拱圈重力能逐渐转给拱圈自身来承受,拱架不能突然卸除,而应按设计所规定的要求进行。如无设计规定时,应详细拟定卸落程序,分几个循环卸完,卸落量开始宜小,以后逐渐增大。在纵向应对称均衡卸落,在横向应同时进一起卸落。满布式拱架卸落时,一般从拱顶向拱脚依次循环卸落;拱式拱架可在两支座处同时卸落。多孔拱桥卸架时,若桥墩承受单孔施工荷载,可单孔卸落,否则应多孔同时卸落,或连续分阶段卸落。在卸

落前,应在卸架设备上画好每次卸落量的标记,并详细记录截圈挠度和墩台变化情况。

安装拱架时,应考虑到拱架便于拆卸,应根据结构形式、承受荷载大小及需要的卸落量,在拱架和支架适当部位设置相应的木楔、木马、砂筒和千斤顶等落模设备,如图 6.11、图 6.12 所示。

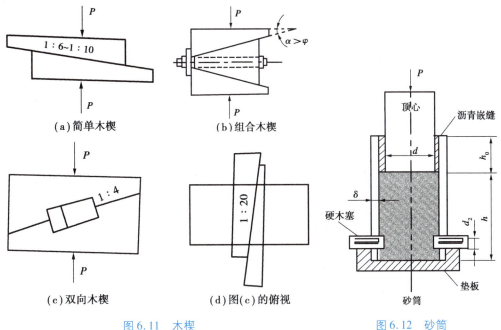

图 6.11　木楔　　　　　　　　图 6.12　砂筒

6.1.2　主拱圈浇筑施工

主拱圈可根据拱桥的构造形式、跨度大小选择不同的浇筑方法,以使拱架在施工过程中受力均匀、变形量小,不使已浇筑的混凝土产生裂缝。主拱圈浇筑的方法主要有 3 种:连续浇筑、分段浇筑、分环分段浇筑。

1)连续浇筑

跨径在 16 m 以下的混凝土拱圈或拱肋可以从两拱脚开始对称向拱顶方向浇筑混凝土。如果预计因混凝土数量多而不能在限定时间内完成,则需在两拱脚处预留隔缝,并在最后封拱。

2)分段浇筑

跨径在 16 m 以上的混凝土拱圈或拱肋应沿拱跨方向分段浇筑,各段之间留有间隔槽。分段长度一般取 6 ~ 15 m,且应使拱顶两侧保持对称、均匀。间隔槽宽 0.5 ~ 1.0 m,一般宜设在拱架受力的反弯点、拱架节点、拱顶或拱脚处。如间隔槽内需要钢筋接头,其宽度还应满足钢筋接头的需要。拱段的浇筑顺序应符合设计规定,在拱顶两侧对称进行,以使拱架变形保持均匀和最小。间隔槽应在拱圈各段混凝土浇筑完成,且强度达到设计强度等级的70%以上后进行,浇筑的顺序可从拱脚向拱顶对称进行,在拱顶浇筑间隔槽使拱合龙。拱的合龙温度应符合设计要求,一般应接近当地的年平均温度或在 5～15 ℃为宜。

3)分环分段浇筑

大跨径钢筋混凝土拱圈一般采用分环浇筑混凝土,即将拱圈高度分成两环或三环,先分段浇筑下环混凝土,分环合龙,再浇筑上环混凝土。分环浇筑的施工时间较长,但下环混凝土在达到设计强度后,与拱架共同承担上环浇筑混凝土的质量,可节省拱架。分环分段浇筑也可采取先分环分段浇筑,最后一次合龙。上下环间隔槽互相对应、贯通,宽度一般取 2 m 左右,有钢筋接头的槽宽可取 4 m 左右。按这样的浇筑顺序,仅能减少每次浇筑的混凝土数量,而拱架仍必须按全部主拱圈自重设计。分环浇筑顺序、龄期等必须按计算确定。

图 6.13、图 6.14 所示为劲性骨架主拱圈分环分段浇筑顺序示意图。

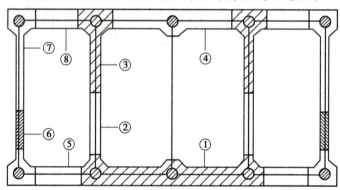

图 6.13　横向浇筑顺序

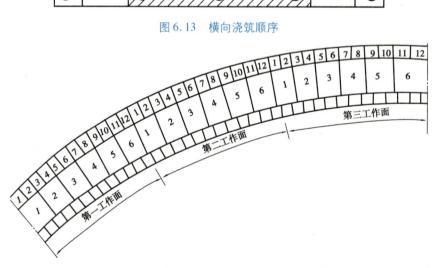

图 6.14　纵向浇筑顺序

6.1.3 拱上建筑施工

1)钢筋与模板

拱上建筑结构的钢筋预先拼成骨架,模板预先拼组成整块或整体,采用缆索系统运至拱上安装。

2)混凝土浇筑

拱上建筑混凝土浇筑应自拱顶向拱脚或自拱脚向拱顶对称进行。大跨径拱桥拱上建筑的浇筑顺序,按拱圈最有利的受力情况进行。

6.1.4 施工要点及其处理方法

1)拱架的横向刚度

大跨度径桥的拱架一般采用万能杆件拼装而成的钢拱架。拱架一般由几片主桁加横向联系组成。众所周知,只有斜撑(如 X 型、K 型),才对拱架的横向刚度起作用,所以在拱架的设计时,为保证拱架有充足的安全系数,应适当增加斜撑,以应对特殊情况,如度汛、抗风等。某桥的拱架由角钢万能杆件拼装而成,横向联系多为直杆,斜撑较少。由于工期的延误,拱架未能按计划在汛期到来之前拆除,必须面临度汛的难题。经建模计算,在 10 年一遇的洪水及风压作用下,拱脚局部横撑压力很大,可能出现屈服;拱顶的横向位移多达 8 cm,所以,不得不在拱脚增加横向联系,在全桥增加缆风索,并在拱脚部位加强。这样耽误了工期,造成了人力、物力的浪费。

2)浇筑顺序的选择

对于大跨径拱桥,很难一次浇筑成型,一般采用分环分段浇筑的方法。浇筑前应进行拱架的预压,以消除无法准确计算的非弹性变形,主要包括模板与方木、方木与拱架、万能杆件连接销空位移及地基基础的非弹性变形等,同时检验拱架的性能。要达到这样的效果,预压荷载至少应达到拱箱第一环质量的一半。如果预压在施工中有困难,应选择合适的浇筑顺序来逐渐消除拱架的非弹性变形,保证拱架受力和变形的均匀,保证安全及保持拱箱的良好线形。浇筑顺序一旦确定,就不要轻易改变,但是可以根据施工过程中监测的应力和变形,进行有针对性的微调,实行动态监控。另外,分段要小,避免拱架的反复变形。

3)施工监测

(1)应力监测

施工中,对拱架及拱圈应力的监测必不可少。根据拱架控制截面的应力,合理调整加载顺序;同时,也可以及时了解拱架的工作状况。拱圈应力的监测可以辅助了解拱架工作状况,卸架后,又是拱圈工作状况监测的重要依据。对于拱架上的传感器,由于是表面传感器,受温度的影响很大,安装时尽量安在避光的地方,还宜进行遮挡。而拱圈里的传感器基于元件量程的原因,在应力较小时测试数据的稳定性稍差,但到达一定的幅值后,其规律性即显现出来,整体测试结果就比较理想。

(2)变形监测

混凝土浇筑过程中,对拱架及拱架拆除后已经形成的拱箱的变形观测非常重要。它既是拱架工作状况评定的重要依据,又是桥梁良好线形的重要保障。因此,对施工过程中的变形必须加强监控,而观测所采用的仪器和观测时间的选择也非常关键。

①仪器的选择。可以采用全站仪和精密水准仪相结合的方式。进行第二环浇筑时,由于第一环混凝土已参与工作,拱架变形较小;一段混凝土浇筑后,拱架的变形一般在厘米级以内,甚至毫米级。受全站仪观测本身的特点影响,用全站仪观测是无法准确测得的。因此,在桥上关键部位(如 $L/4$、$3L/8$、$L/2$、$5L/8$、$3L/4$ 等)布置标尺,用精密水准仪进行观测非常有必要,最好配测微器使用,以提高精度。但是,受拱桥桥型及场地的影响,不可能在桥上布置很多标尺,而且用水准仪无法观测到纵向和横向变形,所以,全站仪也必不可少。因此,应全站仪和精密水准仪配合使用,也可以起到相互校核的作用。

②观测时间的选择。由于钢拱架受温度的影响比较大,结构体系的温度和大气温度存在着一定的差别。例如:在阳光照射下,若大气温度为 30 ℃,混凝土的温度可能有 40 ℃,而拱架的温度可以达到 50 ℃ 以上,朝阳面和阴面的温度也有所差别。这样,拱架的变形肯定是不尽相同的。因此,必须选择温度相对较稳定的时间段进行观测,以保证测量结果准确,便于对结构进行分析。

③楔口钢筋的断开。楔口钢筋必须根据设计要求保持断开,虽然会对钢筋的施工造成一定麻烦,但必须保证。楔口钢筋的断开能保证在合龙前钢筋能自由伸缩变形。如果合龙前楔口钢筋全部焊接或绑扎,钢筋的变形就会被限制,从而造成底板钢筋上拱,腹板(包括腹板钢筋)发生呈"S"形的规则弯曲变形,局部偏位会很大,这对拱箱这样的受压杆件是绝对不允许的。一旦发生这样的情况,处理起来比较麻烦,同样会造成人力、物力、财力的浪费。

④预制横隔板的尺寸。为了缩短工期,减少支模的复杂性,横隔板可以采用预制安装的方法。安装时,横隔板四周的钢筋分别与拱圈钢筋进行焊接。应注意的是,如果事前没有考虑充分,而把横隔板的尺寸按照拱箱箱室的宽度预制,安装时横隔板两侧钢筋就会和拱箱钢筋相冲突,把钢筋折弯安装后再扳直又很难满足规范要求。混凝土浇筑后,在横隔板和腹板相连接的部位还会出现冷缝,无法保证横隔板发挥正常作用。为避免出现类似情况,在预制之前,可以根据腹板内侧距离和倒角尺寸,适当减小横隔板的宽度 10～15 cm。这样既解决了安装困难的问题,又保证了横隔板增加整体刚度的作用。

4)施工组织

施工组织在施工中的作用也非常重要。好的施工组织既是施工顺利进行的前提,又是施工质量的保障。如果组织不得力,不但影响工程形象、进度,还会引起质量问题。

6.1.5 工程实例

1)工程概况

某拱桥为一主跨220 m的等截面悬链线箱形无铰拱,桥跨布置自东向西为:9×20 m+220 m+4×20 m,全长493.14 m。拱箱为三箱室薄壁结构(图6.15),壁厚由拱脚段的75 cm变化至25 cm。拱箱钢筋混凝土等级为C50,全桥共4 480 m³,用高压混凝土输送泵运输。根据现场布置,混凝土水平运输距离最大为240 m,垂直运输距离为50 m。采用有支架现浇大跨度箱形拱圈混凝土的方法进行施工。

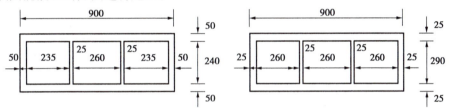

图6.15 拱圈结构(单位:cm)

2)施工方案

(1)方案的确定

根据支架的试验结果分析和有关理论计算,确定主拱混凝土采用分段浇筑,分环、支架的结构体系分为13个浇筑段;每浇筑段分为上下两环,分两次形成闭合拱箱(下环高1.5 m,上环高1.9 m)。为了避免支架局部异常变形,采取拱顶两侧对称、跳块的方法施工。浇筑段之间预留1.5 m后浇缝,采用微膨胀混凝土浇缝克服收缩徐变。浇筑段在拱弧上最大倾角为42°,采取支顶措施防止下滑。最后在拱脚段合龙拱圈。

(2)施工顺序的确定

拱圈混凝土施工是一个对支架不断加载的过程,考虑拱圈浇筑与支架变形之间的相互影响关系,为防止支架异常变形,破坏主拱轴线,甚至产生混凝土裂缝,同时遵循“分段浇筑顺序应使支架在混凝土灌注过程中发生的变形幅度最小”的施工原则,经多方研讨,确定主拱圈浇筑顺序(图6.16)。

(3)施工工艺

主拱圈现浇施工工艺流程如图6.17所示。

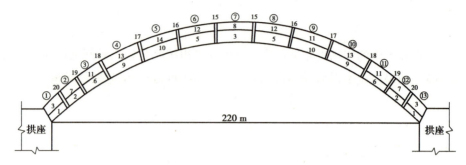

图 6.16 拱圈混凝土施工顺序(图中数字即为浇筑顺序)

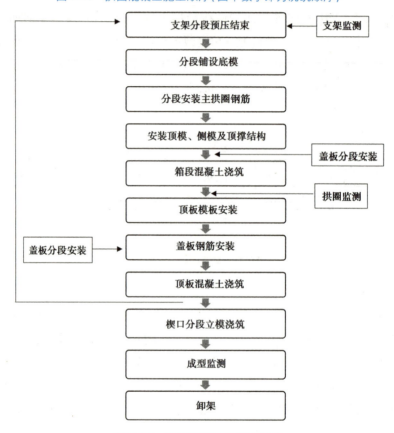

图 6.17 主拱圈施工工艺流程图

3)C50 泵送混凝土的配制

高等级泵送混凝土除要满足设计要求的强度、耐久性外,还要具有可泵性,即对混凝土的原材料、坍落度、水灰比、配合比等都有严格要求。

(1)原材料的选用

根据设计、工程质量要求,结合当地资源供应情况,经过多次对比试验,主要采用以下 3 种原材料进行 C50 泵送混凝土的配制:

①水泥:选用质量稳定、活性较高的普通硅酸盐 525R 水泥;

②砂:选用级配良好、细度模数为 2.7 的优质河沙;

③碎石:选用质地坚硬、级配良好的 5～20 mm 玄武岩机制碎石。配成连续级配的比例为:粒径 5～10 mm 占 30%,粒径 10～20 mm 占 70%。

(2)坍落度的选择

坍落度是混凝土可泵送性的重要指标。坍落度过小,泵送时吸入泵缸内较困难,影响泵送效率,且摩阻力大、压力高,在管道中难以形成软性塞和润滑膜,易造成墙管,影响泵机的使用寿命和增加维修成本。坍落度过大,混凝土在管道中滞留时间过长,则泌水多、易产生离析而阻塞管道,且混凝土的质量难以保证。考虑到本桥混凝土输送水平、垂直运输距离较大,混凝土泵送过程中存在坍落度损失的问题,为确保混凝土可泵性,坍落度一般控制在 19 cm 左右。

(3)水泥用量的确定

泵送混凝土时,用水泥或灰浆润滑管壁。水泥或灰浆用量既关系到混凝土的强度,又关系到管道内的摩擦力和抽吸时混凝土缸内的充满程度。若在泵压下难以排出足够的浆液,就会造成摩阻力太大,混凝土难以向前流动,形成真空。但随着水泥用量的增加,混凝土的黏度增大,泵送阻力会增大。泵送混凝土水泥用量一般为 300～500 kg/m^3。本桥配合比选定水泥用量为 490 kg/m^3。

(4)砂率的确定

砂率对泵送混凝土的可泵性很重要。最佳砂率指在保证混凝土强度和可泵性的情况下,水泥用量最小的砂率。砂率低的混凝土可泵性差,变形困难,易阻塞,不易通过管道。

因此,泵送混凝土的砂率比非泵进混凝土的砂率要高 5%～15%。经过多次的现场试验,确定本桥 C50 混凝土的最佳砂率为 37 左右,既保证了其可泵性,又使水泥用量最小。

(5)外加剂

泵进混凝土除满足混凝土的强度、耐久性等之外,还要保证其可泵性。这样就会损失一些质量指标,并使泵送混凝土成本提高。因此,采用外加剂是一个比较经济的解决办法。其作用是减水、增稠、缓凝、早强、泵送,以改善混凝土的性能。经过对多种泵送剂进行对比试验后,选用 JM6 高效泵送剂。实验证明,掺加 JM6 高效泵送剂,在用水量、水灰比不变时,坍落度可以增加 6～9 cm;强度、坍落度不变时,可节省水泥 8%～13%;保持坍落度、水泥用量不变时,强度提高 10%,减少用水量 7%～13%。

(6)水灰比的确定

水灰比是指水与水泥的比值,其值的大小直接影响坍落度的变化。高强度泵进混凝土水灰比宜控制在 0.3～0.35。拱圈 C50 混凝土施工时水灰比为 0.327。

(7)施工配合比的选定

针对混凝土的历时、历距、坍落度损失、收缩徐变性能,在施工现场进行了多次对比试验,选定出最佳施工配合比为 1∶1.52∶2.28∶0.327∶0.012（水泥∶砂∶碎石∶水∶泵送剂）。实践证明，按该配合比施工时，不仅不离析、不泌水，和易性良好，而且在长距离泵送中不堵管。施工后的混凝土不仅质量好，而且内实外美，无蜂窝麻面产生。

4）主拱圈施工

（1）设备配置

本桥拱圈两端各设混凝土拌和楼一座，每座配 QZ-750 搅拌机 2 台，HBT60 混凝土输送泵 2 台，采用低压大排量工作方式，泵进压力为 7 MPa；在拱座两侧本跨径处设固定输送管道，随浇筑位置不同而增减管道长度；混凝土捣固以插入式振动器为主，平板振动器为辅。

（2）模板安装

拱圈底模和顶模采用 3015 钢模板，便于调整拱弧曲线；侧模采用 6015 钢模板，以减少模板接缝。模板因曲线造成的缝隙，用加工后的木条填塞，再用"即时贴"贴缝，以防漏浆。

第一环混凝土浇筑时，模板铺设顺序为：拱圈底模→内侧模（包括横隔板下部侧模）→外侧模（包括横隔板上部侧模，在钢筋安装后进行）→安装拉筋及分段侧隔板→设置横竖带木→安设下部（底板）盖板；第二环混凝土浇筑时，模板铺设顺序为：顶模→侧模→安装拉杆及横竖带木→上缘盖板。

（3）钢筋安装

①拱圈底模铺好后，则设中线、边线标高，标出各分段点及横隔板的位置，作为安装其他模板及绑扎钢筋的依据。

②拱圈钢筋安装采用在桥下加工弯制，运至拱架上就地绑扎施工。钢筋绑扎顺序按拱脚至拱跨 1/4 段，先安箍筋后穿主筋的办法。拱跨 1/4 处至拱顶段先穿主筋后套箍筋，以便于施工主钢筋接头、箍筋及横隔板钢筋连接采用焊接；间隔槽钢筋除纵桥向在绑扎分段钢筋时一次成型外，其余的横桥向钢筋和箍筋可在浇筑前绑扎。

③钢筋在绑扎中和骨架成型后，要做好支撑架，以避免变形。上层钢筋网采用钢管临时定位，保证层混凝土垫块按梅花形布置（间距 80 cm），与主钢筋绑扎牢固。钢筋在浇筑前要保证其无锈蚀现象，如有，则除锈后才能浇筑混凝土。

（4）混凝土浇筑

①混凝土拌和前对拌和料及相关计量器进行校核，严格控制上料误差。提前将每盘混凝土需要泵进剂定量分袋，每盘投放。原材料含水量因天气等因素发生改变时，及时抽样测试，调整施工配合比。

②混凝土拌和时分次投料，投料顺序为：砂→水泥→碎石→泵送剂→水。每盘混凝土拌和时间不少于 3 min，不定时从出料口、浇点取样测量坍落度，并根据坍落度反向控制加水量。

③混凝土浇筑时采取水平移动，向拱顶方向推进、上下分层的方法浇筑，即首先浇筑1～1.5 m 长的底板，再浇筑腹板，循环作业。浇筑第二环混凝土时，先浇筑1～1.5 m 长的

腹板,再浇筑顶板,斜向分层。

④浇筑拱脚混凝土前,要将其与拱座的新旧混凝土接台处凿毛,冲刷干净,先用水湿润,再布薄薄的一层1∶1水泥砂浆;拱圈间隔槽中混凝土,应待所有各分段混凝土均浇筑完毕,且其相邻段混凝土强度达到70%后方可浇筑。浇筑前要将分段混凝土表面凿毛冲净,残留混凝土清理干净后绑扎钢筋,立好模板。

（5）混凝土振捣

混凝土入模后开始振捣,标准为混凝土不下沉,表面气泡消散。用插入式振动器振捣,振动棒移动间距宜为40 cm左右,振捣时间宜为15~30 s,不得过振或漏浆,避免混凝土产生离析。振动棒要快插慢拔,垂直插入混凝土内,并要插入前一层混凝土中5~10 cm,以保证新浇筑和先浇筑的混凝土结合良好,同时避免出现气泡。

（6）混凝土泵送

①混凝土施工前,有关的泵送设备应全面检修和保养,以确保连续泵送。

②泵送混凝土前,要用1 m左右1∶1的水泥砂浆润滑管道。

③开始泵送时,混凝土泵应处于慢速、匀速并随时可反泵的状态,待各方面情况正常后再转入正常泵送。

④正常泵进时,泵送要连续进行,尽量不停顿。遇有运转不正常的情况,可放慢泵送速度。

⑤混凝土供应不及时时,应降低泵送速度,保持连续泵送,但慢速泵送时间不能超过从搅拌到浇筑的允许连续时间,否则作废料处理。

⑥混凝土停泵时,料斗内应保留足够的混凝土,作为间隔推动管路内混凝土之用。短时间停泵,再运转时要注意观察压力表,逐渐过渡正常泵送;长时间停泵,应每隔2~3 min开泵一次,使泵正常运转和反转各两个冲程,以防止混凝土堵管,同时开动料斗中的搅拌器,使之搅拌3~4转,以防止混凝土离析,但不宜连续进行搅拌。

⑦在泵送过程中,应注意料斗内的混凝土量,应保持混凝土面不低于上口20 cm,否则不但吸入效率低,而且易吸入空气形成堵塞。若吸入空气,逆流增多时,宜进行反泵将混凝土反吸到料斗内,排除空气后再进行正常泵送。

（7）混凝土养护

由于拱圈为高等级泵送混凝土,水泥用量多,坍落度大,极易遇风表面干裂,混凝土浇筑完成后应及时覆盖洒水养护。

任务6.2　缆索吊装施工

6.2.1　缆索吊装法

1)缆索吊装法概念

缆索吊装法是在架设好的缆索吊装设备上设置两个跑车,下面连接起吊滑车组,跑车上安装前后牵引钢丝绳,牵吊预制构件到架设安装孔上空,下落、横移、就位、安装(图6.18、图6.19)。

图6.18　缆索吊装施工

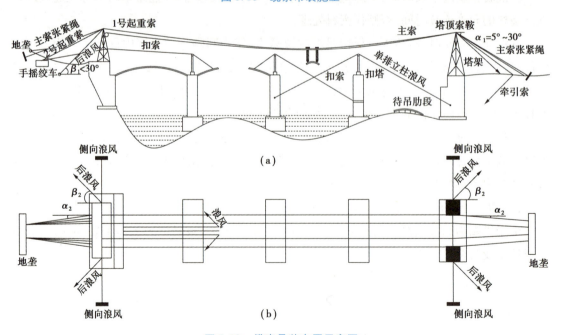

(a)

(b)

图6.19　缆索吊装布置示意图

缆索吊装施工不受桥孔下的地基、河流水文状态等条件限制,也不需要导梁、龙门吊机等

重型设备,而且无扒杆移动等问题,具有适用性强、施工稳妥方便等优点,在峡谷、水深流急的河段上或在有通航要求的河流上进行大跨度拱桥施工中被广泛采用。

2)缆索吊装施工流程

缆索吊装施工流程如图6.20所示。

图6.20 缆索吊装施工流程

①缆索吊装系统设备的设计制作及安装。

②缆索系统的试吊。

③预制拱圈(拱肋)节段(钢筋混凝土箱肋拱节段、钢管拱节段)和拱上结构。

④将预制节段移运至缆索吊装位置。

⑤将节段吊运至安装位置,利用扣索对节段进行临时固定。

⑥对各节段进行轴线调整,合龙主拱圈。

⑦拱上建筑施工。

6.2.2 缆索吊装施工设备

1)缆索吊装设备

缆索吊装设备包括主索(承重索)、起重索、牵引索、结索、扣索、浪风索、塔架(包括索鞍)、地锚(地垄)、滑轮、电动卷扬机或手摇卷扬机等部分,其布置形式如图6.21所示。

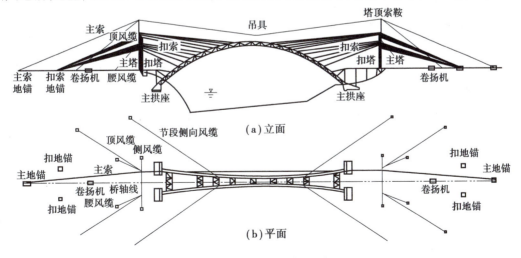

图6.21 缆索吊装施工设备

①主索:也称为承重索或运输天线。它支承在两侧塔架的索鞍上,两端锚固于地锚,吊运

构件的行车支承于主索上。主索的组数一般可选 1～2 组。每组主索可由 2～4 根平行钢丝绳组成。

②起重索：一端与卷扬机滚筒相连，另一端固定于对岸的地锚上，通过卷扬机和滑轮组用来起吊、下放构件，如图 6.22 所示。

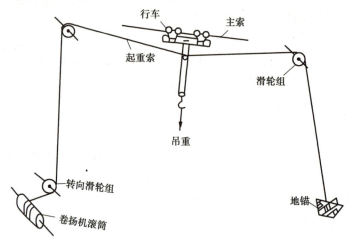

图 6.22　起重索布置示意图

③牵引索：可在行车两端各设置一根，另一端连接在卷扬机上用来牵引行车在主索上沿桥跨方向移动。

④结索：用于悬挂分索器，使主索、起重索、牵引索不致相互干扰。它仅承受分索器的质量及自重。

⑤扣索：当拱肋分段吊装时，需用扣索悬挂端肋及调整端肋接头处标高。扣索的一端系在拱肋接头附近的扣环上，另一端通过扣索排架或塔架固定于地锚上。为便于调整扣索的长度，可设置手摇卷扬机及张紧索，如图 6.23 所示。

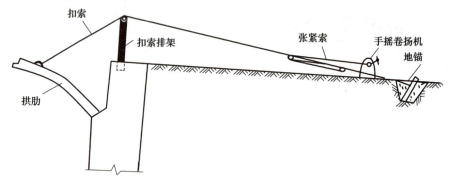

图 6.23　扣索布置示意图

⑥浪风索：也称缆风索，用来保证塔架、扣索排架等的纵、横向稳定及拱肋安装就位后的横向稳定。

⑦塔架及索鞍：塔架是用来提高主索的临空高度及支承各种受力钢索的重要结构。塔架

顶上设置为放置主索、起重索、扣索等用的索鞍,如图 6.24 所示。它可以减少钢丝绳与塔架的摩阻力,使塔架承受较小的水平力,并减少钢丝绳的磨损。

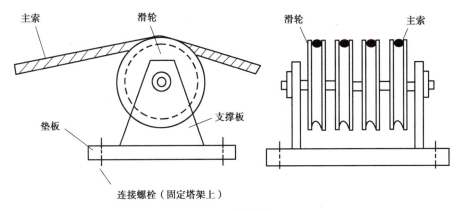

图 6.24　索鞍构造图

⑧地锚:也称地垄或锚碇,用于锚固主索、扣索、起重索及手摇卷扬机等。

⑨电动卷扬机及手摇卷扬机:用作牵引、起吊等的动力装置。电动卷扬机速度快,但不易控制。对于一般要求精细调整钢索长度的部位,多采用手摇卷扬机,以便于操纵。

⑩其他附属设备:如各种链滑车、花篮螺栓、千斤绳等。

2)缆索吊装系统安装

缆索吊装系统安装前,首先在选定的位置进行锚碇、塔架基础的圬工结构施工,然后进行塔架安装,最后进行工作索及主索安装,同时也进行跑车、起重及牵引系统安装、缆风索安装。

塔脚每拼装一节段都需校正倾斜度,主塔安装好后开始架设引线。引线由人工或渡船直接拖拉过河,通过塔顶并在塔架脚滑轮转向后进入卷扬机。引线安装好后,与工作主索临时联结,用卷扬机牵引引线,将引线和工作索先后牵过塔顶,然后安装好工作索跑车和吊具,再将其牵引过对河主塔顶,并进入主地锚收紧固定。架设主索一般用事先架设好的工作索和引线来安装。

3)缆索吊装试吊

缆索吊机在吊装前必须按设计荷载进行试吊,以检验缆索吊装系统的安全性和设计计算的准确性。

(1)空载试运转

提升吊具离跑车约 3 m 距离时,牵引跑车往返运行一次。

(2)静载起吊和动载起吊

①起吊 60% 设计吊重,离地面 50 cm,停留 10 min,如无异常,将重物继续上升到最大高度,跑车在索道上运行一次。

②起吊 100% 设计吊重,运行方式同上。

③起吊 120% 设计吊重,运行方式同上。

6.2.3　拱肋节段制作

1) 节段划分

节段划分按设计规定进行,一般跨径在 30 m 以内的拱肋可不分段或分为两段;跨径为30 ~ 80 m 的拱肋可分为 3 段,跨径大于 80 m 的拱肋一般分为 5 段。

2) 节段预制方法

节段预制分为立式预制和卧式预制。立式预制起吊方便,节省木料,占用场地较少,是预制拱肋最常用的方法,尤其适用于大跨径拱桥(图 6.25)。卧式预制的拱肋形状及尺寸较易控制;浇筑混凝土时,操作也方便,但拱肋起吊时容易损坏(图 6.26)。

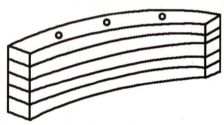

图 6.25　拱肋立式预制　　　　　　　　图 6.26　拱肋卧式预制

6.2.4　拱肋吊装

拱箱吊装顺序为:拱脚段→次拱段→拱脚段→次拱段→拱顶合龙段。在边段、次边段拱肋吊运就位后,需施加扣索进行临时固定。

缆索吊装工艺 ——拱肋缆索 吊装及合龙

完成一侧的内拱肋和外拱肋的吊装合龙后横移主索,进行另一侧内拱肋和外拱肋的吊装。

1) 拱脚段吊装

拱脚段大约吊运至安装位置后,用侧向缆风索横移、调整,同时准确对位,控制轴线和高程变化,轴线偏差控制在±10 mm 以内,上端接头高程预抬高 150 ~ 200 mm,然后由扣索固定,收紧侧向缆风索并固定。

2) 次拱段吊装

次拱段大约吊运至安装位置后,用侧向缆风索横移到位,调整上下端高程,安上接头螺

栓,同时控制上下端高程变化,此时接头螺栓不可拧得太紧。先收紧次拱段扣索,然后松一次起重索,如此反复多次进行,直至起重索不再受力为止。在每次收紧扣索、放松起重索时,应用水准仪配合观测,控制上端接头升降幅度变化在 5 ~ 10 cm 以内。次拱段上端头的高程应预抬高 200 ~ 300 mm,轴线偏差控制在±10 mm 以内。在起拱段和次拱段接头处嵌塞临时钢板楔,取走吊钩。

3)拱顶段吊装

拱顶段吊运就位时,用测量仪器观测 4 个接头高程并控制拱肋轴线。

①拱顶段应预抬高 300 ~ 400 mm,用侧向缆风索调整轴线,偏差控制在±10 mm 以内,收紧侧向缆风索。

②松索前,取走临时钢板楔。

③按照先拱脚段扣索、后次拱段扣索的顺序,两侧对称,均匀放松扣索,反复循环。高程变化控制在次拱段上端头 $\Delta y_{上}$ 为次拱段下端头 $\Delta y_{下}$ 的 2 倍左右,即 $\Delta y_{上} = 2\Delta y_{下}$。高程变化以不超过 10 mm 为限,直至次拱段上、下端头的高程等于设计高程。

④拱顶段徐徐下落,直至两端头的高程与次拱段接头高程相符。再次检查各接头高程和轴线,直至满足设计要求,安装接头螺栓,并旋紧。

⑤及时锚固各扣索、侧向缆风索,依次对称地从拱脚段向拱顶接头嵌塞底板钢板楔、顶板钢板楔,旋紧各接头螺栓,循环 2 ~ 3 次,同时将钢板楔敲打嵌牢。

⑥焊接底板接头、顶板接头,检查高程,调整轴线。

⑦将拱顶段交由扣索,按照提升吊钩、卸载的顺序反复进行。每次交替过程,提升或卸载的力量不宜过大,直至合龙,取走吊钩。

⑧拱肋接头部件焊接时,宜采取分层、间隔、交错施焊的方法,每层不可一次焊得过厚,以防将周围混凝土灼伤。电焊后,必须将各接头螺栓旋紧、焊死。其他各肋的拱箱吊装方法相同,拱箱吊装完成,即可拆除扣架。扣索平面布置如图 6.27 所示。

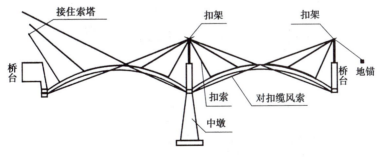

图 6.27　扣索平面布置

4）肋间系梁吊装

拱箱吊装完成以后，将布置在桥轴线上的 4ϕ47.5 的主索分开，沿两肋轴线布置成 2×2ϕ47.5 的形式，以便于肋间系梁及其他拱上建筑的吊装。肋间系梁与两肋的拱轴线垂直，与立面有一定夹角。在吊装时，用两个链条葫芦分别勾住预埋的吊环，另一端固定在拱箱的预埋钢筋上，通过链条葫芦来调节肋间系梁的立面位置，使之与设计一致。吊装就位后，立即焊接接头钢筋。因为肋间系梁质量为 4.7 t，通过计算，接头钢筋焊接完成以后，可以承受此荷载，所以待接头焊接冷却后，移走吊钩，即可进行下一片肋间系梁的吊装。肋间系梁每孔为 11 片，其吊装顺序如图 6.28 所示。

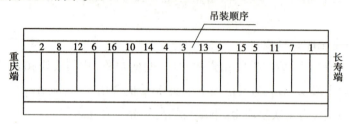

图 6.28　某大桥肋间系梁吊装顺序

6.2.5　拱肋合龙

吊装合龙方式有单基肋合龙、悬挂多段边段或次边段拱肋后单基肋合龙、双基肋合龙、留索单基肋合龙等。图 6.29 所示为单基肋合龙示意图。

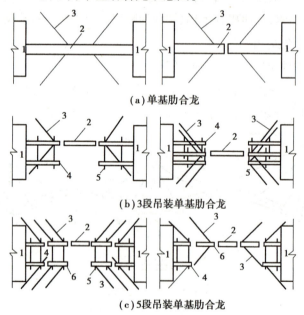

图 6.29　单基肋合龙示意图

1—墩台；2—基肋；3—风缆；4—拱脚段；5—横尖木；6—次拱脚段

当拱肋跨径大于80 m或横向稳定安全系数小于4时,应采用双基肋合龙松索成拱的方式。即当第一根拱肋合龙并校正拱轴线,楔紧拱肋接头缝后,稍松扣索和起重索,压紧接头缝,但不卸掉扣索,待第二根拱肋合龙并将两根拱肋横向连接、固定和拉好风缆后,再同时松卸两根拱肋的扣索和起重索。

6.2.6　稳定措施

缆索吊装施工中,构件会受到各种荷载作用,为保证位置正确、线形合理,需要采取稳定措施。

①设置锚固在两岸的横向风缆(图6.30)。

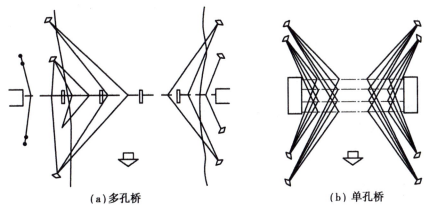

(a)多孔桥　　　　　(b)单孔桥

图6.30　横向风缆

②当设计选择的拱肋宽度小于单肋合龙所需要的最小宽度时,采用双基肋合龙或多肋合龙的形式。

③对于较大跨径的拱桥,尤宜采用双基肋或多基肋合龙,基肋与基肋之间必须紧随拱肋的拼装及时联系(或临时连接)。拱肋横向联系方式通常有木夹板、木剪刀撑、钢筋拉杆、钢横梁等(图6.31)。

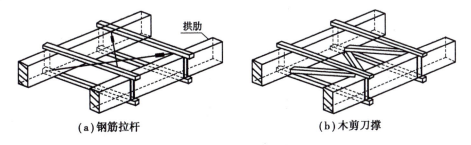

(a)钢筋拉杆　　　　　(b)木剪刀撑

图6.31　拱肋横向联系

④在拱轴系数过大、拱肋截面尺寸较小、刚度不足等个别情况下,有时需采用加强拱肋纵向稳定的施工措施。如当拱肋接头处可能发生上冒变形时,可在接头下方设置下拉索以控制变形(图6.32);当拱肋截面尺寸较小、刚度不足时,可在拱肋底弧等分点上用钢丝绳进

行多点张拉。

图 6.32 拱肋下方设置拉索

6.2.7 吊装过程中的事故预防与处理

工程案例
(项目6)

吊装过程中,应采取加强稳定性和防止开裂的措施。

1)设计措施

①适当选择无支架吊装拱桥的拱轴系数,公路拱桥的拱轴系数一般不宜超过3.5。

②基肋截面采用刚度大而质量轻的形式,如倒 T 形、槽形或箱形等。

③基肋之间设置足够的横隔板或横系梁以加强横向刚度。

④无铰拱的拱脚嵌入拱座的深度不小于主筋的锚固长度。

2)施工措施

①采用双基肋或多基肋合龙,基肋与基肋间的横系梁或横隔板必须紧随拱段的拼装及时焊接。

②边段拱肋就位后,在左右两侧各用一对风缆牵住,以免左右摆动;中段拱肋就位时,宜缓慢地松吊索,务使各接头顶紧,尽量避免简支搁置和冲击作用。

③在每一接头处都设一对横撑或一对横向风缆,以加强基肋的稳定性。

④采用预压法降低控制截面弯矩。

⑤预拱度的设置不能按二次抛物线或三角形分配。

任务6.3 转体施工

6.3.1 转体施工概述

转体施工一般适用于各类单孔拱桥的施工,其基本原理是:将拱圈或整个上部结构分为两个半跨,分别在河流两岸利用地形或简单支架现浇或者预制装配半拱,然后利用动力装置将其两半拱体转动至桥轴线位置合龙成拱。除适用于钢筋混凝土拱桥外,还适用于刚构梁式桥、斜拉桥、钢筋混凝土拱桥及钢管拱桥。转体施工按有无平衡重分为有平衡重转体、无平衡

重转体,按转动方向分为平面转体、竖向转体和平竖结合转体 3 种。

1)平面转体

按照拱桥设计标高先在两边预制半拱,结构混凝土达到设计强度后,借助设置于桥台底部的转动设备和动力装置在水平面内将其转动至桥位中线处合龙成拱(图6.33)。

图 6.33　平面转体施工

2)竖向转体

在桥台处先竖向或者在桥台前俯卧预制半拱,然后在桥位垂直平面内绕拱脚将其合龙成拱(图6.34)。根据河道情况,可以竖直向上预制半拱,然后向下转动成拱,其特点是施工占地少,预制可采用滑模施工,工期短,造价低;也可以在桥面以下俯卧预制半拱,然后向上转动成拱,适于河内无水条件下使用。

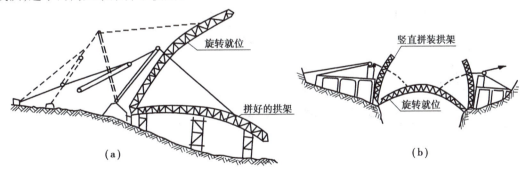

图 6.34　竖向转体

3)平竖结合转体

由于受河岸地形条件限制,采用转体施工时,前述两种方法均难以实施,只能在适当位置预制后,平转与竖转相结合,实现两个半拱桥位合龙。

竖向转体与
平竖结合
转体施工

6.3.2 有平衡重平转施工

1）概念

有平衡重转体施工时,一般以桥台背墙和配重作为平衡重,将桥体上部转体结构前端用扣索锚固在反力墙上,用以稳定转动体系和调整重心位置。图 6.35 所示为有平衡重拱桥转体施工示意图。出于拱桥转动体系质量的限制以及经济成本方面的考虑,有平衡重转体施工一般仅适用于跨径 100 m 以内的拱桥。其转动体系的一般构造如图 6.36 所示。

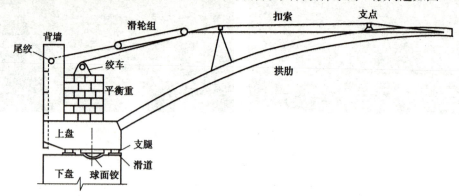

图 6.35　有平衡重转体施工示意图

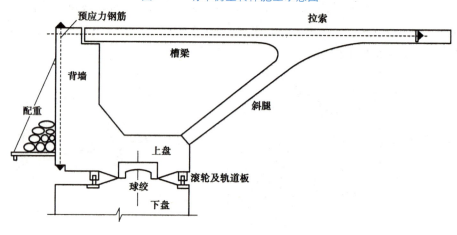

图 6.36　有平衡重转体施工转动体系的一般构造

2）施工流程

施工流程为:制作底盘→制作上转盘→布置牵引系统的锚达到及滑轮,试转上盘→浇筑背墙→浇筑或拼装主拱圈→张拉脱架→转体合龙→封上下盘、封拱顶、松拉杆。

有平衡重转体施工技术的关键在于以下两个方面:

①转体体系的设计、制造与安装。

②保持转体在施工全过程中的平衡。

3) 施工要点

(1) 制作底盘

底盘由轴心(磨心)和环形轨道板组成。轨道板允许高差为±1 mm,应注意板底与混凝土接触密实,不能有空隙。

(2) 制作上转盘

①跨径较大、转动体系重心较高的转体施工,采用环道与中心支承相结合的转盘结构,以确保整个转动体系的稳定。中、小跨径的桥梁转体施工,可采用中心支承的转盘结构。

②在轨道板上按设计位置放好承重滚轮,滚轮下垫有 2 ~ 3 mm 厚小薄铁片。当上盘一旦转动后即可取出此铁片,这样便可在滚轮与轨道板间形成一个 2 ~ 3 mm 的间隙。该间隙是保证转动体系的质量压在磨心上而不压在滚轮上的一个重要措施。同时,可用来判断滚轮与轨道板接触松紧程度,调整重心。

③应选用摩擦系数较小的材料制作滑板和转盘轴心。

(3) 布置牵引系统的锚碇及滑轮,试转上盘

要求主牵引索基本在一个平面内。上转盘混凝土强度达到设计要求后,在上转盘前方或后方配临时平衡重,把上盘重心调到轴心处,最后牵引上转盘到预制拼装上部构造的轴线位置。这是一次试转,一方面可以检查、试验整个转动牵引系统,另一方面也是正式开始上部结构施工前的一道工序。为使牵引系统能够供正式转体时使用,布置转向轮 1、2 时,应使其连线通过轴心且与轴心距离相等,使正式转体时的牵引力也是一对平行力偶。

(4) 浇筑背墙

上转盘试转到上部构造预制轴线位置后即可准备浇筑背墙,须设坚固的背墙模板支架,避免设工作缝。

(5) 浇筑或拼装主拱圈

可以利用两岸地形作支架土模,也可采用扣件式钢管作为满布支架进行拱圈浇筑或拼装(对钢拱圈)。

(6) 张拉脱架

①当拱圈混凝土达到设计强度后,即可进行安装拉杆、张拉脱架的工序。为确保拉杆安全可靠,要求每根拉杆钢筋都进行超荷载 50% 试拉。正式张拉前,应先张拉背墙的竖向预应力筋,再张拉拉杆。在实际操作中,应反复张拉 2 ~ 3 次,使各根钢筋受力均匀。为防止横向失稳,要求两台千斤顶的张拉合力应在拱桥轴线位置,不得有偏心。

②通过张拉,要求把支承在支架、滚轮、支墩的上部结构与上转盘、背墙全部连接成一个转动体系,最后脱离其支承,形成一个悬空的平衡体系支承在轴心铰上。这道工序十分重要,它将检验转体阶段的设计和施工质量。

③当拱圈全部脱离支架悬空后,上转盘背墙下的支承钢木楔也陆续松脱,根据楔子与滚

轮的松紧程度加片石调整重心,或以千斤顶辅助拆除全部支承楔子,让转动体系悬空静置1 d,观测各部变形有无异常,并检查牵引体系等,均确认无误后,即可开始转体。

(7)转体合龙

①合龙接口高程允许偏差为±10 mm,轴线允许偏差为 ±5 mm。

②合龙时,应选择当日最低温度进行。当合龙温度与设计计算温度相差较大时,应考虑温度差带来的影响,修正合龙高程。

③采用先打入钢楔的快速合龙措施,然后施焊接头钢筋,浇筑接头混凝土,封固转盘。在混凝土达到设计强度后,再分批、分级松扣,拆除扣、锚索。

(8)封上下盘、封拱顶、松拉杆

封盘混凝土的坍落度宜选用 17 ~ 20 cm,且各边应宽出 20 cm,要求灌注的混凝土应从四周溢流,上下盘间密实。封盘后,浇筑桥台后座,当后座达到设计要求强度后,即可选择夜间气温较低时浇封拱顶接头混凝土。待其达到设计要求后,拆除拉杆,实现桥梁体系的转化,完成主拱圈施工。主拱圈完成后,即进行常规的拱上建筑施工和桥面铺装。

6.3.3　无平衡重平转施工

1)概念

采用锚固体系代替平衡重平转法施工是利用锚固体系、转动体系和位控体系构成平衡的转体系统。

2)组成

转动体系由拱体、上转轴、下转轴、下转盘、下环道和扣索组成(图 6.37)。转动体系施工可按下列程序进行:安装下转轴→浇筑下环道→安装转盘→浇筑转盘混凝土→安装拱脚铰→浇筑铰脚混凝土→拼装拱体→穿扣索和安装上转轴等。无平衡重平转施工时,应符合下列要求:

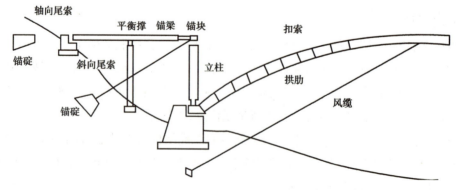

图 6.37　无平衡重平转施工体系布置示意图

①下转轴一般设置在桩基上,桩柱混凝土浇筑至环道设计高程下时,应安装用钢板卷制加工的轴圈。

②轴圈安装前应先进行试装,防止钢轴的支撑角钢与桩柱主钢筋发生干扰,轴圈与转轴的平面位置与竖直度应符合设计要求,然后点焊固定在桩柱主盘上,浇筑填心混凝土。

③转盘可用钢带焊制而成,其内径、走板平面平整度、焊缝均应符合设计要求。转轴与转盘套合部分应涂润滑油脂。环道上的滑道宜采用固定式,其平整度应控制在±1.0 mm内。环道上应按照设计尺寸铺设四氟板。当转盘填心混凝土达到75%设计强度后,可拨动转盘转至拱体预制位置。转轴与轴套应转动灵活,其配合误差应控制在0.6~1.0 mm。

④拱铰铰头可用钢板加工,其配合误差应小于2 mm。浇筑铰脚角锥体混凝土时,可采用预制钢筋混凝土模板,承托拱体可利用第一段拱体的横隔板,并将其封闭,增设受弯钢筋来承担。

⑤拱体一般设计为现浇钢筋混凝土,其技术要求可按前述要求执行。

⑥扣索宜采用精轧螺纹钢筋,靠近锚块处宜接以柔性工作索,使其通过转向滑轮接至卷扬机,将钢筋张拉安装在立柱的环套锚块上。

⑦上转轴的轴心平面位置应按照设计要求与下转轴的轴心设置偏心距。

3)锚固体系组成

锚固体系由锚旋、尾索、支撑、锚梁(或锚块)及立柱组成。锚旋可设于引道或其他适当位置的边坡岩层中,锚梁(或锚块)支承于立柱上。支撑和尾索一般设计成两个不同方向,形成三角形稳定体系,稳定锚梁和立柱顶部的上转轴使其为一固定点。当拱体设计为双肋,并采取对称同步平转施工时,非桥轴向(斜向)支撑可省去。锚固体系施工时,应符合下列规定:

①锚旋可按照设计要求参照悬索桥有关规定施工。锚固尾索时,应考虑其着力点和受力方向,防止混凝土开裂。

②锚梁锚固处应设置张拉尾索的设备。锚梁施工时,应注意防止钢筋尾索、扣索和预应力钢材穿孔的干扰。浇筑的锚梁混凝土达到设计强度的50%后,方可将轴套穿入上下轴套和环套中。

③桥轴向的支撑可根据实际情况,利用引桥的梁作为支撑,或采用预制、现浇的钢筋混凝土构件。非桥轴向(斜向)的支撑须采用预制或现浇的钢筋混凝土构件。各类支撑按设计要求和规范有关规定执行。

④立柱宜为钢筋混凝土结构,可按规定施工。

⑤位控体系包括扣点缆风索和转盘牵引系统,安装时的技术要求应按照规定执行。

⑥尾索张拉、扣索张拉、拱体平转、合龙卸扣等工序必须进行有关的施工观测。

尾索张拉时,应符合下列规定:

a.尾索张拉一般在立柱顶部的锚梁(锚块)内进行,操作程序与一般预应力梁后张法类似。

b. 两组尾索应按照上下左右对称、均衡张拉的原则,对桥轴向和斜向尾索分次、分组交叉张拉。

c. 张拉一级荷载时,应按照上一级荷载张拉后的伸长值与拉索中的应力数值进行分析,调整本级张拉荷载,力求各尾索内力均衡。

d. 尾索张拉荷载达到设计要求后,应对尾索观测和钢索内力测量 1~3 d。如发现内力损失导致尾索间内力相差过大时,应再进行一次尾索张拉,以求均衡达到设计内力。

扣索张拉的技术要求,还应符合下列规定:

a. 张拉前应设立桥轴向和斜轴向支撑以及拱体轴线上拱顶、3/8、1/4 和 1/8 跨径处的平面位置和高程观测点,在张拉前和张拉过程中随时观测。

b. 全面检查支撑、锚梁、轴套、拱铰、拱体和锚旋,并列表记录。分析确认不影响安全时,才可开始张拉。

c. 每索应分级张拉至设计张拉力。每级荷载张拉时,应对称于拱体,按由下向上的顺序进行,各索内力相对偏差应控制在 5 kN 以内,应同时检查并调整各支承点木楔,以免过大或过小。

d. 重复上述操作至张拉到设计荷载,使拱体脱架。

⑦无平衡重拱体进行平转时,还应符合下列规定:

a. 应对全桥各部位包括转盘、转轴、风缆、电力线路和拱体下的障碍等进行测量、检查,符合要求后,方可正式平转。

b. 若起动摩阻力较大、不能自行起动时,宜用千斤顶在拱顶处施加顶力,使其起动,然后应以风缆控制拱体转速。风缆走速在起动和就位阶段一般控制在 0.5~0.6 mm/min,中间阶段控制在 0.8~1.0 mm/min。

c. 上转盘采用四氟板作滑板支垫时,应随转随垫并密切注意四氟板接头和滑动支垫情况。

d. 拱体旋转到距设计位置约 5°时,应放慢转速;距设计位置相差 1°时,可停止外力牵引转动,借助惯性就位。

e. 当拱体采用双拱肋在一岸上下游预制进行平转达一定角度后,上下游拱体宜同步对称向桥轴线旋转。

⑧当两岸拱体旋转至桥轴线位置就位后,两岸拱顶高程超差时,宜采用千斤顶张拉、松卸扣索的方法调整拱顶高差。操作时,应符合下列要求:

a. 测出两岸各扣索内力,建立拱顶水平和轴线观测站。

b. 对低于设计高程的拱顶端,其扣索可按对称均衡原则张拉,应先张拉内力较低的一排扣索,并分次张拉,使其达到设计高程。

c. 对高于设计高程的拱顶端,按与上相反的程序进行。

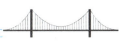

d. 若两岸拱顶端高差仍较大,可利用千斤顶再一次调整拱顶高程。

e. 当两岸拱体合龙处轴线与高程偏差符合要求后,尽量按设计要求规定的合龙温度进行合龙施工。其内容包括用钢楔顶紧合龙口,将两端伸出的预埋件用型钢连接焊牢固,连接两端主钢筋,浇筑台座混凝土,浇筑拱顶合龙口混凝土。

⑨当台座和拱顶合龙口混凝土达到设计强度的75%后,可按下述要求卸除扣索:

a. 按对称均衡原则,分级卸除扣索,同时应复测扣索内力、拱轴线和高程。

b. 全部扣索卸除后,再测量轴线位置和高程。

6.3.4 竖向转体施工

对于混凝土肋拱、刚架拱和钢管混凝土拱,当地形和施工条件适合时,可选择竖转施工。其转动系统由转动铰、提升体系(动、定滑车组,牵引绳等)和锚固体系(锚索、锚旋等)等组成。

拱桥竖向转体施工

待转桥体在桥轴线的河床上设架或拼装。根据提升能力确定转动单元为单肋或双肋,宜采用横向连接为整体的双肋为一个转动单元。

支承提升和锚固体系的台后临时塔架可由引桥墩或立柱替代,提升动力可选用30~80 kN卷扬机。

桥体下端转动铰可根据推力大小选用轴销铰、弧形柱面铰和球面铰等。前者为钢制,后两者为混凝土制并用钢板包裹铰面。

竖转施工时,应符合下列规定:

①转动前应进行试转,以检验转动系统的可靠性。竖转速度可控制在0.005~0.01 rad/min。提升质量大者宜采用较低的转速,力求平稳。

②两岸桥体竖转就位,调整高程和轴线,楔紧合龙缺口,焊接钢筋,浇筑合龙混凝土。封填转动铰混凝土达到设计强度后,拆除提升体系,完成竖转工作。

6.3.5 工程实例

1)工程概况

某大桥总长1 084 m,主桥采用76 m+360 m+76 m三跨连续自锚中承式钢管混凝土拱桥桥型。其主跨以360 m一跨飞越珠江主航道,气势恢宏、造型优美,其跨度在世界同类桥梁中名列前茅。

该大桥按一级汽车专用公路汽-超20、挂车-120级荷载标准设计,地震烈度按8度设防。大桥建成后,桥面双向六道,任万千车辆风驰飞驶;桥下净高34 m,容万吨巨轮破浪远航。大桥采用岸上立架拼装拱肋,然后竖转加平转,合龙成拱的先进工艺方法施工。每侧转体总质量约为13 685 t。当时在国内建桥史上尚无先例,在世界桥梁建造中堪称罕见。

2）主要设计参数

①主桥桥跨:76 m+360 m+76 m。
②桥面净宽:2×14.25 m。
③通航净空:34 m×137 m。
④设计通航水位:7.00 m。
⑤设计荷载:汽-超 20、挂车-120。
⑥主孔跨径:344 m。
⑦主拱矢跨比:1/4.5。
⑧主拱顶面标高:92.131 m。
⑨9#墩承台尺寸:52.95 m×36.5 m×5 m,桩基(ϕ3.0、2.5、2.0、1.5m):50 根,深度为 29 ~ 58.4 m。
⑩10#墩承台尺寸:54.95 m×26 m×5 m,桩基(ϕ3.0、2.0m):34 根,深度为 25.8 ~ 51.5 m。
⑪主拱肋截面:8.79 m×3.45 m ~ 4.75 m×3.45 m。
⑫拱座尺寸(每侧):长 20 m,宽 10.5 m,高 9.888 m。

3）主要工程量

①主桥桩基础:ϕ3.0 ~ 1.5 m,1 727 m³/92 根。
②主墩承台混凝土:14 388 m³。
③拱座混凝土:4 632 m³。
④上部钢结构:7 498 t。
⑤其他结构钢材:3 135 t。
⑥上构、桥面系及其他结构混凝土圬工量:16 969 m³。
⑦转体施工设施:钢材 6 784 t,混凝土 7 228 m³。

4）转体施工主要参数

①转动体结构几何尺寸:长 258.71 m,宽 39.4 m,高 86.285 m。
②平转角度:广氮岸(9#墩)平转 117.111 7°,沙贝岸(10#墩)平转 92.233 3°。
③转盘环道直径:33 m,宽 1.1 m。
④主拱竖转结构总质量:2 058 t。
⑤平转结构总质量:13 685 t。
⑥索塔高:63.428 m。

5)转体施工工序

● 第一步
①进行两岸主墩及边拱桩基承台施工。

②进行下转盘滑道施工。

③两岸分别搭设主拱拱肋及边拱劲性骨架拼装支架。

● 第二步

①安装边拱劲性骨架、主拱拱肋及横撑。

②安装拱座索塔。

③灌注边拱及索塔钢管混凝土,浇筑边拱横隔板、端横梁及拱肋压重混凝土。

● 第三步

安装竖转扣索及其张拉设备。

● 第四步

同步张拉各扣索将主拱肋竖转至设计标高。

● 第五步

①安装平转牵引索及张拉设备。

②拆除边拱支架。

③将两岸转动体结构分别平转到位。

④进行主拱跨中瞬时合龙。

● 第六步

①焊接主拱合龙段。

②封固拱座上、下转盘。

③恢复边拱支架。

④浇筑边拱肋及端横梁混凝土。

● 第七步:放松并拆除扣索

● 第八步

①固结主拱脚。

②拆除索塔。

6)转体施工过程

(1)转体准备阶段

安装劲性骨架、拱座索塔、扣索和张拉设备。

(2)竖转阶段

同步张拉各扣索,将主拱肋竖转至设计标高。

(3)平转阶段

拆除边拱支架,将两岸主拱结构平转就位,如图6.38所示。

图 6.38　主拱结构平转

图 6.39　主拱合龙

（4）合龙阶段

平转就位后，焊接主拱合龙段，封固转盘，如图 6.39 所示。

上盘（钢管桁架结构加混凝土结构）及其索引装置（局部）平转质量为 163 685 t，如图 6.40 所示。转角：广安岸为 117.111 7°、沙贝岸为 92.233 3°。中心转轴（直径 200 m）如图 6.41 所示。

图 6.40　上盘及其索引装置

图 6.41　中心转轴

下盘不锈钢板划道（高差±0.5 mm），环道直径为 33 m，如图 6.42 所示。

上盘支承滑板（脚）中，白色小点是聚四氟乙烯滑动支点（蘑菇头），如图 6.43 所示。

图 6.42　下盘不锈钢板划道

图 6.43　支撑滑板与滑动支点

上盘绞线束锚碇块及起动助推千斤顶（左侧），如图 6.44 所示。

索引绞线束,转向滑轮组,如图6.45所示。

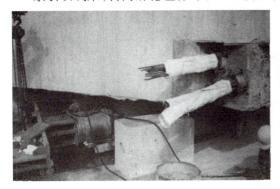

图6.44 上盘绞线束锚碇块及起动助推千斤顶

图6.45 索引绞线束与转向滑轮组

平转索引系统,4×200 t引索千斤顶(一墩两组),如图6.46所示。

图6.46 引索千斤顶

拱脚转轴如图6.47所示。索塔顶上的滚轴组鞍座(共两组)如图6.48所示。

图6.47 拱脚转轴

图6.48 滚轴组鞍座

竖转完毕,临时固结转轴,如图6.49所示。

图 6.49 临时固结转轴

任务 6.4 劲性骨架施工

劲性钢骨架法

6.4.1 劲性骨架施工法

劲性骨架施工拱桥是指在事先形成的桁式拱骨架上分环分段浇筑混凝土,最终形成钢筋混凝土箱板拱或箱肋拱。桁式拱骨架在施工过程中起支架作用,在拱圈形成后被埋于混凝土中并成为截面的一部分,故劲性骨架法又称埋置式拱架法,国外也称米兰法。

该工法采用强度高、承载力大、延伸量小、变形稳定的钢绞线作斜拉索,减少架设过程中骨架的不稳定非弹性变形。采用千斤顶张拉系统对斜拉索加卸拉力、收放索长,具有张拉能力大、行程控制精度高、索力调整和控制灵活、锚固可靠等优点。劲性骨架施工工法是目前特大跨径混凝土拱桥施工的主要方法(图 6.50、图 6.51),我国万州长江大桥便是用此法施工(图6.52)。

图 6.50 劲性骨架施工(拱肋吊装)

图 6.51 劲性骨架施工(拱肋浇筑)

图 6.52　万州长江大桥

1) 施工阶段

根据目前已经较为成熟的施工经验,大跨度劲性骨架拱圈的施工分为 4 个阶段:
①在现场按设计图纸进行骨架 1∶1 放样、下料、加工以及分段拼装成型。
②采用缆索系统进行骨架吊装。
③在骨架上悬挂模板浇筑混凝土拱圈(分段、分环、多工作面进行)。
④拱上立柱桥面系施工。

2) 加载方法

劲性骨架浇筑施工是在骨架拱圈上不断加载的过程。为避免拱圈施工中早期成型的混凝土产生裂缝,保证先期形成的混凝土和劲性骨架共同承载,拱圈空中浇筑需要严格按照多点平衡浇筑法及设计和施工控制要求进行。必要时,可以采用锚索加载法、水箱加载法和斜拉扣挂法等外力平衡法控制劲性骨架的变形,以保证拱圈混凝土施工顺利进行(图 6.53 至 6.55)。多点平衡浇筑法是将拱图横向分块、径向分环、纵向分段,施工时按加载设计所确定的方案进行多点均衡浇筑混凝土,使拱受力、变形及稳定状态在允许范围内。

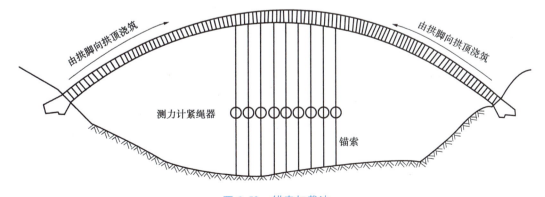

图 6.53　锚索加载法

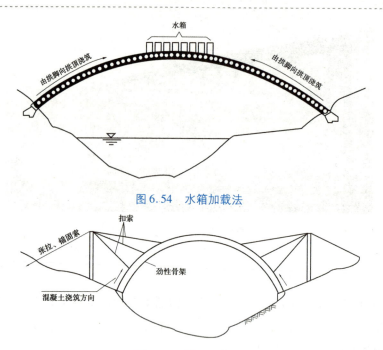

图 6.54　水箱加载法

图 6.55　斜拉扣挂法

分环多工作面均衡浇筑混凝土拱圈(拱肋)时,多工作面的工作段长度可根据模板长度划分。按工作面均衡对称浇筑混凝土,其浇筑进度差不宜超过一个工作段。

水箱压载分环浇筑混凝土拱圈(拱肋)时,可在浇筑该处第一层(环)混凝土设置约200 mm的变形缝,待浇完第一层(环)后再用混凝土填实,以免 1/4 跨截面附近混凝土开裂。

斜拉扣挂分环连续浇筑混凝土拱圈(拱肋)时,需采用操作方便、可靠的扣索系统,确定扣索的索力、位移和张拉程序,能有效地控制连续浇筑混凝土过程中拱圈(拱肋)的变形。

分阶段浇筑拱圈(拱肋)时,应严格控制每一施工阶段劲性骨架及劲性骨架与混凝土形成组合结构的变形形态、位置、拱圈高程和轴线横向偏位等,使其符合有关要求。

某大桥劲性骨架安装总体布置如图 6.56 所示。

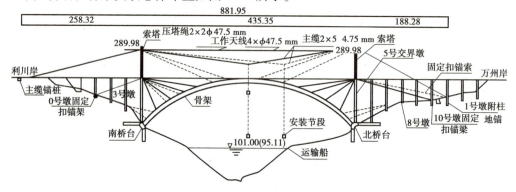

图 6.56　劲性骨架安装总体布置图

6.4.2　工程案例

1)桥梁基本概况

(1)桥型介绍

某大桥为钢管混凝土劲性骨架钢筋混凝土拱桥,跨径组合:5×30.668+420+8×30.668(m);荷载等级:汽-超20级、挂-120级,人群3.5 kN/m²;桥宽:净2×7.5+2×3(m),桥面总宽为24 m;主拱圈矢跨比为1/5,单箱三室箱形截面,拱圈高7 m,宽16 m,顶、底板厚40 cm,顶、底、腹板在拱脚附近区域变厚,钢管劲性骨架成拱;拱上结构为14孔30 m的预应力简支T梁;主拱台由拱座、水平撑和立柱构成组合结构。

(2)拱段组成

共36个节段,由5个桁片组成,每节段长13.0 m、宽15.6 m、高6.45 m,质量为61 t。每悬拼3段为一单元,安装一组扣索。

(3)主要施工设备

①两个台座——制作两端劲性骨架;

②缆索吊机——万能杆件拼装的双柱式门形索塔;

③扣索、锚索采用36φ5碳索钢丝辅以镦头锚。

(4)桁段加工顺序

桁架加工顺序为:精确放样→绘制加工大样图→组焊桁片→检查验收。以5个桁段为一组,布置两个65 m长的半长线台座,由拱脚至拱顶分别齿和制作两端劲性骨架;在台座上,按顺序将各桁片法兰盘用螺栓连接,加横向联系杆件定位,依次组焊桁段;缆索吊机采用万能杆件拼装的单向铰支座双柱式门形索塔;劲性骨架的扣索、锚索统一采用36φ5碳素钢丝辅以镦头锚。

2)安装程序

劲性骨架安装顺序:拱脚定位段→中间段→拱顶段。

扣索的安装:以每悬拼3段为一单元,安装一组扣索,共计12组扣索。

安装程序为:起始段定位钢管座→吊装第1—3段骨架,安第1组扣索→第4—6段骨架,安第2组扣索→吊装第7—9段骨架,安第3组扣索→吊装第10—12段骨架,安第4组扣索→安第13—15段骨架,安第5组扣索→安第16—18段骨架,安第6组扣索(左右拱圈对称)。

起始段定位钢管座:按工厂加工好的第一段劲性骨架的各弦管几何尺寸精确测量放样,在主拱座预留孔内埋设起始段定位钢管座;

第1段骨架:起吊第1段骨架,将各弦管嵌入拱座定位钢管座,安装临时扣索;第2段骨架:起吊第2段骨架,与第1段骨架精确对中,钢销定位,法兰盘螺栓连接,安装临时扣索,初调高程;第3段骨架:第3段骨架吊装就位,安装第1组扣、锚索,拆除临时扣索,调整高程;第

4—5 段骨架就位后,安装临时扣索;吊装第 6 段骨架,安装第 2 组扣索,拆除临时扣索,调整高程和轴线,观测索力和骨架应力;同法安装每岸第 7—18 段骨架及第 3—6 组扣索;精确丈量拱顶段合龙间隙,以加工合龙段嵌填钢板,安装拱顶合龙"抱箍",实现劲性骨架合龙;拆除扣、锚索,劲性骨架安装完成。

3)主拱圈混凝土浇筑

①浇筑原则:分段、分环、均衡对称。

②浇筑顺序:中箱(底板→腹板→顶板)→边箱(底板→腹板→顶板)。详细施工顺序为:压注钢管混凝土→浇筑中箱底板混凝土→浇筑中箱下 1/2 跨腹板混凝土→浇筑中箱上 1/2 跨腹板混凝土→浇筑中箱顶板混凝土→浇筑两侧边箱底板混凝土→浇筑边箱下 3/4 跨腹板混凝土→浇筑边箱上 1/4 跨腹板及顶板混凝土(图 6.57)。

每次浇筑混凝土,沿全桥形成了一定钢筋混凝土环,在一定龄期将参与骨架受力,承受下一环混凝土质量和施工荷载。

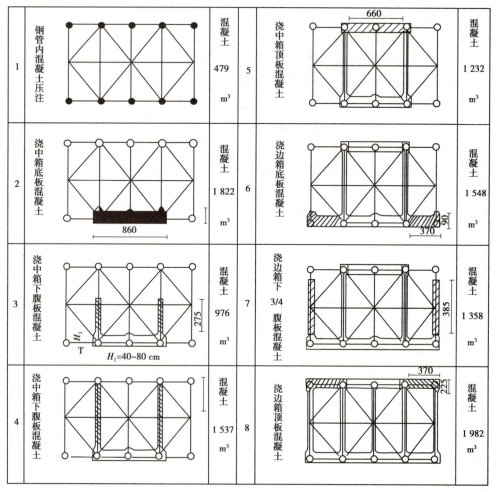

图 6.57　拱圈浇筑顺序

本大桥劲性骨架施工过程如图6.58所示。

(a)主拱座顶板施工

(b)拱圈劲性骨架加工

(c)骨架桁段起吊

(d)第一段桁段管端头插入拱座支座管内

(e)第一段桁架就位,第二段正在吊装

(f)骨架桁段间法兰盘贴合面调整

(g)扣索安装

(h)即将合龙

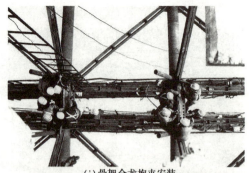

(i)骨架合龙抱夹安装

(j)骨架成拱

(k)中箱底板混凝土浇筑

(l)中箱腹板混凝土浇筑

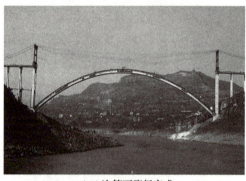

(m)边箱下腹板完成

(n)边箱上腹板施工

（o）边箱顶板浇筑混凝土

图6.58　劲性骨架施工过程实景图

项目小结

（1）本项目介绍了4种拱桥施工方法，分别是支（拱）架现浇施工、缆索吊装施工、转体施工、劲性骨架施工。

（2）拱架主要采用满布式拱架、墩架式拱架、常备式钢拱架。在拱架上浇筑拱圈可以采用连续浇筑、分段浇筑、分环分段浇筑的方法。混凝土浇筑应自拱顶向拱脚或自拱脚向拱顶对称进行。

（3）缆索吊装由缆索吊装设备进行，在完成试吊、观测的准备后，按拱脚→次拱脚→次拱段→拱顶→肋间系梁→拱上混凝土→立柱与柱间系梁吊装→盖梁→桥面板的流程完成吊装。

（4）转体施工按有无平衡重，分为有平衡重转体、无平衡重转体；按转动方向分为平面转体、竖向转体、平竖结合转体。

（5）劲性骨架施工包括放样下料→骨架吊装→悬挂模板→浇筑混凝土拱圈→拱上立柱和桥面系施工。为避免先浇混凝土开裂，浇筑可采用多点平衡浇筑或利用外力加载。加载的方法包括锚索加载法、水箱加载法和斜拉扣挂加载法。

巩固与提高

6.1 拱桥的常用施工方法有哪些？试举例说明。

6.2 拱桥的施工支架有哪几种？主拱圈混凝土的浇筑方法有哪几种？

6.3 简述缆索吊吊装法施工工艺流程。缆索吊装设备由哪几部分组成？施工中可采取的稳定措施有哪几种？

6.4 为什么在主拱圈及拱上建筑施工中要进行加载设计？加载的方法有哪些？

6.5 什么是转体施工？转体施工分哪几种类型？简述其特点和区别。

6.6 简述有平衡重平转施工的流程和各流程的施工要点。

6.7 无平衡重平转施工时，锚固体系由哪几部分组成？

扩展施工案例
（项目6）

项目 7　斜拉桥施工

通过项目学习,能与之前学习的桥墩施工、梁桥施工方法建立联系,将已学知识点转换应用到新桥型中,在整理复述中获得新知。

具备相当程度的安全意识、斜拉桥施工全过程控制意识,掌握施工现场风险源分析能力,培养学生通过线上、线下查阅资料解决问题的自学能力。

正如孙中山先生所说"唯发展之权,操之在我则存,操之在人则亡"。大跨度桥型如果我们不能突破就会永居人后,1991 年中国第一座自主设计建造的大跨度斜拉桥——南浦大桥,以 423 m 的跨径征服黄浦江,使上海浦东区迎来飞速发展。南浦大桥的成功不仅捍卫了中国人在大跨度桥梁上的建设自主权,而且通过实践取得了进步,锻炼了队伍,培养了人才,更重要的是树立了信心,提高了志气,为中国桥梁在 20 世纪 90 年代的崛起奠定了基础。自此以后,外国人彻底失去了中国的桥梁建设市场,不仅如此,进入 21 世纪,中国的桥梁建造技术引领全球,输出国外,目前斜拉桥世界前十排名中中国占了 7 座。深入学习我国千米级斜拉桥,让学生深刻体会到"四个自信",即中国特色社会主义道路自信、理论自信、制度自信、文化自信。

任务7.1　斜拉桥施工工艺

斜拉桥是伴随悬臂分段施工技术进步而发展起来的桥梁,在其适用的跨径范围内比其他桥梁有较大的优势,基于索支承结构的受力要求,斜拉桥总体施工进程为:索塔施工、主梁施工、斜拉索施工。

斜拉桥最主流的施工工艺流程可大致分为 3 个阶段:

①索塔施工——索塔是首先施工的主要受力构件。

②主梁施工——索塔施工完毕后或索塔拉索锚固区施工约一半时开始施工(部分塔柱旁的梁段可能更早施工)。

③斜拉索施工——主梁施工至锚索段后随主梁延伸逐步安装。

塔、梁、索的施工必须相互配合。

7.1.1　索塔施工

施工方法有支架现浇、预制拼装、滑模、翻模、爬模等,通常采用无支架现浇施工索塔,如图7.1所示。索塔材料:钢结构、(预应力)钢筋混凝土结构。我国多采用混凝土索塔。

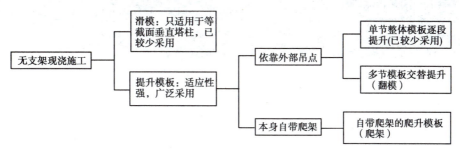

图 7.1　索塔施工方法

1)塔柱的分段

塔柱的分段原则主要是简化模板结构和便利混凝土的浇筑。塔柱施工分段一般应考虑塔柱变截面的位置、横梁的位置及其与塔柱的连接方式,以及劲性骨架和爬架高度、大型预埋件位置等。横梁与塔柱根据设计情况可以采用同时施工,也可以采取分开施工。然后浇筑接头混凝土合龙。

塔柱一般分为标准节段和特殊节段。标准节段是塔柱在施工过程中,每节塔柱都可使用同一套标准模板,其高度一般为 3~6 m;特殊节段的模板需要单独设计,如图7.2所示。

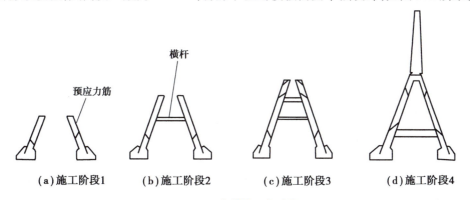

(a)施工阶段1　　(b)施工阶段2　　(c)施工阶段3　　(d)施工阶段4

图 7.2　索塔施工各阶段

2)索塔模板

确保模板结构安全可靠,模板必须具有足够的强度和刚度,在施工中不变形、不错位、不漏浆,且结构简单合理,便于制作、安装、调整定位、拆除和重复使用,如图7.3所示。

劲性骨架

图 7.3　模板、劲性骨架安装

3）劲性骨架

劲性骨架是塔柱施工的受力结构，是钢筋定位，内、外模调整的支承架，对于保证桥塔的线形及斜拉索套筒的固定与精确定位起关键作用，其设计往往结合构件受力需要设置劲性骨架安装定位后，可供测量放样、立模、钢筋绑扎、拉索钢套管定位使用，也可承受部分施工荷载，如图 7.3 所示。在进行设计时，应考虑下述荷载：①劲性骨架自重；②混凝土施工过程中的施工荷载；③风载；④塔柱模板及其混凝土重量形成的水平力；⑤浇筑混凝土过程中混凝土对模板产生的侧压力；⑥其他施工荷载。

劲性骨架一般设计为格构式杆件经过焊接拼装而成的具有足够刚性的钢结构骨架。根据吊机吊重（吊距）能力，劲性骨架一般加工高度为 6~8 m。劲性骨架的加工制造，必须在施工平台的胎模上进行。

劲性骨架施工时采用规范要求的负公差下料，可以在加工胎模上分片加工，再在拼装胎模上拼接成整体。因为施工时螺栓连接不如焊接施工方便，现场加工一般采用焊接形式进行，制作过程中，骨架各杆件连接部位严格按设计要求焊接牢固，焊工必须有操作证，以保证焊缝（高度和长度）质量。为减少安装过程中的工作量，在制作过程中，将劲性骨架顶面加工成平面，方便下一节段劲性骨架的接高。制作及拼装过程可以使用吊机配合。劲性骨架制造完毕后需进行出厂检验、验收。

劲性骨架安装接高前需检查前一节劲性骨架顶面柱脚位置、标高和轴线位置应满足规范要求的±10 mm 偏差。对接时使用塔吊吊装，合理选择吊点位置，避免与其他结构碰撞，减小吊装变形。施工过程可以使用倒链配合吊机进行劲性骨架安装。安装过程需在技术员的指导下进行，用钢板临时限位，先焊接对接钢板的一端于前劲性骨架支腿杆件上，抄垫本节劲性骨架支腿高度，使用全站仪三角精密测量，测量其顶面 4 个角的三维坐标位置，使得调整后的劲性骨架顶面 4 个角的位置、顶面轴线位置、倾角偏差符合规范要求，测量复查后按设计要求再予以焊接固定。各柱脚支腿角钢（槽钢）焊接接长要保证连接板、加强钢板长度、厚度、数量、焊缝长度、焊缝高度等均满足等强焊接的要求。劲性骨架是钢筋骨架的依托支架，一般施工过程中都要求其拼装后的高度比钢筋顶面要高。劲性骨架的安装需保证模板、钢筋、索套管等空间定位位置的准确。

4）横梁

桥塔一般设置有横梁（图7.4）。横梁和塔柱相接部分受力较复杂，应力较大，中间部分采用箱形断面，有单箱双室断面、单箱单室断面等，横梁内一般布置有预应力钢束。在高空进行大跨度、大断面现浇高强度预应力混凝土横梁施工难度很大。一般横梁与塔柱同时施工，横梁与塔柱之间可以没有施工缝，横梁与塔柱收缩、徐变均趋于一致。但也有横梁与塔柱分开施工的。横梁混凝土可以根据设计要求、构造特点、施工机具设备能力进行一次或二次浇筑完成。每次混凝土浇筑必须在混凝土初凝前完成，避免支架变形造成混凝土开裂。

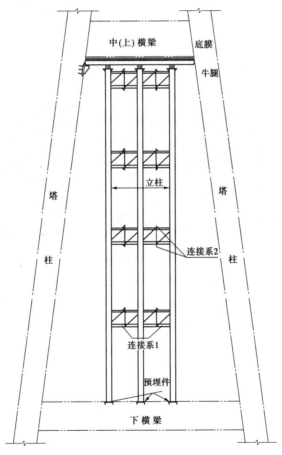

图7.4 塔柱横梁

横梁施工由于其长度较长，体积、重量较大，对其支撑系统的强度要求较高，支架压缩沉降小，因此一般采用落地支架法浇筑。一般支撑系统采用临时管柱群桩支撑或军用梁、万能杆件支架支撑，管柱支撑在桩基、横梁或承台等不易下沉的基础上；管柱顶部设置分配梁、贝雷架或军用梁组成横梁浇筑受力体系。横梁靠近塔柱端，一般利用塔柱埋设预埋件支撑分配梁、贝雷架或军用梁。

横梁支撑系统必须具有足够的强度、刚度和稳定性。支撑系统变形超过 2 cm 的必须考虑设置预拱度。支撑系统承受支架自重、模板重量、钢筋混凝土重量、风荷载及施工荷载。施工中必须考虑模板与支撑系统的连接间隙变形、弹性变形、支承的不均匀沉降变形,混凝土梁、柱与钢支撑间不同的线膨胀系数影响,日照温差对混凝土、钢材两种材料不同时间效应等产生的不均匀变形影响以及相应的调节措施。

5)滑模施工

滑模施工

滑模施工是用液压的提升装置滑升模板浇筑竖向混凝土结构的施工方法(图 7.5)。它是按照建筑物的平面形状,在地面(或一定的标高)将一整套液压滑模装置(模板、围圈、提升架、操作平台、支撑杆及液压千斤顶等)组装好,利用液压千斤顶在支撑杆上爬升,带动提升架、模板、操作平台一起上升。每浇筑一层混凝土后就进行模板滑升,直至结构浇筑结束。此法施工要经常对模板体系进行调平,以保证建筑物和构筑物的垂直。

图 7.5　滑模施工

(1)适用范围

滑模施工适用于等截面垂直墩,故在斜拉桥索塔中应用得不多,在高墩中有所应用。

(2)施工工艺及施工要点

一节模板边浇混凝土边提升,昼夜不停,持续施工,模板一直紧贴混凝土,上升过程有摩阻力,混凝土质量不易保证。

滑模拼装按先内后外、先上后下的原则进行,滑模施工工艺流程:搭设组拼平台→拼装内钢环→安装辐射梁→安装外钢环→安装内外立柱及上下连杆→安装扁担梁→安装收坡装置→安装内外模板→安装套管千斤顶→安装悬杆→安装操作台铺板、栏杆→调模板锥度、壁厚丝杆→安装测量装置→插顶→安装内外吊脚手架→安装养护装置→安装照明电源→试滑排故障→钢筋绑扎→灌筑底层混凝土→初滑升→收坡→放预埋件→观测调整→正常循环→模板末次提升,收坡调整→末次灌注混凝土→拆除模板。滑模施工工艺流程及施工要点如图7.6所示。

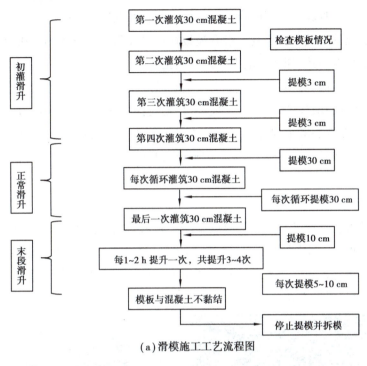

（a）滑模施工工艺流程图

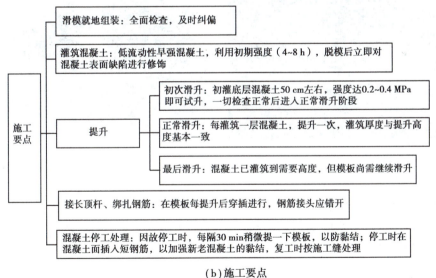

（b）施工要点

图 7.6　滑模施工工艺流程及施工要点

（3）施工控制与纠偏

滑模施工是一种快速连续的施工方法,在施工过程中要完成模板收坡、截面变化、钢筋绑扎、混凝土灌注等系列工序,对各工序应严格按规范及工艺细则进行控制。

①标高与水平控制。每次起顶前后,值班技术人员用水准仪及时监测标高和水平,并作记录,当液压油顶不同步、不水平时,应及时调整,将误差控制在允许范围内。

②墩身截面控制。按墩身设计坡度,计算出每提升30 cm的内外收坡度,由收坡人员在顶推丝杆上标出累计收坡量,并随时检查校对,确保收坡准确。

③墩身中心线及滑模平台控制。滑升模板在每提升30 cm时观测一次,检查墩身中线与滑模平台的中心是否一致,如超出范围应及时纠正。

④墩身施工与其他。空心墩在顶部需从空心段过渡到实体段并连接托盘顶帽,为了方便托盘顶帽施工,在空心墩顶预埋木盒,留成缺口,安设预制好的钢筋混凝土过梁及盖板代替实体段的底模,然后在空心墩顶部分的墩外壁上套上制作好的箍圈钢板,在箍圈上悬挂适当数量的吊篮牛腿,牛腿间用围栏连接形成工作平台,即可施工托盘、顶帽。

6)爬模施工

爬模施工

爬升模板是为了避免滑升模板的缺点而发展起来的施工技术,如图7.7所示。由于具备自爬能力,因此不需起重机械的吊运,这减少了施工中运输机械的吊运工作量。在自爬的模板上悬挂脚手架可省去施工过程中的外脚手架,施工速度快、安全可靠,对起重设备要求不高。

图7.7 爬模施工

(1)爬模的爬升原理

以空心桥墩已凝固的混凝土壁为承力主体,以内爬支架机构的上下爬架及液压顶升油缸为爬升设备主体,油缸活塞杆与下爬架及缸体与上爬架均铰接,上爬架与外套架连接,外套架与网架工作平台连接,通过油缸活塞杆与缸体间一个固定一个上升,从而完成爬架爬升工序,墩壁预埋穿墙螺栓,然后在其上连接支撑托架,上下爬架的爬靴支在托架上,以此为支撑点向上爬升。

爬模由模板、爬架和爬升系统三部分组成,如图7.8所示。

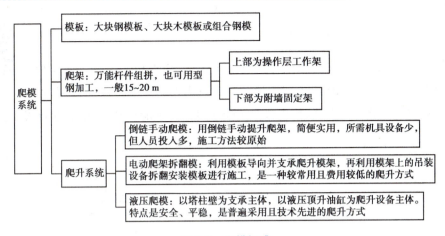

图 7.8　爬模组成

（2）适用范围

对折线形索塔适应性较差，故一般在直线形索塔施工中广泛采用。

（3）施工工艺

先用支架施工一段爬模安装锚固段，待爬模起始段施工完成后拼装爬模系统，依次循环进行索塔爬模施工。根据爬升系统的不同，工艺有所不同。标准节段施工工艺流程：混凝土达到强度后拆模→安装埋件插座，液压提升导轨→拆除下部挂座，液压提升支架→绑钢筋，提升模板安装预埋件→支模，连接对拉螺杆→浇混凝土→重复第一步。爬模施工工艺流程如图 7.9 所示。

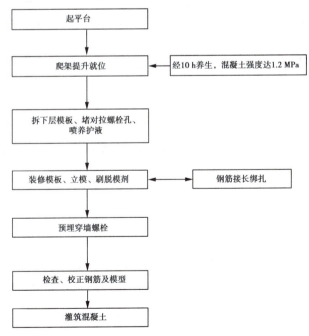

图 7.9　爬模施工工艺流程图

7）翻模施工

翻模是大模板施工方法,以墩身作为支承主体,上层模板支承在下层模板上,循环交替上升,如图 7.10 所示。模板的大小可根据施工能力灵活选用,混凝土接缝较易处理,施工速度快,但模板及工作平台自身不能爬升,要依靠起重设备提升翻转循环使用。

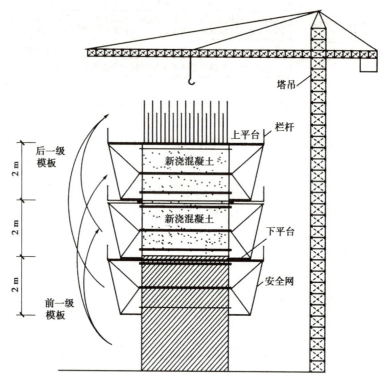

图 7.10　翻模施工示意图

（1）适用范围

翻模施工适用于各种结构形式的索塔施工,特别是折线形索塔,目前被大量使用。

（2）模板翻升施工工艺

三节模板组成一套模板（底节+中节+顶节,每节 1～3 m）；浇筑混凝土完成第一层三节模板后,以已浇混凝土为依托,拆除底节和中节模板,向上提升,将拆下的中节模板接于顶节模板上,拆下的底节模板接于中节模板上,安装对拉螺杆和内撑,完成第二层模板；如此交替上升。翻模施工工艺流程:施工准备→绑扎钢筋→翻模组装→灌注混凝土→提吊工作平台→模板翻升→施工至墩顶,拆除模板→拆除工作平台。作业时,模板翻升、绑扎钢筋、灌注混凝土和提吊平台等项工作是循环进行的。翻模施工工艺流程如图 7.11 所示。

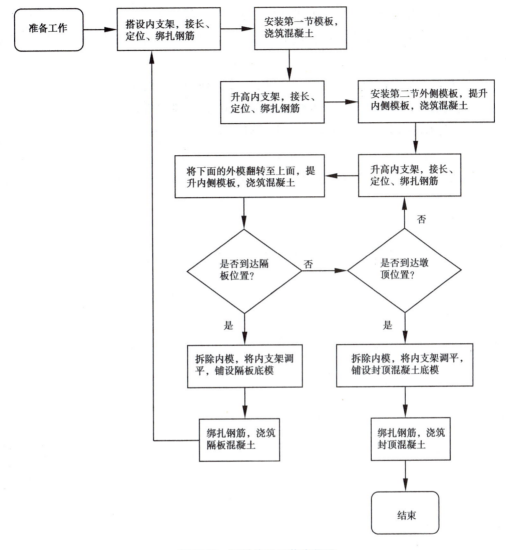

图 7.11　翻模施工工艺流程图

（3）施工要点

①安装第一节模板,浇筑混凝土。在承台上沿模板的底面用砂浆做 3～5 cm 厚找平层。对墩身角点放样,弹墨线,沿墨线立模板。模板安装前,应清理干净,并涂脱模剂。安装模板时注意接缝平整、严密,防止漏浆。紧固拉杆的螺栓,在模板内加内撑,保证混凝土尺寸。固定好模板后,安装混凝土泵管,一般竖向管道沿塔吊设置。先设置水平管 10～20 m,然后沿塔吊设置铺设竖向管道。到达模板顶面后水平铺设到墩中心位置,然后接软管,引向落灰点。落灰点处设串筒。随着浇筑点的不同,应及时拆装更换泵管,调节泵管长度。浇筑初期混凝土处于较深位置,需仔细振捣才能防止漏振。

②安装第二节模板,浇筑混凝土。底节混凝土浇筑完成后,待混凝土达到一定强度,即安装上一节墩身的钢筋。钢筋安装完毕后,进行第二节模板安装。将另一节外模置于首节模板

之上,安装定位销,用螺栓将上下模板连接在一起。将内模提升至顶面与外模平齐,用预设的拉杆初步固定在首节混凝土上。调整模板至准确位置,安装、紧固对穿拉杆。其余工作同首节墩身施工。

一般使用塔吊提升内模,特殊情况下,利用内支架使用葫芦提升。

③外模板的翻转安装。待上节混凝土达到15 MPa时,即可拆除下节外模。先抽出拉杆,然后卸除模板的连接螺栓,将模板向外拉出。高空作业时,要预先用倒链将模板吊在上面的模板上并拉紧,防止模板突然脱落。待外模完全与混凝土脱开后,先用塔吊微微吊起外模,将倒链解下,然后将模板吊到模板修整处进行修整待用。待钢筋安装完毕,用塔吊将模板吊起,进行安装。安装方法同前述。

④模板的受力分析。拟新浇筑混凝土的上层模板是以浇筑混凝土的下层模板作为定位和支承的基础;已浇筑混凝土的下层模板则通过对拉螺杆及面板与墩身混凝土间的摩擦力、黏聚力支附于墩身;工作平台是悬挂支撑在模板的背楞上。

a.模板作为浇筑段时所受的荷载:混凝土的侧压力、混凝土振捣产生的冲击力荷载,模板和挂架自重,操作人员和小型施工机具的重力。

b.模板作为基础承重节时所受的荷载:上层模板传递的竖向和水平方向的荷载及模板自重。

c.给上述荷载提供竖向支撑力的是:拉杆螺栓端头竖向支承力,模板与墩身混凝土间的摩擦力。

7.1.2　主梁施工

主梁施工方法大体上可以归纳为支架现浇法、顶推施工法、转体施工法、悬臂施工法4种,如图7.12和图7.13所示。虽然这几种方法同样可以用在斜拉桥的建造上,但是最适宜的方法是悬臂施工法,其余3种方法一般只用在河水较浅或者修建在旱地上的中、小跨径斜拉桥上。这些施工方法详见本书梁桥施工章节。

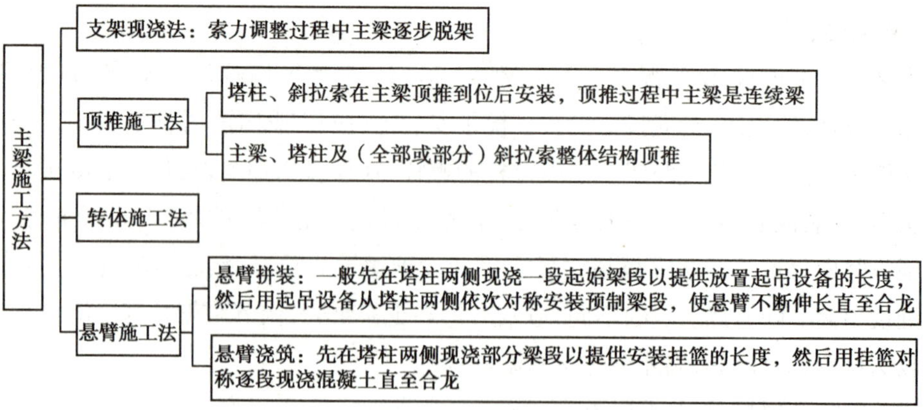

主梁施工

图 7.12　主梁施工方法图示

（a）支架现浇法

（b）顶推施工法

（c）转体施工法

（d）悬臂拼装法

（e）悬臂浇筑法

图7.13 主梁施工方法现场图

　　大跨径斜拉桥一般都是采用悬臂施工的方法施工主梁。钢主梁用悬臂拼装,其施工工艺与梁桥部分的悬臂施工一样;混凝土主梁用悬臂浇筑,一般有后锚式挂篮和前支点挂篮两种方法,传统的后锚式挂篮施工工艺与梁桥部分的挂篮施工一样,下面简要介绍适合斜拉桥主梁与斜拉索相互配合施工的前支点挂篮。

　　前支点挂篮也称牵索式挂篮,是将挂篮后锚端锚固在已浇筑梁端上,并将待浇梁段的斜拉索锚固在挂篮前端,它能充分发挥斜拉索的效用,由斜拉索和已浇梁段共同承担待浇节段的混凝土重力和施工荷载。

前支点挂篮的承重构件通常采用钢箱梁结构与桁架结构(型钢或贝雷桁架组成),如图7.13(e)所示。与后锚式挂篮相比,其优点在于它使得挂篮由悬臂受力变为简支受力,加强了挂篮的承重能力,减小了挂篮的变形,分段长度大,加快了施工进度;不足之处在于在施工过程中需要分阶段多次调整索力,施工工艺复杂。

斜拉桥主梁标准节段前支点挂篮施工主要工艺流程:挂篮前移到本节段设计位置→测量放样,挂篮定位→挂篮提升,调整立模高程,挂篮锚固→安装斜拉索→按照监控指令第一次张拉斜拉索,并进行立模高程复核→底板钢筋绑扎→腹板钢筋绑扎→内模安装→顶板钢筋绑扎→浇筑50%混凝土→根据监控指令第二次张拉斜拉索→浇筑剩余50%混凝土→混凝土养生→混凝土强度达到设计要求→主梁预应力张拉并压浆→根据监控指令要求进行索力转换,第三次张拉斜拉索→卸挂篮锚杆组、脱模→安装行走系统→挂篮前移行走至下一节段→重复以上步骤进行下一节段主梁施工。

7.1.3　斜拉索施工

1)斜拉索材料

斜拉索介绍

在历史上,初始的斜拉索曾采用铁链、铁连杆制作,但这种做法在当今已完全不可取。现代斜拉索全部使用高强度钢筋、钢丝或钢绞丝制作。拉索的形式和性能见表7.1。

表7.1　几种拉索的主要性能

拉索类型	静载			动载	
	效率系数	极限延伸率/%	弹性模量/MPa	应力上限/MPa	应力幅/MPa
平行钢丝索	0.95	2	2.0×10^5	710	200
半平行钢丝索	0.95	2	1.95×10^5	710	200
钢绞线索	0.95	2	1.90×10^5	840	160
半平行钢绞线索	0.95	2	1.85×10^5	840	160
封装式钢缆	0.92	2	1.85×10^5	840	150

我国常用 5~7 mm 的高强钢丝,其标准强度不低于 1 570 MPa;ϕ12 和 ϕ15 的钢绞线,刚度与直线钢丝接近,但较钢丝本身的弹性模量要低。现阶段常用的两种斜拉索形式为半平行钢丝索和钢绞线索。

半平行钢丝索:将钢丝平行并拢后同心同向轻度扭绞 2° ~ 4°,再用包带扎紧,其弯曲性能好,可以盘绕,具备长途运输条件,宜在工厂生产,质量易保证,已逐步取代纯平行钢丝索。半平行钢丝索是一个整体,太长之后重量很大,不便运输与吊装,且只能整体张拉,故一般用于短索,如图 7.14 所示。

钢绞线索:由于单根钢绞线安装起吊重量小、张拉力也小,可采用小型千斤顶单根张拉,拉索施工时的大型设备投入少,因此平行钢绞线索较适合超长拉索,如图 7.15 所示。

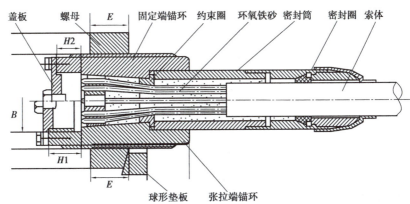

图 7.14　半平行钢丝索(采用冷铸墩头锚,整体张拉)

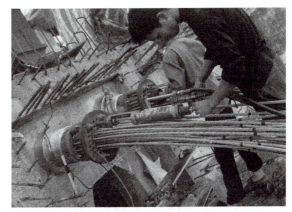

图 7.15　钢绞线索(采用夹片群锚,单根张拉)

2)斜拉索施工工艺

钢绞线索单根重量较轻,施工方便灵活。下面主要介绍整根钢丝索的施工,安装程序如下:

斜拉索安装

(1)斜拉索转运

新建桥梁中无论是平行钢丝索、钢绞线索还是单根钢绞线,都无法通过陆上交通直接运送至桥面上。一般通过驳船或者大型货车运送至指定地点,然后通过塔吊或者梁面吊索桁车将斜拉索转运至梁面放索盘上。

（2）斜拉索桥面展开

斜拉索桥面展开的目的：一是安装需要，二是舒展索体散去扭力，使索在安装时处于无应力自然状态，使斜拉索安装工程安全顺利进行。斜拉索桥面展开分放索和展开两个步骤进行，如图7.16所示。

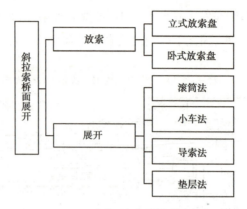

图7.16　斜拉索桥面展开步骤

①放索。为便于运输及运输过程中索的保护，斜拉索起运前通常采用类似电缆盘的钢结构盘将拉索卷盘，然后运输。对于短索，也有采取自身成盘、捆扎后运输的情况。根据拉索的不同卷盘方式，现场放索时，常用的有立式转盘放索和卧式转盘放索两种方式。

a.立式转盘放索。钢结构索盘放索时设置一个立式支架，在索盘轴孔内穿上圆轴，徐徐转动索盘将索放出，如图7.17所示。

b.卧式转盘放索。对于自身成盘的索，则设置水平转盘，将索盘放在转盘上，边转动边将索放出。在放索过程中，由于索盘自身的弹性和牵引产生的偏心力，会使转盘转动时产生加速度，导致散盘，危及施工人员的安全，因此，一般情况下要对转盘设刹车装置，或者以钢丝绳作尾索，用卷扬机控制放索，如图7.18所示。

图7.17　立式转盘放索

图7.18　卧式转盘放索

②展开。索在桥面上的移动在放索和挂索过程中，要对斜拉索进行拖移，由于索自身弯曲，或者与桥面直接接触，在移动中就可能损坏拉索的防护层或损伤索股。为避免这些情况的发生，一般采取下述方法对索在移动时进行保护。

a. 滚筒法。在桥面设置一条滚筒带,当索放出后,沿滚筒运动。制作滚筒时,要根据斜拉索的布置及刚柔程度选择适宜的滚轴半径,以免滚轴弯折,增加摩阻。平滚之间要保持合理的间距,防止拉索与桥面接触。滚筒可与桥面固结,也可与斜拉索套筒固结,具体方法依施工现场情况而定。

b. 小车法。当斜拉索上桥后,每隔一段距离垫一个平车,由平车载索移动。因为梁体顶面凹凸不平时会导致平车运动不便,所以平车的轮子不宜太小。与滚筒法一样,平车也要保持合理的间距,避免拉索与桥面接触。

c. 导索法。在索塔上部安装一根斜向工作悬索,当斜拉索上桥后,前端连接牵引索,每隔一段距离放置一个吊点,使拉索沿着导索运动,这种方法能省去大型牵索设备,可安装成卷的斜拉索。

d. 垫层法。对一些索径小、自重轻的斜拉索,可在梁面放索线上铺设麻袋、草包、地毯等柔软的垫层就地拖移。

(3)斜拉索塔端安装

斜拉索塔端安装方法有吊点法和塔吊安装法两种,分别如图 7.19、图 7.20 所示。

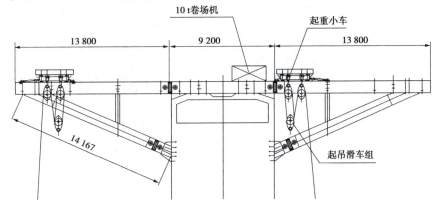

图 7.19   塔顶桁架

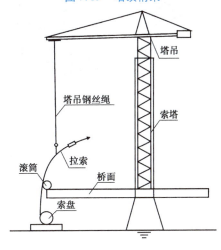

图 7.20   塔吊安装法

①吊点法。主要使用塔顶桁架和卷扬机,可分为单点吊法、两点吊法和多点吊法。

a. 单点吊法:拉索上桥面展开后,在斜拉索塔端锚头附近一定距离安装索夹设置吊点,如图7.21和图7.22所示。

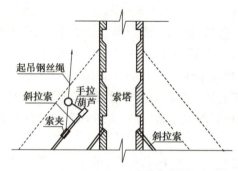

图 7.21　单点吊法

图 7.22　单点吊法实例

b. 两点吊法:拉索上桥面展开后,在斜拉索塔端锚头附近一定距离安装索夹设置吊点,由起吊绳通过塔顶桁架上的转向滑轮与索夹相连,并从索导孔中下放牵引绳,连接拉索前端,启动卷扬机提升斜拉索,过程中采用牵引绳与起吊绳相互调节,牵引至塔端头固定,如图7.23所示。

c. 多点吊法:在索塔上部安装一根斜向工作牵引索,将斜拉索每隔一段距离设置一个吊点与牵引索相连,使拉索沿导索运动。这种方法吊点多,且工作牵引索也需从索孔中导出,施工复杂,并且索的自重不能大,如图 7.24 所示。

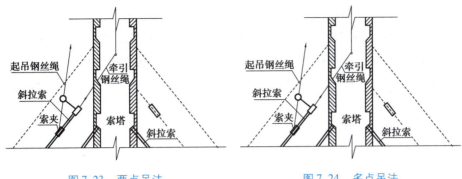

图 7.23　两点吊法　　　　　　　图 7.24　多点吊法

②塔吊安装法。对短索、自重不大的斜拉索,可采用塔吊和索道管伸出的牵引索直接起吊,不需要安装塔顶桁架等起吊动力系统。这种方法简单快捷,但是对塔吊的起重能力要求比较高。

(4)斜拉索梁端安装

在斜拉索塔梁端锚头附近一定距离安装索夹设置吊点,牵引绳通过安装在主梁上的导向滑车连接索夹,导向绳从套筒中伸出连接梁端锚头。启动卷扬机,至梁端锚头固定。为了防止斜拉索安装过程中 PE 套划伤,在主梁上应设置角度调整系统,斜拉索牵引的同时,调整斜拉索的角度,使其与索道管角度保持一致,平顺下滑。

(5)斜拉索的千斤顶牵引

当斜拉索的一端安装完成后,就需要进行另一端的安装,在牵引力不大的情况下,可以采用钢丝绳作为主要受力体系进行牵引(软牵引)。当斜拉索锚头越接近锚垫板,牵引力就越大,这时再使用钢丝绳牵引就很危险,可更换为采用千斤顶牵引(硬牵引)。

(6)斜拉索张拉与锚固

①张拉。斜拉索张拉一般在塔端进行,采用大型穿心式千斤顶牵引锚头张拉。张拉过程中单塔同编号对称的斜拉索须对称同步张拉,同步张拉的不同步索力值不超过设计监控规定值,按规定值分级至油压表最小刻度。

拉索张拉步骤如下:

a. 锚垫板处安装张拉设施。

b. 启动油泵分级同步张拉,锚固螺母跟进锚固。

c. 应力、伸长量控制,油表读数控制。

d. 伸长量校核满足要求后,千斤顶持荷 5 min,拧紧锚固螺母,拆除张拉设施完成斜拉索张拉。

②锚固。斜拉索的锚具常用热铸锚、墩头锚、冷铸墩头锚、夹片群锚。详见 7.14 节斜拉桥施工设备。

（7）斜拉索索力调整

斜拉桥是高次超静定结构,施工中要经过大量的体系转换才能达到最后的成桥状态,在施工过程中,斜拉索张拉多少力才能使成桥时的内力达到最优是斜拉桥施工的首要问题。拉索在初张拉后的再次张拉,可以在施工中的某个阶段,也可以在成桥后甚至通车后再进行,根据需要可安排一次乃至几次的索力调整工作。

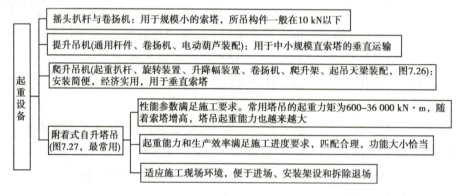

施工设备
——塔吊

7.1.4　斜拉桥施工设备

1）索塔主要施工设备

索塔施工属于高空作业,工作面狭小,其施工工期影响全桥总工期,在制订索塔施工方案时,索塔施工设备的选择与布置是索塔施工的关键。常用的设备有起重设备、施工电梯、混凝土浇筑设备和混凝土养护设备等。

（1）起重设备

起重设备分类如图 7.25 所示。

起重设备
- 摇头扒杆与卷扬机:用于规模小的索塔,所吊构件一般在10 kN以下
- 提升吊机(通用杆件、卷扬机、电动葫芦装配):用于中小规模直索塔的垂直运输
- 爬升吊机(起重扒杆、旋转装置、升降幅装置、卷扬机、爬升架、起吊天梁装配,图7.26):安装简便,经济实用,用于垂直索塔
- 附着式自升塔吊(图7.27,最常用)
  - 性能参数满足施工要求。常用塔吊的起重力矩为600~36 000 kN·m,随着索塔增高,塔吊起重能力也越来越大
  - 起重能力和生产效率满足施工进度要求,匹配合理,功能大小恰当
  - 适应施工现场环境,便于进场、安装架设和拆除退场

图 7.25　起重设备分类

图 7.26　爬升吊机

图 7.27　附着式自升塔吊

（2）施工电梯

兼作人员及货物的运输，由轨道架、轿厢、驱动机构、安全装置、电控系统、提升接高系统等组成，如图 7.28 所示。一般布置在顺桥向并附着在塔柱上。第一次安装至桥面，第二次安装至上横梁，如有必要第三次安装至塔顶。

图 7.28　施工电梯

安装程序如下：浇筑电梯基础混凝土（或用钢桁基础）→安装基架→安装轨道架与顶部天轮架→安装附着设施，脚手架支托同步安装→安装电缆导向→安装限位撑铁及登高平台→轿厢上、下试运行调整，安装保护装置，检验试车。

由于索塔形状的变化，电梯的附着设施不能按一般高层建筑来设置，必须利用脚手架作为辅助附着架的平面外支座，保证其自重及附着倾斜引起的垂直力的传递和平面稳定。附着杆采用标准附着杆加辅助附着杆，它与塔柱之间的连接可采用螺栓连接或焊接。

施工设备——
电梯、混凝土
浇筑与养护

（3）混凝土浇筑设备

塔柱截面小，但高度高，对混凝土浇筑设备要求很高，特别是混凝土垂直输送设备，目前广泛采用混凝土拖泵，如图 7.29 所示。根据工程部位的高度及水平输送距离、浇筑速度所需的最大输出量、混凝土的基本性能状态等参数进行选择。塔柱高度大，泵送的混凝土要求有很好的流动性，应采用合理的坍落度保证泵送混凝土不堵管。

图 7.29　塔柱混凝土输送设备

混凝土泵管应尽可能直线布置，减少弯管的应用，软管一般接在混凝土出口处；管道应采取支垫固定措施,管径与壁厚应根据粗集料最大粒径、混凝土泵型号、混凝土输出和输送距离以及输送难易程度等综合因素进行选择。

（4）混凝土养护及供水设备

为减少或避免塔柱混凝土开裂,确保其寿命,混凝土的养护非常关键,而塔柱处于高空甚至海上,致使养护非常困难,应纳入重点管理。混凝土养护及供水设备分类如图7.30所示。

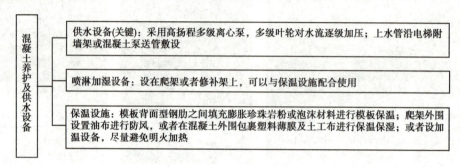

图7.30　混凝土养护及供水设备分类

2）主梁施工设备

斜拉桥主梁施工方法与梁桥主梁施工方法基本相同,其施工设备如图7.31所示。

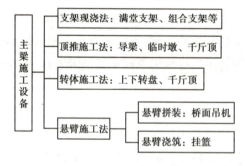

图7.31　主梁施工设备

（1）支架现浇法

满堂支架适用于塔墩在陆地区域、桥梁净空较低、主梁自重荷载不大的斜拉桥施工,同时由于满堂支架承载能力低、搭设工作量大、支架变形较大、节点受力不甚明确等原因,适用范围有限。

塔区梁段一般需要在支架或托架上浇筑,以便为后续悬臂浇筑施工的挂篮或主梁节段悬臂拼装桥面吊机提供拼装、初始作业面。塔区梁段现浇支架一般有满堂支架、少支点钢管桩贝雷桁架落地支架以及托架等结构。支架现浇法施工现场如图7.32所示。

图 7.32　支架现浇法

（2）顶推施工法

主梁施工中顶推法所用设备有导梁、临时墩、千斤顶，如图 7.33 所示。顶推法进行混凝土斜拉桥主梁的施工，需在跨内设置若干临时支墩，且在顶推过程中，梁要反复承受正、负弯矩。

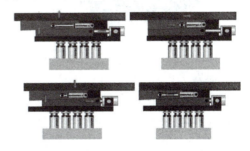

图 7.33　顶推法中的临时墩与千斤顶

（3）转体施工法

转体法所用设备有上下转盘、千斤顶，如图 7.34 所示。转体法是将斜拉桥上部结构分别在两岸或一岸顺河流方向的支架上现浇，并在岸上完成落架、张拉、调索等所有安装工作，然后以墩、塔为圆心，整体旋转到桥位合龙。转体法施工适用于桥址地形平坦、墩身较矮及结构体系适合整体转动的中小跨径斜拉桥。

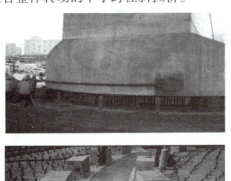

图 7.34　转体法中的转盘与千斤顶

（4）悬臂拼装法

起吊主梁的主要起重设备有悬臂吊机、缆索吊机、大型浮吊、千斤顶及各种自制吊机,并结合挂篮进行悬臂拼装,如图7.35所示。

图7.35　悬臂吊机与浮吊

（5）悬臂浇筑法

前支点挂篮一般由承重系统、牵索系统、行走系统、定位系统、锚固系统、模板系统、操作平台及预埋件系统等组成。牵索系统是前支点挂篮(图7.36)区别于梁式桥采用的传统后锚式挂篮的核心所在,同时也是关键部位,施工中应经常检查。

图7.36　前支点挂篮

3）斜拉索施工主要设备

斜拉索施工主要设备设施有动力系统、放索及转运设备、施工平台、角度调节系统、张拉,牵引设备、锚固设备等。大部分内容在上一节斜拉索施工中已有概述,这里简要补充介绍张拉牵引设备与锚固设备。

（1）张拉牵引设备

张拉牵引设备如图7.37—图7.39所示。

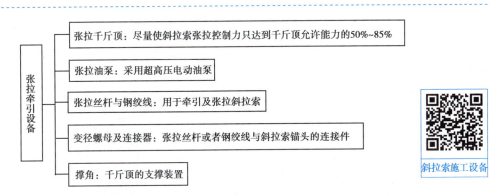

图 7.37　张拉牵引设备分类

图 7.38　千斤顶、油泵、连接器

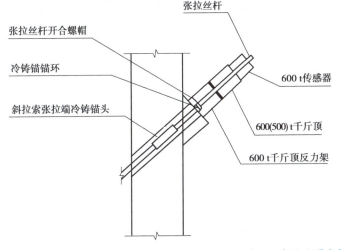 

图 7.39　张拉锚固示意图(右图为反力架与千斤顶)

(2)锚固设备

斜拉索的锚具有热铸锚、镦头锚、冷铸镦头锚及夹片群锚等几种。前三种锚具需事先安装在拉索的两端,千斤顶张拉到位后锚固,锚头有张拉端与非张拉端之分;夹片群锚在现场安装。

①热铸锚(图 7.40)。将一个内壁为锥形的钢套筒(锚杯)套在钢束上,然后把钢束端部的钢丝散开,再往锚杯内灌入熔融的低熔点合金,合金凝固后锚杯内便形成一个楔形塞子。

239

钢束受拉后,这一塞子在锚杯中越楔越紧,外界拉力通过锚杯传给钢束。热铸锚张拉端的锚杯有插销或内螺纹,以便与张拉设备相连。锚杯出口部分填充环氧树脂防止金属之间的磨损腐蚀。

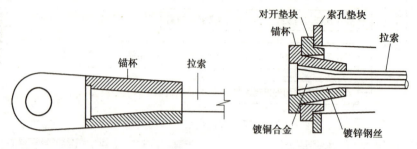

图 7.40 热铸锚

②镦头锚(图 7.41)。钢丝穿过多孔锚板(端锚)后末端镦粗,镦粗后的钢丝头将钢丝拉力传递到锚板上;锚板有外螺纹用于安装螺母,张拉端锚板还带有内螺纹,以便与张拉设备连接。

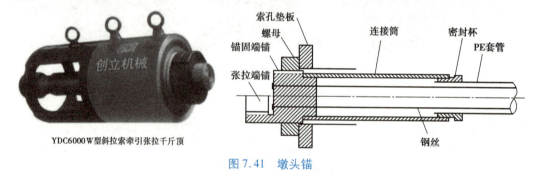

YDC6000W型斜拉索牵引张拉千斤顶

图 7.41 墩头锚

③冷铸镦头锚(图 7.42)。其构造与受力机理和热铸锚相似,只是在锚杯锥形腔后面增设一块钢丝定位板,钢丝通过锚杯再穿过定位板的孔眼后镦头就位,锚杯中的空隙用特制的环氧混合料填充,待环氧混合料固化后,即与锚杯中的钢丝结合成整体(楔形体)。

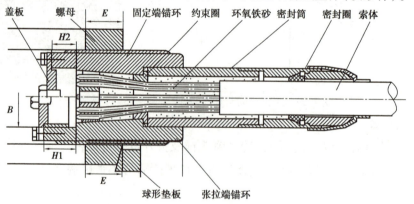

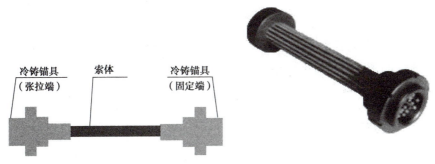

图 7.42　冷铸镦头锚

④夹片式群锚(图 7.43)。夹片式群锚是由后张法预应力体系演变而来的拉索锚具,对抗疲劳性能要求更高;钢绞线进入锚板前,先穿过连接钢筒,钢筒的尾端与锚垫板连接;在拉索张拉完毕后注入油脂(钢绞线可更换)或水泥浆(钢绞线不更换,已不采用)。夹片式群锚的优点是钢绞线可以逐根单独张拉,从而降低超长斜拉索安装的难度;但是受结构变形影响,每根钢绞线的张拉力均不相同,如何在保证总索力准确的同时使每根钢绞线的最终应力均匀是施工的难点。

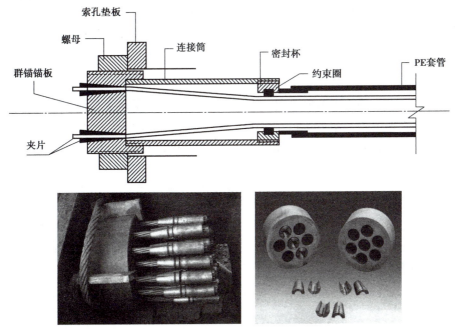

图 7.43　夹片式群锚

7.1.5　工程案例

苏通大桥位于江苏省东部南通市(南通农场)和苏州市(常熟市)之间,工程北起南通境内小海互通立交,与连盐通、通启高速公路相接,南至常熟境内董浜互通立交,连接苏嘉杭、沿江高速公路。西距江阴大桥约 80 km,东距长江入海口约 110 km。苏通大桥由跨江大桥和南北引线组成,全长32.42 km,其中跨江大桥长8 146 m,北岸接线长约15.1 km,南岸接线长约9.18 km。跨江大桥包括主桥、辅桥和南北引桥。其中,主桥为2 088 m,主跨为1 088 m的双塔双索面钢箱梁斜拉桥(图7.44),辅桥为主跨268 m的预应力混凝土刚构桥,引桥为跨径30 m、50 m、75 m的预应力混凝土连续箱梁桥。

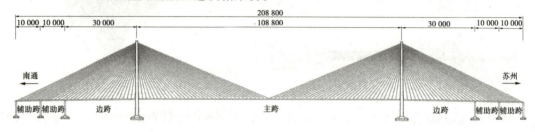

图7.44 苏通大桥主桥立面图

工程主要特点和关键技术点:

①苏通大桥位于东南沿海区域,江面风速较大,极易受台风的影响,对工程建设的组织和施工安全带来不利因素,加大了工程建设施工的难度。特别是对高塔施工、大悬臂箱梁拼装施工带来极为不利的影响。

②桥址东距长江入海口约110 km,潮汐影响明显,涨落潮流过大,施工船舶定位困难。

③C3合同段处于主通航区域,水上交通繁忙,给现场施工组织和通航管理增加了难度。

④主塔高达300.4 m,施工时受高空大风影响严重,施工难度大,技术、安全措施要求高。

⑤主塔钢锚箱制作、安装定位精度要求高。

⑥钢箱梁截面宽,边跨大节段采用大浮吊吊装,标准节段采用双桥面吊机进行拼装,对拼装施工质量、工艺及线形控制具有很高的要求。

⑦大悬臂施工过程中,大风效应、风致振动和斜拉索振动影响比较大,给高精度钢箱梁安装带来困难。

⑧最长斜拉索长达577 m,重达59.0 t,挂索施工难度较大。

⑨苏通大桥的基础相对较深,而地基地层也相当较软,造成江中桥墩基础柔弱。

⑩苏通大桥是目前世界上少有千米级的特大型斜拉公路桥梁,对工程结构内在质量、外观质量、整体线形控制都有极高的要求。

1)桥塔施工

苏通大桥主桥是世界首座跨径超千米(1 088 m)的斜拉桥。其北、南索塔高300.4 m,为世界最高桥塔。塔柱为人字形,由下、中、上塔柱组成,分为68个节段浇筑。下、中塔柱为双肢,以箱式横梁联结,具有截面大、斜度大、四面收分、梁高体大、梁与柱异步施工等特征;上塔柱自第51—67节段为国内首次采用钢锚箱、外包混凝土组合结构,且上下游侧呈大弧线。中交二航局为确保塔柱结构强度、耐久性和景观性,引进国际领先的DOKA液压自动爬升模板系统施工,并消化吸收再创新,针对大桥索塔结构特点及桥区自然条件,对液压爬模系统进行有针对性的设计,尤其是要求爬模系统能在中上塔柱交汇段处能顺利过渡而不需拆下重装,真正实现"一爬到顶"。

液压爬模施工工作原理:爬架与导轨互为支撑,相互顶升,模板随爬架就位,并依靠爬架进行操作,即导轨依靠附在爬架上的液压油缸进行提升,到位后与上部爬架悬挂件连接,爬架与模板体系则通过顶升液压油缸沿着导轨进行爬升。这样就有效地完成了爬架及模板的爬升、定位等作业,形成塔柱各节段施工工序循环。

液压爬架主要由工作平台、液压爬升装置及锚固悬挂件组成,如图7.45所示。

工作平台包括上部操作平台(2~3层)、主工作平台(1层)、下部作业平台(2~3层)及电梯入口平台(1个),平台间净高一般为2.1 m,主操作平台宽一般为3.1 m。主平台悬挂点如图7.46所示,苏通大桥北索塔爬模系统如图7.47所示。

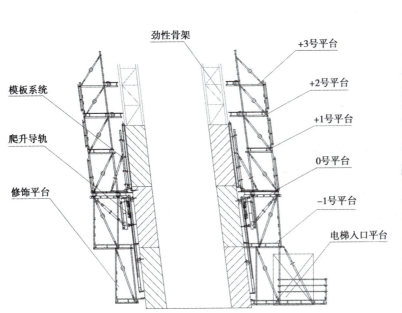

图7.45 液压爬架总体构成示意图

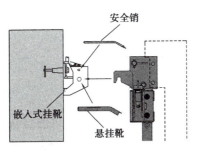

图7.46 主平台悬挂点示意图

图7.47 苏通大桥北索塔爬模系统图

液压爬升装置包括爬升导轨、液压顶升设备及其他配套设施,根据索塔结构尺寸和施工需要,单个塔肢可配有多根爬升导轨、多套液压顶升设备,即在塔肢每侧均有布置,以便塔肢每侧的爬模均可单独爬升,所有液压顶升设备共用一个控制柜,通过操作电子控制板来实现导轨及架体的正常爬升。

液压爬模系统的主要性能参数根据工程的实际需要选择,以下为苏通大桥爬模系统采用的性能参数:

①工作平台:6 层;

②自升装置额定提升荷载:≥100 kN;

③节段浇筑高度:3～4.5 m;

④提升速率:≥0.2 m/min;

⑤倾斜角度:±15°;

⑥驱动力:液压动力;

⑦工作状态最大抗风能力:20 m/s;

⑧非工作状态最大抗风能力:69 m/s。

液压爬模系统施工主要包括爬模安装和使用,其总体施工工艺流程如图7.48所示。

架体安装的关键构件就是0号平台的挂设,施工要点如下:

①用轴销将爬架头与爬架进行连接;

②将悬挂靴固定在混凝土结构面上;

③安装嵌入式挂靴,按下把柄,将其锁定;

④将悬挂销插入嵌入式挂靴,旋转固定到位;

⑤用吊车将已预拼好的爬架系统悬挂在嵌入式挂靴的悬挂销上;

⑥插入安全销,将爬架锁紧在嵌入式挂靴上。调节承压丝杆,调节爬架与结构物之间的垂直度,直至设计位置。

爬模系统的操作如下:

(1)导轨爬升

当新浇节段混凝土的强度达到爬升要求值(一般不小于15 MPa)时,即可导轨爬升。导轨爬升的主要步骤及要点为:

①安装上部爬升悬挂件。

②清洁爬升导轨,导轨表面涂上润滑油。

③液压油缸上、下顶升弹簧装置方向一致向上。

④将所有的承压丝杆顶紧混凝土面。

⑤经确认爬升条件具备后,打开液压油缸的进油阀门,启动液压控制柜,拆除导轨顶部楔形插销,开始导轨的爬升。当液压油缸完成一个行程的顶升后,经确认其上、下顶升装置到位后,再开始下一个行程的顶升。

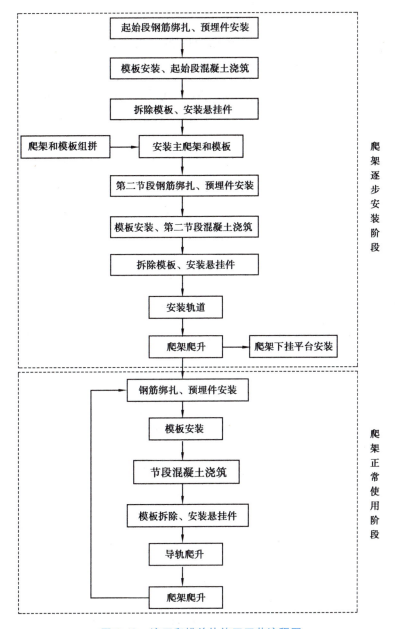

图 7.48　液压爬模总体施工工艺流程图

⑥当导轨顶升到位后,按从右往左插上爬升导轨顶部楔形插销,以确保插销锁定装置到位。下降导轨使顶部楔形插销与悬挂件完全接触。

⑦导轨爬升完成后,关闭油缸进油阀门,关闭控制柜,切断电源。

(2)爬架架体及模板的爬升

导轨爬升到位后方可进行爬架架体及模板的爬升,其爬升的主要步骤及要点为:

①清理爬架上的荷载。

②改变液压油缸上下顶升弹簧装置状态,使其一致向下。

③解除塔柱与爬架的连接件。

④松开承压丝杆,取下锁紧板,后退承压丝杆(距离 12 cm)。

⑤完成前节段混凝土螺栓孔修补。

⑥经确认爬升条件具备后,打开液压油缸的进油阀门,启动液压控制柜,拔去安全插销,开始爬架架体的爬升。

⑦当爬升两三个行程后,拔除悬挂插销。

⑧当爬架架体顶升到位后,及时插上悬挂插销及安全插销,调节承压丝杆顶紧混凝土面。

⑨关闭油缸进油阀门,关闭控制柜,切断电源。

整体提升过程中应有专人检查爬升是否平稳或有异常情况。

(3)模板关闭和脱开

模板操作要点如下:

①根据需要竖向切除多余的面板,实现模板的收分;

②在面板上安装爬架悬挂预埋件定位盘,固定悬挂螺栓;

③通过移动模板悬吊装置(垂直面模板用)和调整斜撑丝杆(斜面模板用),使模板关闭,调节横向拉杆使模板间竖向接缝紧密,通过设置在爬架上水平撑杆及楔形垫块将模板底部顶紧已浇混凝土面;

④脱模时,先解除所有的连接和固定装置,再利用设置在模板肋带与爬架之间的拉杆(垂直面模板用)和斜撑丝杆(斜面模板用)将模板缓慢脱开。

(4)爬模系统爬升检查

在塔身或墩身施工中,每次液压爬模系统的轨道、爬架爬升前和爬升过程中以及爬升到位后,都应进行严格而细致的检查,在确定该步操作完全符合规程或要求时,才能进行下一步操作。在此过程中,所有操作人员必须服从爬升总指挥的指令,在发现异常情况时,要及时向总指挥汇报,等待指挥的指令下达。

2)钢箱梁施工

由于桥址离长江入海口较近,位于台风区,风力大,风况复杂,因此主桥钢梁采用抗风性能较好的全焊扁平流线形封闭钢箱梁,其上翼缘为正交异性板结构。钢箱梁含风嘴全宽 41 m,不含风嘴顶板宽 35.4 m,底板宽(9+23+9)m,中心线处高 4 m,主要由顶板及 U 形加劲肋、底板及 U 形加劲肋、外腹板及加劲肋、横隔板、纵隔板等结构组成,其标准横断面如图 7.49 所示。

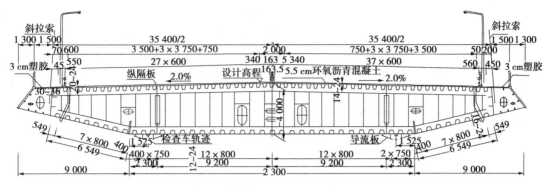

图 7.49　钢箱梁标准横断面（单位：mm）

全桥钢箱梁分为 17 种类型 141 个节段,钢箱梁节段标准长 16 m,边跨尾索区节段标准长 12 m。为方便安装,钢箱梁被划分为 5 个部分,即辅助跨、边跨大块梁段,索塔区梁段,标准梁段,边跨合龙梁段以及中跨合龙梁段,如图 7.50 所示。辅助跨、边跨大块梁段主要由几个标准梁段焊接而成,最大长度 60 m,最大起吊重量 1 142 t(不含风嘴),主跨和边跨标准梁段最大起吊重量约 450 t。根据吊装设备的不同,钢箱梁吊装分别选用大型浮吊和桥面吊机,其中,辅助跨、边跨大块梁段及索塔区梁段选用大型浮吊吊装;标准梁段、边跨合龙梁段及中跨合龙梁段选用桥面吊机吊装。

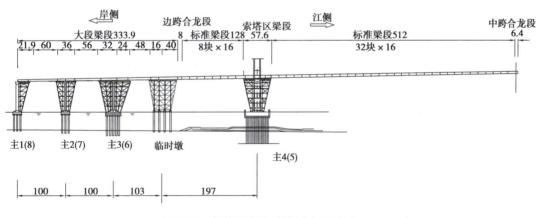

图 7.50　钢箱梁安装总体划分图（单位：m）

由于桥位处常年大风天气较多,为降低施工风险,尽量减少主梁双悬臂长度及施工时间,尽早实现边跨合龙,在台风来临之前完成中跨合龙,钢箱梁安装分为 5 个部分进行施工,即辅助跨、边跨大块梁段安装(含辅助跨临时支架及临时墩施工),索塔区梁段安装(含存梁支架施工),双悬臂标准梁段安装,边跨合龙梁段安装,单悬臂标准梁段安装,中跨合龙梁段安装。其中,临时搁置在支架上的梁段(索塔区梁段、边跨及辅助跨大块段)采用大型浮吊吊装,中跨及边跨标准梁段、合龙梁段采用桥面吊机吊装。

(1)钢箱梁安装总体施工工艺流程

钢筋梁安装总体施工工艺流程如图 7.51 所示。

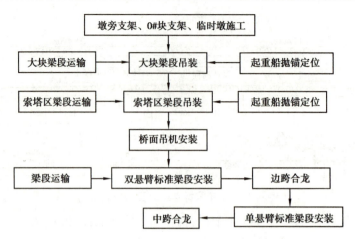

图 7.51　钢箱梁安装总体施工工艺流程图

根据施工需要,边跨合龙梁段是将 A11 梁段一分为二,其 A11-1 作为Ⅰ#大块梁段的一部分,另一半 A11-2 作为边跨合龙梁段,原设计的边跨合龙梁段"AH"作为大块梁段的一部分与大块梁段一起制作。梁段相关参数见表 7.2。大块梁段安装总体布置如图 7.52 所示。

表 7.2　钢箱梁相关参数表

梁段安装分类	类型	梁段编号	长度/m	最大设计吊装重量/t	全桥
标准梁段	C1	N(S)A3、N(S)J3	16	446.9	4
	C2	N(S)A4、N(S)J4 N(S)A5、N(S)J5	16	432.5	8
	D	N(S)A6 ~ N(S)A10 N(S)J6 ~ N(S)J16	16	387.1	32
	E	N(S)J17 ~ N(S)J21	16	347.5	10
	F	N(S)J22 ~ N(S)J34	16	326.2	26
大块梁段	Ⅰ(A11-1 ~ A13)		40	962.0(917.8)	2
	Ⅱ(A14)		16	383.3(365.8)	2
	Ⅲ(A15 ~ A17)		48	1 150.0(1 097.0)	2
	Ⅳ(A18、AH)		24	587.6(561.5)	2
	Ⅴ(A19、A20)		32	853.4(818.4)	2
	Ⅵ(A21 ~ A24)		56	1 132.4(1 101.4)	2
	Ⅶ(A25 ~ A27)		36	841.5(801.9)	2
	Ⅷ(A28 ~ A32)		60	1 208.0(1 142.0)	2
	Ⅸ(A33 ~ A34)		21.9	549.3(525.4)	2
边跨合龙梁段		N(S)A11-2	8	193.6	2

续表

梁段安装分类	类型	梁段编号	长度/m	最大设计吊装重量/t	全桥
中跨合龙梁段	O	JH	6.4	127.1	1

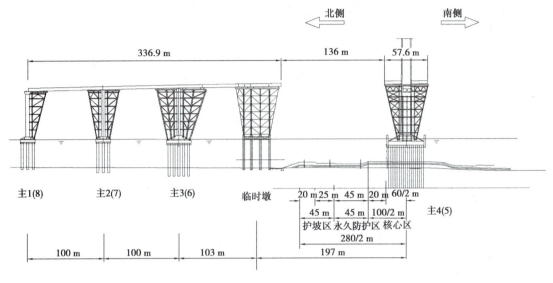

图 7.52　大块梁段安装总体布置示意图

(2)钢箱梁安装总体施工程序

①拼装边墩、辅助墩临时支架及临时墩,拼装索塔区存梁托架。

②利用浮吊吊装边跨、辅助跨大块梁段(A11-1～A34),经精确定位后,全断面焊接拼缝,如图 7.53 所示。

图 7.53　浮吊吊装大块梁段

③利用浮吊吊装塔区 0 号块梁段(A、B1+B2)梁段,并进行初定位。

④精确调位塔区 A 梁段,进行塔梁临时固接。精确调位 B1+B2 梁段,全断面焊接拼缝。

由于主桥设计采用非塔梁固接体系,施工期塔梁需采取临时固接措施。塔梁临时固接的作用主要是为施工期主梁提供弹性约束。对苏通大桥,上部结构施工采用几何控制法,当中跨合龙时环境温度与设计基准温度差异较大时,合龙段配切将对结构受力产生较大影响,为保证主梁无应力尺寸,中跨需要保留采取顶推合龙的方法,这就要求临时固接处应具有调整功能,以适应顶推的需要。因此采用图 7.54 布置可以实现对主梁的固接约束,并满足主桥中跨顶推合龙需要。为方便临时索索力调整和中跨顶推合龙,竖向和纵向采用类似斜拉索结构的平行钢丝索。

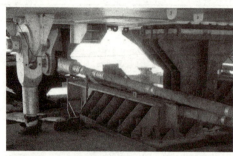

图 7.54 塔梁临时固接

⑤第一次对称张拉 A1、J1 及 A2、J2 号斜拉索,解除 B1+B2 梁段底部临时支撑。

⑥安装、调试桥面吊机。

⑦第二次张拉 A1、J1 及 A2、J2 号斜拉索,对称吊装 A3、J3 梁段,经精确定位钢箱梁后,全断面焊接拼缝,挂设 A3、J3 号斜拉索。

⑧第一次张拉 A3、J3 号斜拉索,桥面吊机松钩前移,第二次张拉 A3、J3 号斜拉索,对称吊装 A4、J4 梁段,经精确定位钢箱梁后,全断面焊接拼缝,挂设 A4、J4 号斜拉索。

⑨按⑧所述的方法分别安装、张挂钢箱梁及斜拉索至 A10、J10 钢箱梁及斜拉索。

⑩吊装边跨合龙梁段(A11-2),与 A10 梁段焊接,边跨、辅助跨大块梁段顶推,实现边跨合龙。

⑪岸侧桥面吊机拆除,进入单悬臂钢箱梁安装施工。

⑫江侧桥面吊机起吊 J11 梁段,经精确定位钢箱梁后,全断面焊接拼缝,挂设 A11、J11 号斜拉索。第一次对称张拉 A11、J11 号斜拉索,桥面吊机松钩前移,第二次对称张拉 A11、J11 号斜拉索。

⑬按⑫所述的方法分别安装钢箱梁至 J15,张挂斜拉索至 A15、J15,第一次张拉 A15、J15 号斜拉索,桥面吊机松钩前移,第二次张拉 A15、J15 号斜拉索,在近塔辅助墩(3#、6#主墩)进行第一期压重施工。

⑭按⑫所述的方法分别安装钢箱梁至 J22、张挂斜拉索至 A22、J22，第一次张拉 A22、J22号斜拉索，桥面吊机松钩前移，第二次张拉 A22、J22 号斜拉索，在远塔辅助墩(2#、7#主墩)进行第一期压重施工。

⑮按⑫所述的方法分别安装钢箱梁至 J26、张挂斜拉索至 A26、J26，第一次张拉 A26、J26号斜拉索，桥面吊机松钩前移，第二次张拉 A26、J26 号斜拉索，在过渡墩(1#、8#主墩)进行第一期压重施工。

⑯按⑫所述的方法施工完成至 A34、J34 号斜拉索的第二次张拉。

⑰进行施工监控，抬吊 JH 梁段，实现中跨合龙，解除塔梁临时固接。

⑱拆除桥面吊机进行辅助墩和过渡墩第二期压重施工。

⑲安装主桥附属设施，拆除其他施工设备设施。

⑳全桥线形及索力检测、调试。

（3）中跨合龙段施工

中跨合龙梁段编号为 JH，长度 6.4 m，设计重量为 127.1 t(含风嘴)，吊装时风嘴暂不安装，其重约 119.1 t。

中跨合龙设计基准温度为 20 ℃，在该温度状态下进行中跨合龙，对永久结构不会产生不利影响，但在实际施工中，受合龙时机及其自然条件的影响，合龙时的环境和结构温度均将与基准温度存在差异，因此必须选择合理的合龙方案，以尽量减少温度对结构产生的影响，同时方便施工。

根据对目前同类型桥梁中跨合龙方法的研究，中跨合龙主要有以下 3 种方案。

①温度配切合龙是目前国内常用的一种钢箱梁斜拉桥中跨合龙的方法，具有经济、方便、快捷等特点，且施工工艺较为成熟，施工经验较多。

温度配切合龙方案施工要点在于：调整合龙口两侧梁段，安装劲性骨架，通过对现场合龙口的监测，确定合龙时机和合龙梁段的长度，对合龙梁段进行配切(改变梁段长度)，采用桥面吊机抬吊，在比较稳定的温度时段内(无日照)，合龙段与两端悬臂梁段间的接缝同步焊接，并解除塔梁临时固接。

温度配切合龙方案对环境温度的依赖性很强，根据控制计算，当实际环境温度超出设计基准合龙温度 5 ℃以上时，合龙梁段配切量大(温度每变化 1℃，合龙口长度变化约为13 mm)，成桥后索塔偏量较大。

②顶推合龙是国外常用的合龙方法，该方案体现了无应力尺寸几何控制的思想，对环境温度的依赖性小。由于没有改变合龙段长度，因此对成桥结构受力与线形影响小。

顶推合龙方案施工要点在于：顶推移动已安装的钢箱梁，单侧桥面吊机起吊合龙梁段，先与一端的悬臂梁段对接施焊，梁段回移后，再与另一端悬臂梁段对接施焊。

合龙梁段两侧接缝采取分步焊接。由于钢箱梁悬臂长，施工经过昼夜，周期较长，受日照影响，温度变幅大，因而需要的顶推量较大。在顶推前需放松塔梁临时固结竖向索部分索力。

③顶推辅助合龙是温度配切合龙的一种补充方案，结合本桥的实际情况，当监测到的实

际环境温度超出设计基准合龙温度 5 ℃ 以上时,在实施温度配切合龙方案过程中辅以顶推措施。

顶推辅助合龙方案施工要点在于:调整合龙口两侧梁段,安装劲性骨架,将合龙口两侧钢箱梁整体向岸侧拉移(改变合龙口长度),采用桥面吊机抬吊合龙梁段(基准温度下的长度),在同一比较稳定的温度时段内(无日照),整体回移合龙口两侧钢箱梁,同步焊接两条接缝,并解除塔梁临时固接。

该方案综合了温度配切和顶推的思路,合龙梁段两侧接缝在温度相对稳定的夜间同步焊接,温度变幅小,要求的顶推量小。由于没有改变合龙段长度,因此对成桥结构受力与线形影响小。为保证顶推后临时索索力安全系数大于 2.0,以及方便梁段移动,在顶推前需放松塔梁临时固接竖向索部分索力。

通过对目前同类型桥梁中跨合龙方法的研究,同时考虑本桥的实际情况,选择顶推辅助合龙作为本桥的中跨合龙实施方案。

中跨合龙段施工步骤如图 7.55—图 7.61 所示。

①NJ34 和 SJ34 梁段焊接完成,第一次张拉 A34 和 J34 斜拉索,桥面吊机解钩;50 t 汽车吊拆除角度调整支架;J32 和 J33 斜拉索放张;第二次张拉 A34、J34 斜拉索。

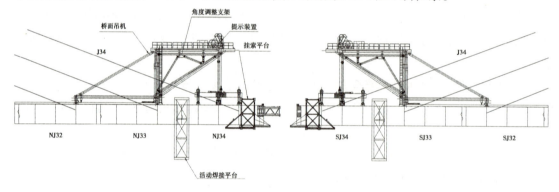

图 7.55　中跨合龙段施工步骤一

②桥面吊机后移一个梁段,更换吊具(扁担梁);汽车吊就位,拆除挂索平台,安装临时通道、劲性骨架及临时替代压载(水箱加水)。

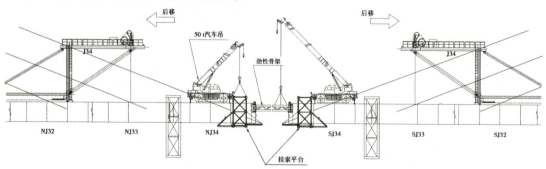

图 7.56　中跨合龙段施工步骤二

③桥面吊机前移至合龙梁段的吊装位置,检查车前移至合龙口附近。

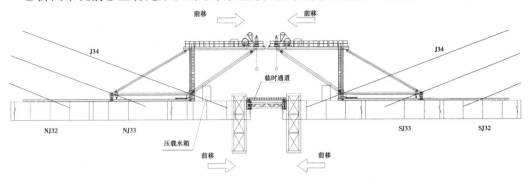

图 7.57 中跨合龙段施工步骤三

④调整梁段的相对标高、合龙口宽(上下口)和轴线;将合龙口两侧的劲性骨架焊成整体;放松塔梁竖向临时固接索部分索力,将合龙口两侧的梁段分别向岸侧拉移(根据实际情况确定)。

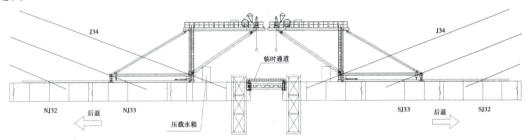

图 7.58 中跨合龙段施工步骤四

⑤桥面吊机抬吊合龙梁段,同时卸去梁段临时替代压载。

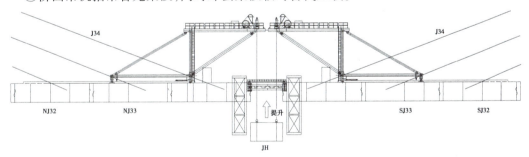

图 7.59 中跨合龙段施工步骤五

⑥合龙梁段进入合龙口,两侧梁段回移,并与合龙梁段匹配;检查车前移至接缝处,两侧接缝同时焊接,并及时解除塔梁临时固接(日出之前完成)。

⑦恢复调整过的索力;桥面吊机后退,检查车后退,拆除劲性骨架等结构,吊装风嘴。

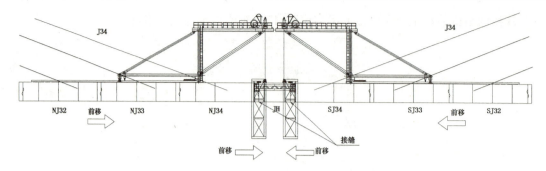

图 7.60　中跨合龙段施工步骤六

图 7.61　中跨合龙段施工步骤七

3)斜拉索施工

苏通长江公路大桥斜拉索采取空间双索面扇形结构,每塔的两侧各布置 34 对斜拉索,具体如图 7.62 所示。

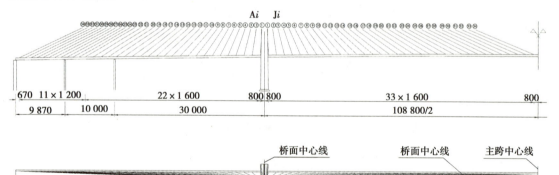

图 7.62　斜拉索总体布置图

拉索采用工厂生产的双防腐系统(镀锌和高密度聚乙烯外保护层)的高强度低松弛平行钢丝扭绞型成品拉索,钢丝规格型号为 PES7(平行钢丝斜拉索构造见示意图 7.63)。根据索力的不同,本桥斜拉索共分 8 种规格,即 PES7-139、PES7-151、PES7-187、PES7-199、PES7-223、PES7-241、PES7-283 和 PES7-313。最长索为 577 m,重 59 t。全桥共设 4×34×2 = 272 根斜拉索,梁段中跨及边跨索距为 16 m,辅助跨远塔处索距为 12 m。

图 7.63　平行钢丝斜拉索构造示意图

各索的总体施工方法分别为：

①1—8#索采用 MD3600 塔吊整体提升上桥面置于卧式放索机上；MD3600 塔吊进行塔端挂设及桥面展开；桥面卷扬机、梁内手扳葫芦牵引梁端锚头入索套管锚固；最后在塔端进行张拉。

②9—20#索采用桥面吊索桁车整体提升上桥面置于立式放索机上；桥面卷扬机牵引梁端锚头至前端梁，MD3600 塔吊提升斜拉索中部完成桥面展开；在塔端锚头处安装(2.2+1.8)m 长张拉杆后，利用塔顶门架进行塔端挂设，桥面卷扬机、连续千斤顶牵引梁端锚头入索套管锚固；最后在塔端进行张拉。由于在梁端进行软牵引，为满足施工空间要求，因此在斜拉索锚固区梁风嘴底板开孔，待该节段斜拉索施工完成后即进行修复。

③21—34#索采用桥面吊索桁车整体提升上桥面置于立式放索机上；桥面卷扬机牵引梁端锚头至前端梁，MD3600 塔吊提升斜拉索中部完成桥面展开；利用塔顶门架进行塔端挂设；桥面卷扬机、连续千斤顶、软硬组合牵引梁端锚头入索套管锚固，最后在梁端进行张拉。由于在梁端进行软、硬牵引及张拉，为满足施工空间要求，将部分或全部风嘴先不安装，待该节段斜拉索施工完成后进行安装。

以 21—34#索为例介绍斜拉索的施工流程：

①斜拉索桥面展开及塔端挂设，如图 7.64 所示。

②斜拉索梁端挂设，如图 7.65 所示。

③斜拉索张拉(图 7.66)。1—20#索张拉统一在塔端进行，21—34#索张拉统一在梁端进行；斜拉索张拉按几何控制法进行控制，即以斜拉索的锚固位置作为主控参数，斜拉索的索力及桥面标高作为复核。开启油泵对称同步张拉斜拉索，拧紧锚固螺母。

(a)放索机横移至箱梁中央　　　　　　　(b)汽车吊卸下梁端锚头

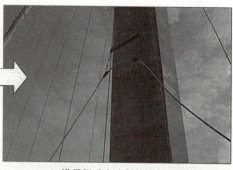

(c) 卷扬机牵引梁端锚头至前端梁部分展开拉索　　　　(d) 塔吊提升完成斜拉索桥面展开

(e) 塔端锚头处安装夹具连接塔顶桁吊滑车组　　　　(f) 塔顶桁吊提升斜拉索完成塔端挂设

图 7.64　斜拉索桥面展开及塔端挂设

(a) 卷扬机牵引梁端锚头至桥面吊机处，安装张拉杆(6 m+6 m)；在张拉杆端头安装软牵钢铰线

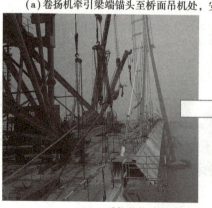

(b) 30 t手拉葫芦1提升斜拉索锚头，5 t手拉葫芦提升张拉杆，50 t
汽车吊提升斜拉索调整角度，连续千斤顶牵引斜拉索前行

（c）解除5 t手拉葫芦，连续千斤顶牵引张拉杆出梁端撑脚中间搁板后，给张拉杆戴上安全螺母，移走50 t汽车吊，拆除一级牵引装置，30 t手拉葫芦2在夹具两处提升斜拉索调整角度，拆除连续千斤顶安装900 t穿心千斤顶

（d）30 t手拉葫芦1、2、3调整角度，900 t穿心千斤顶牵引斜拉索直至所有加长张拉杆出千斤顶面，拆除所有加长张拉杆，至此斜拉索梁端挂设完成

图 7.65　斜拉索挂设施工过程图

图 7.66　斜拉索张拉施工过程图

任务 7.2　斜拉桥施工监控

我国借鉴国外的经验，从建设第一座斜拉桥起，就注意到施工过程控制的重要性。比如

有座 210 m+200 m 跨径的单塔单索面斜拉桥,在施工中采用劲性骨架悬臂浇筑主梁,浇筑主梁时通过水箱放水减载与浇筑的混凝土重力相平衡,以此保持设计线形(设计高程)。理论上是完善的,但由于主梁分边箱和中箱两次浇筑,施工工序除纵向分节段外,横向又分两次完成,工序太多,不容易控制,造成该桥完工后,主梁外观呈波浪形,在桥面行车时更为明显,不但影响行车舒适度,也造成外观缺憾,而各斜拉索受力是否符合设计要求,就更不得而知了。为了建设高质量、外形美观的桥梁,施工控制是绝不可少的,桥梁施工控制是确保桥梁施工质量的关键。

斜拉桥结构复杂,是高次超静定结构,形成过程复杂,不同施工方案具有不同的形成过程,形成过程也就是体系转换的过程,且会受到诸多不利因素的影响,所以,斜拉桥形成过程中的受力体系不断改变,每一个节点的坐标变化都会对桥梁的内力分配产生影响,结构内力、几何状态也随之变化。为了确保桥梁施工过程中结构受力安全和成桥状态(线形、内力)满足设计要求,必须对建桥的整个施工过程进行严格控制。

桥梁施工控制又是桥梁建设的安全保证。为了安全可靠地建设好每座桥,施工控制变得非常重要,因为每种体系的桥梁所采用的施工方法均按预定的程序进行,施工中的每一阶段结构的内力和变形是可以预计的,同时可通过监测手段得到各施工阶段结构的实际内力和变形,从而完全可以跟踪掌握施工进程和发展情况。当发现施工过程中监测的实际值与计算的预计值相差过大时,就要进行检查和分析原因,而不能再继续进行施工,否则可能会出现事故。为避免突发事故的出现,能按时安全地建成一座桥,施工控制是有力的保证。也可以说,桥梁施工控制系统就是桥梁建设的安全系统。为确保桥梁施工的安全,桥梁施工控制必不可少,尤其对造价昂贵的大跨度斜拉桥,更为重要。

理论上讲,根据设计确定的施工张拉索力进行施工,即可达到最优成桥状态,但施工中存在如下误差:

①构造尺寸、节段重量与设计值偏差;

②拉索施工索力误差;

③施工临时荷载等与设计值偏差;

④预应力钢筋布置及预应力张拉等施工误差;

⑤材料弹性性能、徐变收缩性能与设计值偏差。

施工监控意义

上述误差的累积,将使设计最优成桥状态难以实现。斜拉桥是索承重(支承)结构,结构的重力、索力是影响结构状态的关键。

7.2.1　施工监控的方法与内容

1)控制系统的方法理论

斜拉桥施工控制方法的研究围绕施工误差的有效消除或修正这一核心问

监控理论方法

题展开。斜拉桥施工监控方法的理论方法发展随现代控制理论的发展而不断完善,经历了开环控制→闭环控制→自适应控制的发展历程。

(1)开环控制

开环控制早期应用于跨度不大且结构体系较简单的桥梁结构。在设计计算阶段获得其关键施工阶段的理想状态,进而得出各关键施工阶段的结构预拱度,施工过程中按照预拱度进行施工控制。施工过程中不进行计算模型参数修正,本质上属于单向、确定性的控制方法;即不需要根据结构的实际响应来改变施工中的预拱度,较为简便。这一方法的成功前提是在设计阶段能够对施工过程中结构预拱度进行准确预测。

(2)闭环反馈控制

闭环反馈控制应用于跨度大且结构体系复杂的桥梁结构。尽管可以精确计算出成桥及各关键施工阶段的理想结构状态,但实际施工状态和理论状态必然存在偏差,且越积越大。闭环反馈控制利用监测数据与计算数据的误差,即刻给出拉索张拉力的调整增量,如果计算结果本身不合理,或与现场情况有差距,新节段施工后将出现新的误差,将可能出现调整失误。

相对于开环控制,闭环反馈控制能够实现对于误差的及时调整和修正,对施工过程的控制更深入、更科学,但本质上属于被动控制方法,如图 7.67 所示。

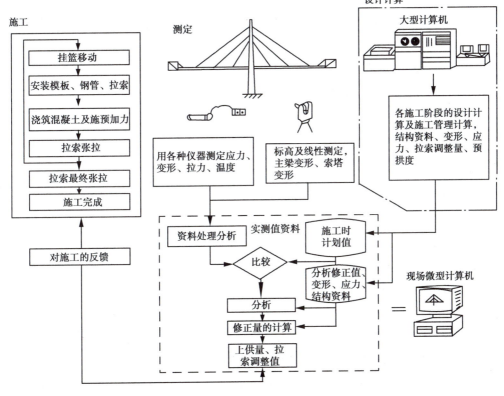

图 7.67 闭环反馈控制系统示意图

（3）自适应控制

施工过程中能根据关键参数的识别结果不断进行模型修正,使计算模型与实际结构磨合后能够自动适应结构的力学行为的实际情况,从而有效降低模型误差,为主动进行结构施工状态的控制提供决策依据,如图7.68所示。在误差出现后不是立即实施调整,而是分析误差出现的原因,调整模型。

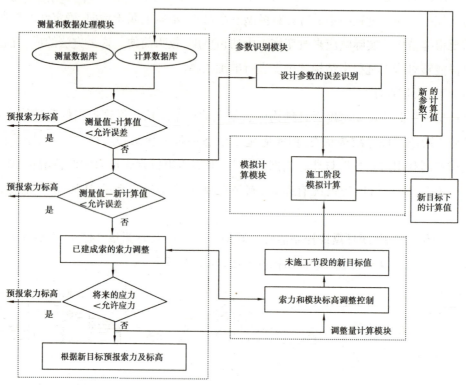

图 7.68　自适应控制系统示意图

2）斜拉桥施工监控的手段与理念

斜拉桥施工监控的手段与理念经历了单控→双控→几何控制的过程,从单纯施工阶段的部分过程控制发展到了全过程控制,如图7.69所示。

全过程控制是从关键构件制造开始进行施工控制,对构件的制造控制即为几何控制,由此在控制理念里又引起了一次革新,即从传统的以主梁高程或索力为控制目标转变成以关键构件的无应力尺寸为控制目标。通过精确控制构件的无应力尺寸与形状来达到控制桥梁结构最终线形和内力的一类施工控制方法。无应力状态是连接斜拉桥结构制造阶段与成桥阶段的纽带,通过对无应力状态指标的控制,能够更加有效地实现实际成桥状态对设计目标状态的逼近,从而获得高质量的施工控制结果。

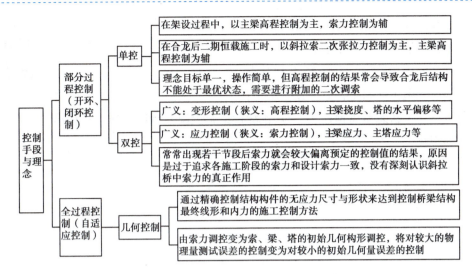

图 7.69　斜拉桥施工监控的手段与理念

3）斜拉桥施工监控的内容

斜拉桥监控方法

施工监控是通过施工过程中的跟踪测试、分析，不断采取调整措施，使桥梁建成时达到接近最优成桥状态的合理成桥状态。

施工监控工作包括监测和控制两个部分。

①监测。通过事先在高塔、梁和拉索这些工程部分上放置各种性能不同的传感器和测量仪器来完成数据的收集，其中包含工程的几何监测和物理监测（图 7.70）；通过测量和测试手段获得桥梁在施工中的状态。

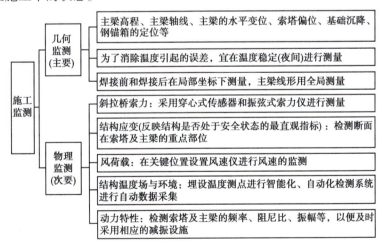

图 7.70　施工监测的内容

②控制。通过电子计算机，对获得的数据进行分析整理，进而得出下一阶段的工程施工参数。工作人员再将两种结果进行整合分析，对施工中出现的桥梁内力与外形的偏差进行矫正，保障工程的安全有效运行以及桥梁的外观美感。根据监测的结果与计算结果比较，分析

桥梁状态存在的误差,确定实时调整方案。

（1）数据分析与反馈控制流程

①识别当前桥梁结构受力状态、几何状态;

②判别桥梁施工状态是否处于预控状态;

斜拉桥监控方法

③当桥梁施工状态偏离预控状态时,预测桥梁施工误差对后续施工过程结构受力状态与几何状态的影响;

④确定是否发出安全预警;

⑤决定是否对施工过程预控数据或施工工艺实施调整或变更。

（2）控制措施

几何状态误差超过限值时:

①对几何状态可调整的,如主梁悬臂安装标高,需在当前施工状态结合索力情况直接调整,也可以采取渐进调整的方式;

②对几何状态不可调整的,如混凝土索塔已施工好的节段,需以当前施工状态为基础对后续施工状态数据进行反馈控制。

受力状态误差超过限值时:

①通过减少临时荷载或调整临时荷载位置改善受力;

②采用临时配重,调整临时配重位置、大小改善受力;

③通过调整施工工序、工艺,调整结构受力状态;

④采取局部加固或增设临时辅助设施等措施改善后续施工中结构受力状态。

7.2.2　工程案例

苏通大桥施工控制在国内首次采用构件几何控制法。构件几何控制法是基于全桥所有构件精确的制造控制,是以结构无应力尺寸为根本,以反应敏感、综合性强的几何参数为首要控制目标,现场安装中以钢箱梁无应力线形、斜拉索无应力长度为主要控制手段进行施工控制。为保证控制目标的实现,首先要以准确的模拟计算为基础,提出无应力制造线形(制造尺寸)和无应力索长,进而严格控制节段预制或制造尺寸,严格控制各安装阶段几何目标线形,及时纠正施工误差,使每一阶段构件预制或安装处于受控状态。

苏通大桥几何控制的精髓是对各个构件的精确控制。为了能够将成桥线形控制在误差允许范围内,把斜拉索的制造无应力长度控制在允许误差范围内是极其重要的。即精确制造是实现成桥目标线形的首要条件。计算分析模型模拟了从索塔区梁段开始直到成桥的整个过程,所有的钢箱梁和斜拉索的制造尺寸均通过分析模型计算得到。通过模型分析能够提供结构在参考状态下的结构行为。在每一个施工阶段输入实际安装信息,通过计入当前误差预测下一阶段线形。

1)成桥偏差控制指标

在 20 ℃ 设计基准温度下,成桥状态施工控制达到的目标为:

(1)主梁线形

主梁线形应无明显折角、光滑圆顺。

中跨:$\Delta_g = \pm[0.45 \times X + 50]$ mm

其中,X 为距塔中心线的距离,m。

边跨:

塔中心线至边跨跨中 $\Delta_g = \pm[0.22 \times X + 50]$ mm

其中,X 为距塔中心线的距离,m。

辅助墩至边跨跨中 $\Delta_g = \pm[25 + 0.5 \times (X-25)]$ mm

其中,X 为距辅助墩中心线的距离,m。

其中,Δ_g 为主梁线形控制误差,单位 mm。即 1 088 m 主跨跨中最大误差为 ±295 mm,300 m 边跨跨中最大误差为 ±88 mm,100 m 边跨跨中最大误差为 ±38 mm。

(2)塔顶偏位

$$\Delta_t = \pm H/2\,000 \text{ mm}$$

其中,Δ_t 为塔顶偏位控制误差,mm;H 为塔高度,m。即塔顶偏位最大误差为 ±150 mm。

(3)斜拉索索力

$$\Delta_c = \pm 10\% \times T_0$$

其中,Δ_c 为斜拉索索力控制误差;T_0 为成桥状态理论计算索力。

(4)主梁轴线容许偏差(中跨)

$$\Delta_z = \pm[10 + 0.1x]$$

其中,Δ_z 为主梁轴线容许偏差;x 为距塔中心线的距离,m。

2)控制流程

施工控制内容主要分为计划阶段、预制阶段、安装阶段 3 个阶段,几何控制方法的 3 个阶段的总体流程如图 7.71 所示。

在制造过程和现场安装过程均实施几何控制。对每一个结构构件,在施工控制手册中均规定了控制程序和必要的施工设备。施工手册涵盖了施工控制程序、测量与监测设备、测量标准与放样方法等。在每一个安装周期完成后,进行阶段控制评估。

3)制造控制

(1)斜拉索制造

斜拉索制造过程不仅严格控制制造长度使其满足允许误差的要求,同时也非常注重斜拉索的刚度控制。

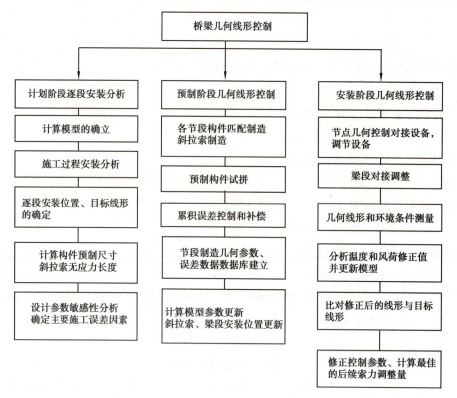

图7.71　几何控制方法总体流程图

斜拉索的实际制造误差被用来确定安装时锚杯上的螺母位置,并可通过调整螺母位置来确定实际的斜拉索安装长度。然而,当斜拉索的制造误差超过误差允许范围,将会大大增加最终安装的斜拉索长度不能达到设计长度的风险,导致成桥线形偏离设计线形。

对于几何控制来说,斜拉索的制造需要严格控制以下参数:

①索长。斜拉索的制造测量采用徕卡测距仪,其仪器的标称精度为(1 ± 0.001)mm。测量斜拉索长度时,将斜拉索张拉到破断张拉力的30%,在测量长度的同时监测温度。

②弹性模量。斜拉索的设计弹性模量是195 GPa,实际制造弹性模量由实测获得。所有272根斜拉索的弹性模量平均值为193.8 GPa,比设计所采用的弹性模量小1.2 GPa。

③斜拉索质量。斜拉索质量包括斜拉索本身质量和锚头质量。斜拉索本身质量采用单位长度质量进行记录,制造单位分别对不同型号的斜拉索质量进行采样测试。锚头质量由锚杯制造单位提供,锚杯内填料的质量由斜拉索制造单位根据实际填料质量记录并提供。

(2)钢箱梁制造

钢箱梁制造控制对成桥线形是否能够达到设计线形极其重要,所以在制造过程中的几何控制是实现苏通大桥几何控制成败的关键。在制造单位编制的制造规程相关文件中详细规定了不同制造阶段的制造要求和标准,以及质量保证措施。即在制造过程中严格按照制造程序的要求,并执行严格的检查来保证在不同阶段均能满足控制精度要求。对应于采用的制造方法,在组拼、焊接、预拼装等过程中对关键项目进行严格控制是非常必要的。

相对于几何控制,以下参数是最重要的控制部分:

①主梁线形控制。钢箱梁节段的制造是在胎架上完成的。在每轮次制造之前,依据制造指令报告给出的制造线形,调整胎架的线形,使其与制造指令报告中的制造无应力线形一致。在整个组拼过程中,也对胎架的线形进行监测。

胎架的线形决定了钢箱梁的制造无应力线形。实际上胎架主体结构的线形是不可能每次都进行调整的,胎架线形的调整是通过牙板进行的(图7.72)。在每轮次拼装之前,制造单位通过调整牙板的高度来调整线形。

图7.72　胎架、牙板图

②梁长控制。在钢箱梁节段的组拼过程中,梁段与梁段之间均预留一定的空隙,该缝隙的宽度比所需的焊缝宽度要大,多出焊接所需焊缝宽度的部分,称为工艺缝。在组拼时留有一定的工艺缝,这是因为:

a.当温度升高时梁段将膨胀,较宽的缝隙可以避免相邻梁段在膨胀时发生冲突。

b.在组拼完成之前,梁段的实际长度要比所需长度略长一些,在组拼完成后根据测量长度将多余的长度切除。

c.方便组拼过程中的操作。标准梁段组拼时,工艺缝的宽度约为30 mm,大块梁段制造时工艺缝宽约为60 mm。

在每个焊缝口,均焊接了4对止顶板,分别位于顶板和底板的上下游侧。

在梁段安装阶段需要重现制造无应力线形,就需要使用止顶板来实现。当钢箱梁组拼完成且还位于整体胎架上时,就要控制止顶板之间的距离,4个止顶板之间的距离需要相同,记为Δ。在安装阶段,将其中一个梁段朝向另一个梁段平移Δ,这样能够重现制造时梁段间的夹角,也即重现了制造无应力线形。当然,假如在安装过程中需要修正无应力线形,则在顶板或底板的止顶板之间插入一定厚度(也不能过厚,否则焊缝宽度将过大,容易产生焊接质量问题)的垫片即可改变梁段间的夹角,从而改变无应力线形。

主跨合龙段的长度对成桥梁长的控制是至关重要的。合龙段的设计长度为6 400 mm,制造单位将合龙段制造成6 700 mm的梁段用于补偿可能发生的其他梁段总长小于理论长度时的长度误差。在合龙之前,根据现场监测及分析确定最终合龙段所需长度,制造单位随即根据切割指令将合龙段切割为最终长度。制造时,合龙段的北侧完全根据设计长度制造,而只在南端加长 300 mm。

③几何控制点。几何线形的控制需要通过几何控制点测量和其他辅助的尺寸测量来实现。每个钢箱梁梁段上均设有一定数量的控制点。无论在组拼阶段、预拼装阶段还是在现场安装阶段均使用相同的几何控制点,并在钢箱梁表面清晰地标记出来,保证在每个阶段都能很容易地被识别。

每个标准阶段都设有 8 个几何控制点,控制点位于钢箱梁的顶板表面,形成与主梁的纵轴线分别平行与垂直的方向线,如图 7.73 所示。每一个控制点都采用含有梁段编号和点号的唯一编号进行标记,例如编号 NA34-T2 的控制点,其中 NA34 为梁段编号,T2 为点号。

在每个控制点上,均焊有一个 M20 螺母,用于清晰地标记控制点的位置。

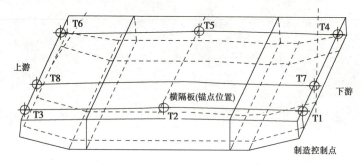

图 7.73 标准梁段顶面的控制点

4)现场安装控制

有关悬臂梁段的施工,对几何控制的要求,以下两个施工参数需要进行详细的分析和实施:一是相邻梁段之间的夹角,控制着主梁的局部线形;二是斜拉索无应力长度,控制着主梁的整体线形。为了实现对上述两个参数的精确控制,需要一些精确可靠的测量。

(1)夹角

钢箱梁预拼装的目标线形是理论无应力线形,即在胎架上制造完成的钢箱梁线形的目标线形是无应力线形。通过制造测量能够计算出梁段之间的夹角。在安装阶段,当梁段起吊就位后并与已安装梁段临时连接后,采用激光经纬仪复核梁段之间的夹角是否满足要求。通过这种方法,需要测量两侧边腹板位置的偏移量。

目标偏移量大小需要考虑以下两个方面的因素:

①已安装梁段在吊机荷载(含起吊梁段)作用下的局部变形;

②预测的顶底板差异焊接收缩量。

根据有限元模型的分析计算获得钢箱梁在吊机荷载作用下的局部变形效应。钢箱梁顶底板差异焊接收缩量与焊缝宽度有关,发现误差时需要在底板增加 4 ~ 6 mm 厚的垫片来进行补偿。

（2）斜拉索无应力长度

斜拉索无应力长度是通过锚杯上的螺母位置来确定的。根据实际安装的塔端和梁段锚固点位置误差,对由计算机模型确定的理论无应力长度进行修正,来确定最终安装采用的斜拉索无应力长度。

除此之外,还对钢箱梁质量和长度进行误差识别,并对这部分误差所产生的索长改变量进行修正。随着钢箱梁悬臂的加长,这两项误差趋势识别的可信度逐步提高,并对具有较高可信度的系统性误差进行修正,即修正斜拉索的无应力长度,如图 7.74 所示。

总的来说,斜拉索无应力长度的修正主要依据以下两个方面的因素:

①物理参数:梁重、斜拉索弹性模量、斜拉索质量、结构刚度。

②几何参数:索塔锚点坐标、主梁锚点坐标(主要是索塔锚点高度误差和主梁长度误差)。

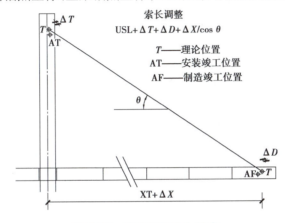

图 7.74　斜拉索无应力长度

（3）评估

在每一安装周期完成后,对主梁的线形进行测量并对索力进行测试,同时记录施工荷载的大小及位置,以及监测环境数据。在计算模型中输入实际安装的梁段间夹角以及实际安装的斜拉索无应力长度,进行计算得到预测目标数据,用于同实测数据进行比较。评估报告中对上述两项实测数据与预测目标数据进行比较,涵盖线形和索力的比较。

评估报告还包含了正装分析,该分析模型中采用了实际安装数据,然后正装分析到中跨合龙来预测成桥线形。

（4）数据存储与传送

图 7.75 给出了制造单位与现场的信息流情况。现场施工组收取斜拉索和夹角安装指令,在每一施工阶段后,监测组收集施工过程的竣工数据及相关的环境数据、施工荷载等,施工控制组在每一施工周期后提供预测阶段线形和正装分析模型,并根据现场测量数据,更新模型,对误差进行分析并提供后续调整措施。

对大量的施工信息,使用数据化传送;对数据的处理则使用标准化的计算表格。

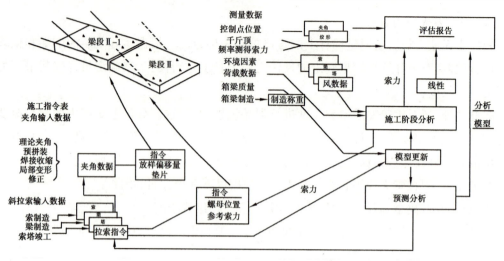

图 7.75 现场几何控制信息流

项目小结

斜拉桥的三大受力构件——索塔、主梁、斜拉索,其中主梁的施工方法在本书前面项目都有介绍,且是重点内容。索塔和斜拉索的施工是新知识点,可为日后继续学习同为缆索承重体系的悬索桥打下基础。通过本项目的学习,使大家认识到大型桥梁的施工都离不开各种各样的机械设备,不同的施工工法其实就是用到不同的施工设备。所以在学习桥梁知识的同时,也应加强对机械设备的了解。斜拉桥施工阶段的施工监控只是全过程控制中的重要一环,桥梁的全过程控制正在成为一个热门课题,同学们有必要对控制理论做一定的了解。目前我国有大量的桥梁年久失修,处于亚健康状态,亟须监测采集数据建立一个桥梁监测数据库,用于快速对比评估桥梁状态。

巩固与提高

7.1 何为劲性骨架? 桥塔钢筋骨架中设置劲性骨架的目的是什么?

7.2 简述前支点挂篮与后锚式挂篮的区别与适用范围。

7.3 斜拉索在梁端与塔端有哪些连接形式?

7.4 施工期和运营期为何都要进行索力调整?

7.5 斜拉桥主梁采用前支点挂篮悬臂浇筑,桥塔采用爬模施工,钢绞线索需要哪些施工设备?

7.6 简述滑模、爬模、翻模的适用范围,其模板上升的动力各来自哪里?

7.7 斜拉桥施工监控具体要监测哪些内容?

项目8　桥面系及附属工程施工

掌握桥面系及附属工程的结构组成；掌握常用桥面系及附属工程的施工方法。

能看懂桥面系及附属工程施工图纸；能根据施工图纸，制订施工方案；能根据施工方案，确定桥面系的施工组织；能对桥面系及附属工程的施工过程进行管理。

城市桥梁除了交通功能之外，还具有城市地标性建筑的作用。桥梁的美感、行人的安全感、行车的舒适性大多来源于桥梁的装饰装修——桥面系及附属工程。施工单位不仅注重关乎桥梁安全的主体结构质量，还重视桥梁使用的附属工程质量，否则会加重桥梁运营单位日常维修和养护的负担，且会影响桥梁使用年限。学习也是一个不断攻克小问题的过程，在学习过程中不能绕开了许多看似不起眼的小问题。不积跬步，无以至千里；不积小流，无以成江海。

桥面系直接与车辆、行人接触，对桥梁的主要结构起保护作用，并且使桥梁能够正常使用。同时，桥面系构造多属外露部位，其选择是否合理、布置是否恰当直接影响桥梁的使用功能、布局和美观。因此，桥面构造必须被引起足够重视。

桥面系包括桥面铺装、伸缩装置、排水和防水系统、人行道（或安全带）及防撞护栏等，其构造如图8.1所示。

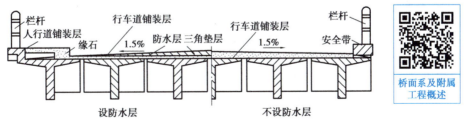

图8.1　桥面系的一般构造

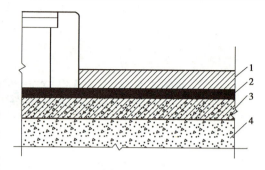

任务 8.1　桥面铺装层施工

桥面防水层经验收合格后应及时进行桥面铺装层施工。雨天和雨后桥面未干燥时,不得进行桥面铺装层施工。铺装层应在纵向100 cm、横向40 cm内逐渐降坡,与汇水槽、泄水口平顺相接。桥面铺装的常用构造层次有铺装层、防水层等,如图8.2所示。

图 8.2　桥面铺装构造层次图

1—铺装层;2—防水层;3—钢筋
混凝土桥面板;4—上梁

8.1.1　混凝土桥面铺装

1)沥青混凝土桥面

沥青混凝土桥面铺装施工应符合下列规定:

①铺装的层数和厚度应符合设计规定,铺装前应对桥面进行检查,桥面应平整、粗糙、干燥、整洁。铺装前应撒布黏层沥青。

桥面铺装施工

②当采用刻槽方式增加沥青混凝土铺装层与混凝土桥面的啮合,提高其抗滑能力时,刻槽的宽度宜为20 mm,槽间距宜为20 mm,槽深宜为3~5 mm。

③沥青混凝土的配合比设计、铺筑及碾压等施工,应符合现行行业标准《公路沥青路面施工技术规范》(JTG F40—2004)的有关规定。

2)水泥混凝土桥面

(1)施工要求

①铺装的厚度、材料、铺装层结构、混凝土强度、防水层设置等均应符合设计规定。

②桥面铺装工作应在梁体横向连接钢板的焊接工作或湿接缝浇筑完成后方可进行。

③铺装施工前应使梁、板顶面粗糙,清洗干净,并应按设计要求铺设纵向接缝钢筋和桥面钢筋网。

④水泥混凝土桥面铺装时,起做面应采取防滑措施,并宜分两次进行,第二次抹平后,应沿横坡方向拉毛或采用机具压槽,拉毛或压槽的深度应符合现行行业标准《公路水泥混凝土路面施工技术细则》(JTG/T F30—2014)的有关规定。

⑤水泥混凝土桥面铺装,如设计为防水混凝土,施工时应按照防水混凝土的相关规定执行。

⑥纤维水泥混凝土桥面铺装的施工,可参照现行行业标准《纤维混凝土结构技术规程》(CECS 38—2004)的规定执行。

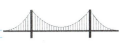
（2）施工工艺

水泥混凝土桥面铺装层的施工工艺为:施工准备工作 → 安装模板 → 桥面钢筋绑扎 → 混凝土制备 → 混凝土运输 → 桥面混凝土浇筑 → 接缝施工 → 表面修整 → 养护。下面介绍其中部分施工工艺的施工要点。

①施工准备工作。桥面混凝土铺装必须在横向连接钢板焊接工作完成后方可进行,以免后焊的钢板胀缩引起桥面混凝土在接缝处出现裂纹。

浇筑铺装层之前,应复测梁(板)面高程,如是预应力混凝土梁,则每跨至少复测跨中和支点处的中线和边线高程。

②桥面钢筋绑扎。桥面钢筋应根据设计要求和相关规定绑扎。正交桥必须注意放正钢筋;斜交桥桥面钢筋应按图样规定方向放置。所有钢筋均应正确留设保护层厚度;采用双层钢筋网时,两层钢筋之间应有足够数量的定位撑筋,以保证两层钢筋的位置正确。

③桥面混凝土制备、运输和浇筑。桥面混凝土施工方法有人工配合小型机具施工和机械施工两种,可根据具体情况酌情采用,一般以采用人工配合小型机具施工为主。

混凝土的运输宜采用混凝土搅拌车。混凝土运至施工场地后,均匀卸成若干堆,铲运时采用"扣锹法",禁止抛甩,以减少混凝土出现离析的可能性。

混凝土振捣时,先用插入式振捣棒沿模板边角均匀插捣,然后用平板振捣器对中间部分混凝土进行振捣,直至混凝土不再下沉;最后用振动梁进行粗平。水泥混凝土桥面施工可采用真空脱水工艺,脱水后还应进行表面平整和提浆。如不采用真空脱水工艺,应采用抹子反复抹面直至表面平整、无泌水为止。

浇筑铺装层时,为防止钢筋变位,不得在钢筋上搁置重物,不得让运料小车在钢筋网上推运或人员在钢筋网上行走踩踏。如必须通行,可搭设支架架空走道。在浇筑过程中,应随时注意纠正钢筋位置。

浇筑混凝土时,宜从下坡向上坡进行。路拱必须符合设计规定,面层必须平整、粗糙。由于桥面纵坡较大,因此必须采取防滑措施。第二次抹平后,应沿横坡方向拉毛或采用机具压槽,拉毛和压槽深度应为 1~2 mm,浇筑完后待表面有一定硬度时即可开始养生。常用的养生方法为覆盖麻袋、草帘、塑料薄膜,或覆盖土工布并洒水。

8.1.2　钢桥面铺装

①钢桥面铺装的结构层的厚度、材料等应符合设计规定。

②钢桥面铺装施工前应制订专项施工技术方案,并应做好人员培训、材料的调查试验以及机具设备的检查维护等准备工作。

③钢桥顶面在出厂时应按设计要求涂防锈漆,在桥面铺装施工前应喷丸除锈并做防锈处理。

④铺装施工前应做试验段,试验段的铺设应包括钢桥面铺装的全部工序。

⑤铺装施工时，一道工序完成之后下一道工序应连续进行；上一层铺装施工前，其下层应保持干燥、整洁，不得有灰尘、杂物、油污或损坏，但不符合要求时应予以处理。铺装层完工后，应规定时限，期间严禁车辆通行。

⑥钢桥面铺装宜避开雨期施工。钢桥面铺装的每个层次均不得在雨天施工，施工中遇到下雨天气，必须立即停工，在消除雨水所带来的危害后方可重新施工。钢桥面铺装施工的环境温度应在15 ℃以上，且不宜在夜间施工。

8.1.3　桥面铺装质量标准

桥面混凝土铺装技术交底

1）混凝土桥面铺装

混凝土桥面铺装施工质量应符合表8.1的规定。

表8.1　混凝土桥面铺装施工质量标准

项目			规定值或允许偏差	
强度或压实度			符合设计要求	
厚度			沥青混凝土	水泥混凝土
			+10,−5	+20,−5
平整度	高速公路、一级公路	IRI/(m·km^{-1})	2.5	3
		σ/mm	1.5	1.8
	其他公路	IRI/(m·km^{-1})	4.2	
		σ/mm	2.5	
		最大间隙 h/mm	5	
横坡/%	水泥混凝土面层		±0.15	
	沥青混凝土面层		±0.3	
抗滑构造深度			符合设计要求	

注：①桥长不足100 m时，按100 m处理。

②高速公路、一级公路上的小桥可按路面进行质量控制。

2）钢桥面铺装

对钢桥面沥青混凝土铺装进行检测时，不得采用钻孔法，而应采用无损检测法。钢桥面铺装施工质量应符合表8.2的规定。

表 8.2　钢桥面铺装施工质量标准

项目			规定值或允许偏差
压实度代表值	SMA	面层	理论最大密度的 94%
		下层	理论最大密度的 95%
	AC	面层	理论最大密度的 94%
	环氧沥青混凝土	面层、下层	理论最大密度的 97%
面层厚度	代表值		设计值的 -10%
	极值		设计值的 -20%
总铺装层厚度	代表值		设计值的 -8%
	极值		设计值的 -15%
平整度	标准差/mm		≤1.2
	最大间隙/mm		≤3
路表渗水系数/(mL·min^{-1})			≤200
宽度/mm			-20
横坡度/%			±0.3
表层构造深度/mm			满足设计要求
摩擦系数			满足设计要求

伸缩缝的主要
作用和类型

任务 8.2　伸缩装置安装

8.2.1　填充式伸缩装置施工

填充式伸缩装置适用于伸缩量为 50 mm 以下的中小跨径桥梁。改性沥青填充型伸缩装置由橡胶、塑料、沥青等为主的高分子聚合物与碎石拌和后,填充于桥梁伸缩缝槽口内而成的一种无缝伸缩装置。其构造如图 8.3 所示。

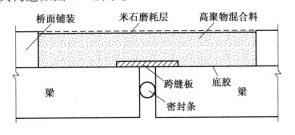

图 8.3　改性沥青填充型伸缩装置

改性沥青填充型伸缩装置施工简便、行车平稳、防水可靠,较适合于伸缩量小于 50 mm 的中、小桥。其施工应符合下列规定：

　　①预留槽宜为 50 cm 宽、5 cm 深,安装前预留槽基面和侧面应进行清洗和烘干。

　　②梁端伸缩缝处应粘牢止水密封条。

　　③填料填充前应在预留槽基面上涂刷底胶,热拌混合料应分层摊铺在槽内并捣实。

　　④填料顶面应略高于桥面,并撒布一层黑色碎石,用压路机碾压成型。

8.2.2　板(梁)式伸缩装置施工

　　板(梁)式橡胶伸缩装置(图 8.4)施工的方法多种多样,大致步骤如下:

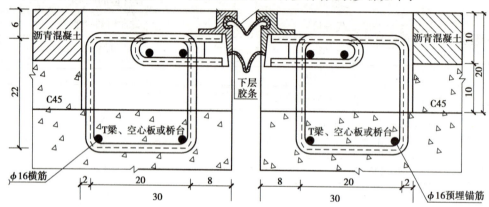

图 8.4　板(梁)式橡胶伸缩装置

1)安装准备

　　检查梁端缝隙及预埋件情况,清理梁端、顶面。梁端不平齐处应予以修整,以便设置两端模板。梁体顶面用水冲洗干净。

2)立两端模板、样板

　　两端模板中间用硬质泡沫塑料板挤紧,其顶部与安置橡胶板的设计底面高程平行,严格检查有无漏浆的缝隙,并及时进行处理填补,以保证伸缩缝隙内无混凝土灌入,以防止影响梁体的水平位移。样板按算定的安装定位值制作,并在两侧螺栓中心处钻孔,将 M18 锚固螺栓放入样板孔内固定,根据设计要求,样板孔与预埋钢筋点焊定位。螺栓之间的位置偏差应小于 1 mm,并不得有累积偏差出现,样板面高程应与桥面设计高程一致,同时焊接好加强角钢等结构件,全部校准后方可焊牢。

3)浇筑混凝土

　　浇筑伸缩装置底部的混凝土,同时浇筑两侧 500 mm 内的混凝土过渡段,混凝土强度等级不应低于 C40,浇筑时须振捣密实,以防结构中有空洞和夹灰现象,影响伸缩装置的使用寿命。

4）拆除样板及两端模板

待混凝土初凝后将样板取出,再将两端模板中间的硬质泡沫塑料板凿除,用强度等级较高的砂浆找平,安装橡胶板部位。

5）安装橡胶板

待混凝土干燥后,在安装平面涂布防水密封胶,并按定位值将橡胶板进行预压缩,螺孔对准预埋螺栓就位。逐个拧紧螺母,注意在螺栓上垫放腰圆垫圈与弹簧垫圈,然后在螺栓孔内注入适量防水胶,最后将螺母盖与橡胶板平齐。

相邻各块橡胶板之间企口处用密封胶涂布,并在逐块安装时咬合紧密,以增强伸缩装置的防水性能。

8.2.3　齿形钢板伸缩装置施工

齿形钢板伸缩装置由齿形钢板、底层支承钢板、角钢和预埋锚固筋(件)焊接组成。

钢板伸缩缝(图 8.5)以钢板作为跨缝材料,适用于梁端变形量在 4 ~ 6 cm 以上的情况。

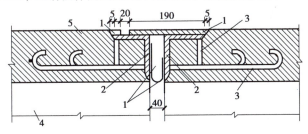

图 8.5　钢板伸缩缝

1—钢板;2—角钢;3—钢筋;4—行车道块件;5—行车道铺装层

齿形钢板伸缩装置施工应符合下列规定:

①底层支承角钢应与梁端锚固筋焊接。

②支承角钢与底层钢板焊接。

③齿形钢板宜采用整块钢板仿形切割成型,经加工后对号入座。

④安装顶部齿形钢板,应按安装时气温经计算确定定位值。齿形钢板与底层钢板端部焊缝应采用间隔跳焊,中部塞孔焊应间隔分层满焊。焊接后齿形钢板与底层钢板应密贴。

⑤齿形钢板伸缩装置宜在梁端伸缩缝处采用 U 形铝板或橡胶板止水带防水。

8.2.4　模数式伸缩装置施工

模数式伸缩装置必须在工厂组装,按照施工单位提供的施工安装温度定位后出厂,若施工安装温度有变化,一定要重新调整定位方可安装就位。

钢与橡胶组合的模数式伸缩装置是在条形橡胶伸缩装置的基础上发展起来的一种伸缩量大、结构较为复杂,但功能比较完善的一种伸缩装置。该装置主要由异型钢与各种截面形式的橡胶条组成(图8.6),是高速路的桥梁上主要使用的一种伸缩装置。

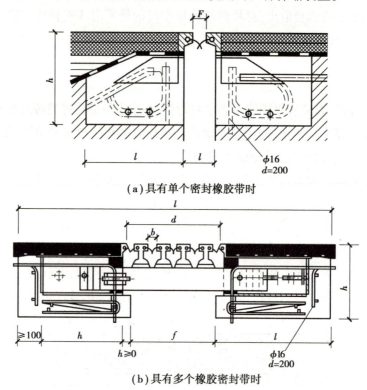

(a)具有单个密封橡胶带时

(b)具有多个橡胶密封带时

图8.6 钢与橡胶组合的模数式伸缩装置

模数式伸缩装置施工应符合下列规定:

①模数式伸缩装置在工厂组装成型后运至工地,应按国家现行标准《公路桥梁伸缩装置通用技术条件》(JT/T 327—2016)对成品进行验收,合格后方可安装。

②伸缩装置安装时,其间隙量定位值应由厂家根据施工时气温在工厂完成,用定位卡固定。如需在现场调整间隙量,应在厂家专业人员指导下进行,调整定位并固定后应及时安装。

③伸缩装置应使用专用车辆运输,按厂家标明的吊点进行吊装,防止变形。现场堆放场地应平整,并避免雨淋、曝晒和防尘。

④安装前应按设计和产品说明书要求检查锚固筋规格和间距、预留槽尺寸,确认符合设计要求后清理预留槽。

⑤分段安装的长伸缩装置需现场焊接时,宜由厂家专业人员施焊。

⑥伸缩装置中心线与梁段间隙中心线应对正重合。伸缩装置顶面各点高程应与桥面横断面高程对应一致。

⑦伸缩装置的边梁和支承箱应焊接锚固,并应在作业中采取防止变形的措施。

⑧过渡段混凝土与伸缩装置相接处应粘牢密封条。

⑨混凝土达到设计强度后,方可拆除定位卡。

8.2.5　改性沥青弹塑体伸缩装置施工

1)开槽

①标出要开挖沟槽的边线,用切割机沿边线整齐切割。

②凿除边线范围内的铺装层。若开挖旧伸缩缝且其基础表面混凝土已严重损坏,应将损坏的混凝土清除,重新浇筑高强度等级混凝土,并养护至规定强度。

③清除沟槽四周及接缝处的砂石、淤泥等杂物,并用压缩空气喷吹,清除松动部分及接缝内的细小杂物;用喷火器烘干沟槽内的水汽,使之充分干燥。

2)黏结料加热

铺设伸缩缝前约2 h,应将黏结料投入加热容器中进行加热,温度控制在180~200 ℃。待其熔化后,按一定比例加入石英砂。

3)安装跨缝钢板

①将背面刷好防锈油漆的T形钢板平稳置于接缝上,并将各片钢板首尾焊接形成整体,以增强其稳定性。连成整体后的钢板端头应留有5 mm左右的伸缩空间,避免灌入高温黏结料时钢板受热上拱。

②安置好钢板后,应将钢板两侧缝隙塞住,防止黏结料外漏。

4)涂黏结料

在安装好钢板的沟槽表面均匀地涂一层熔化的黏结料。涂料时,操作要娴熟、迅速,并应在其凝固前涂刷完毕。

5)铺装混合料

①将粗集料烘干,加热到180~200 ℃。将熔化的黏结料倒入搅拌机与粗集料一起拌和约5 min。黏结料与粗集料拌和体积比例为1:(2~3)。

②用拌好的粗混合料摊铺底层,直至其表面距沟槽顶10 mm左右为止。

③用熔化的黏结料及时(底层混合料温度不低于100 ℃)灌筑底层,使底层的粗混合料空隙充满黏结料。

④细集料烘干加热至180~200 ℃。将熔化的黏结料倒入搅拌机与细集料一起拌和约5 min,黏结料与细集料拌和体积比例为1:(3.5~4.5)。

⑤用拌好的细混合料摊铺上层,上层表面应与桥面平齐。

⑥在热混合料上面铺一层米石作为磨耗层，压实、冷却后，即可开放交通。

改性沥青弹塑体伸缩装置的使用性能受混合料的配合比和施工影响很大，要保证其质量，必须采用专业施工队伍施工。

8.2.6 伸缩装置施工质量标准

1）基本要求

①伸缩缝必须满足设计和有关技术规范的要求，伸缩装置必须有合格证，并经验收合格后方可安装。

②伸缩装置必须锚固牢靠，伸缩性能必须有效。

③伸缩缝两侧混凝土的类型和强度必须符合设计要求。

④大型伸缩缝与钢梁连接处的焊缝应做超声检测，检测结果必须合格。

⑤伸缩缝处不得积水。

桥梁伸缩装置
安装技术交底

2）质量标准

伸缩装置安装质量应符合表8.3的规定。

表8.3 伸缩装置安装质量标准

项目	规定值或允许偏差	项目		规定值或允许偏差
长度/mm	符合设计要求	纵坡/%	一般	±0.5
缝宽/mm	符合设计要求		大型	±0.2
与桥面高差/mm	2	横向平整度/mm		3

注：缝宽应按安装时的气温折算。

任务8.3　桥面防水与排水施工

防排水系统施工及注意事项

8.3.1 桥面防水施工

1）一般规定

①桥面应采用柔性防水，不宜单独铺设刚性防水层。桥面防水层使用的涂料、卷材、胶黏剂及辅助材料必须符合环保要求。

②为防止基层混凝土继续水化失水造成防水层黏结不牢，或基层混凝土继续干缩开裂导致防水层开裂，桥面防水层应在现浇桥面结构混凝土或垫层混凝土达到设计要求强度，并经

验收合格后方可施工。

③桥面防水层应直接铺设在混凝土表面上,不得在两者间加铺砂浆找平层。

④防水基层面应坚实、平整、光滑、干燥,阴、阳角处应按规定半径做成圆弧。防水层施工前应将浮尘及松散物质清除干净,并应涂刷基层处理剂。基层处理剂应使用与卷材或涂料性质配套的材料。涂层应均匀、全面覆盖,待渗入基层且表面干燥后方可施做卷材或涂膜防水层。

⑤防水卷材和防水涂膜均应具有高延伸率、高抗拉强度、良好的弹塑性、耐高温和低温、抗老化性能。防水卷材及防水涂料应符合国家现行标准和设计要求。

⑥桥面采用热铺沥青混合料做磨耗层时,应使用可耐 140~160 ℃高温的高聚物改性沥青等防水卷材及防水涂料。

⑦桥面防水层应采用满贴法。防水层总厚度和卷材或胎体层数应符合设计要求。缘石、地袱、变形缝、汇水槽和泄水口等部位应按设计和防水规范细部要求做局部加强处理。防水层与汇水槽、泄水口之间必须黏结牢固、封闭严密。

⑧防水层完成后应加强成品保护,防止压破、刺穿、划痕损坏防水层,经验收合格后铺设桥面铺装层。

⑨防水层严禁在雨天、雪天和 5 级(含)以上大风天气施工。气温低于-5 ℃时不宜施工。

2)卷材防水层施工

防水层施工前应保持桥面板平整、干燥、清洁,并在桥面板上预先撒布黏层沥青或涂刷冷底子油,使桥面板与防水层紧密相连。

卷材铺贴前,应保持干燥,并应将表面的云母、滑石粉等清除。铺贴沥青卷材时,应用沥青胶将卷材与基面密贴,并用滚筒碾平压实。沥青胶厚度一般为 1.5~2.5 mm,不得超过 3 mm。沿水流(桥面坡度)方向用上层卷材压住下层卷材,上下层的搭接缝应错开半幅,纵缝搭接长度应为 80~100 mm,横缝搭接不应少于 100 mm。

粘贴卷材应展平压实,卷材与基层及各层卷材间必须黏结紧密,并将多铺的沥青胶挤出。搭接缝必须封缝严密,防止出现水路。粘贴完最后一层卷材后,表面应再涂一层厚 1~1.5 mm 的热沥青胶黏材料。

卷材防水层铺贴的气温不应低于 5 ℃,沥青胶工作温度不低于 150 ℃。

3)涂料防水层施工

涂料防水层是涂刷各种高分子聚合物防水涂料而形成的防水层。

涂料防水层施工前的基层表面必须平整、密实、洁净。防水涂料的配合比应按照设计规定或涂料说明书确定,配制时应搅拌均匀。

防水涂料可用手工涂刷或喷涂,要求厚度应均匀一致。第一层涂料涂刷完毕,必须干燥后方可涂刷下一层,一般涂刷 2～3 层。涂刷第一层时必须与混凝土密实结合,不得夹有空隙。

如涂料防水层中夹有各类纤维布时,应在涂刷一遍涂料后,逐条紧贴纤维布,并要求涂料吃透布料,不得出现起鼓、翘边、皱褶现象。

4)水泥砂浆防水层施工

水泥砂浆防水层的材料及配合比必须按要求严格控制。

底层表面要求平整、粗糙、干净、湿润,不得有积水。水泥砂浆应分层铺设,每层厚度 5～10 mm,前层初凝后再铺设后一层,总厚度不小于 20 mm。铺抹最后一层后,应将表面压光。

5)防水层施工质量检测

(1)基本要求

①防水层铺设材料的规格和性能以及防水层的不透水性,应符合设计要求,寿命应至少不低于桥面沥青混凝土铺装层的使用年限,能适应动荷载及混凝土桥面开裂时不损坏的特点。

②防水层施工前,混凝土表面应清除垃圾、杂物、油污与浮浆,并保持干净和干燥。

③严格按规定的工艺施工。

④预计涂料表面在干燥前可能下雨,则不应施工。施工过程中,严禁踩踏未干的防水层。防水层养护结束后、桥面铺装完成前,行驶车辆不得在其上急转弯或紧急制动。

(2)实测项目

防水层施工的实测项目见表 8.4。

表 8.4　防水层实测项目

项次	检查项目	规定值或允许偏差	检查方法和频率	权值
1△	防水涂膜厚度 /mm	符合设计规定,设计未规定时, ±0.1	测厚仪:每 200 m² 测 4 点或按材料用量推算	1
2△	黏结强度/MPa	不小于设计要求,且 ≥0.3(常温),≥0.2(气温≥35 ℃)	拉拔仪:每 200 m² 测 4 点(拉拔速度:10 mm/min)	1
3△	抗剪强度/MPa	不小于设计要求,且 ≥0.4(常温),≥.3(气温≥35 ℃)	剪切仪:1 组 3 个(剪切速度:10 mm/min)	1
4△	剥离强度 /(N·mm⁻¹)	不小于设计要求,且 ≥0.3(常温),≥0.2(气温≥35 ℃)	90°剥离仪:1 组 3 个(剥离速度:100 mm/min)	1

注:①"△"标志为关键项目(涉及结构安全和使用功能的重要实测项目)。

　②剥离强度仅适用于卷材类或加胎体涂膜类防水层。

6) 外观鉴定

①防水涂料应覆盖整个混凝土表面,如有遗漏,必须进行处理,并减 1 ~ 3 分。

②防水层应表面平整,无空鼓、脱落、翘边等缺陷;不符合要求时,必须进行处理,并减 3 ~ 5 分。

8.3.2　桥面排水施工

桥面雨水通过横坡排入泄水管,然后由泄水管把水排出桥面。常用的泄水管如图 8.7 和图 8.8 所示。

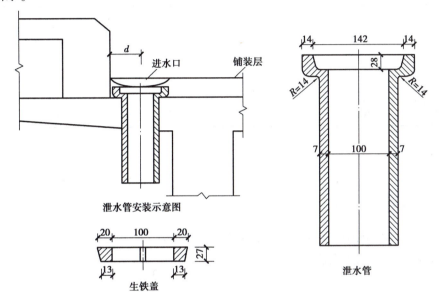

图 8.7　金属泄水管构造

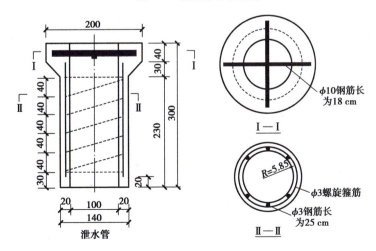

图 8.8　钢筋混凝土泄水管构造

①泄水管的安装,宜在浇筑主梁时预留孔洞,在做桥面铺装时一起埋入。施工时注意进水口四周和铺装层要做严实,泄水管壁和防水层衔接处要做好防水,防止雨水渗入结构层。

②汇水槽、泄水口顶面高程应低于桥面铺装层 10~15 mm。

③泄水管下端至少应伸出构筑物底面 100~150 mm。泄水管宜通过竖向管道直接引至地面或雨水管线,其竖向管道应采用抱箍、卡环、定位卡等预埋件固定在结构物上。

④泄水管安装应牢固可靠,与铺装层及防水层之间应结合密实,无渗漏现象;金属泄水管应进行防腐处理。

⑤桥面泄水口位置允许偏差应符合表 8.5 的规定。

表 8.5　桥面泄水口位置允许偏差

项目	允许偏差/mm	检验频率		检验方法
		范围	点数	
高程	0 -10	每孔	1	用水准仪测量
间距	±100		1	用铜尺量

任务8.4　桥面防护设施

栏杆、防撞设施、隔离设施首先具有安全防护功能,要求安装、连接牢固;同时,这些桥面防护设施在城市桥梁中的观感美也不容忽视。

8.4.1　人行道栏杆施工

栏杆常用混凝土、钢筋混凝土、金属或金属与混凝土混合材料制作。栏杆按其形式可分为节间式栏杆与连接式栏杆两种(图 8.9);按其功能可分为人行栏杆和防撞护栏(图 8.10)两种。

①预制栏杆安装应随安装随固定,并在内侧桥面上设安全标志。混凝土预制栏杆应待砂浆达到规定强度后方可拆除标志;钢制栏杆应焊接牢固后方可拆除标志。

②现浇混凝土和圬工砌体栏杆,在混凝土和砂浆达到设计规定强度前应在内侧桥面上设立安全标志。

③组焊加工的金属栏杆,在安装前应将毛刺磨平。栏杆焊接必须由电焊工进行,且作业点及其下方 10 m 内不得堆放易燃、易爆物。

④不锈钢栏杆焊制应遵守下列规定:

a.不锈钢焊工除应具备电焊工的安全操作技能外,必须掌握氩弧焊、等离子切割、不锈钢酸洗钝化等方面的安全防护和操作技能。

b. 不锈钢焊接采用"反接极",即工件接负极,必须确认焊机的正负极性后方可操作,不得误接。

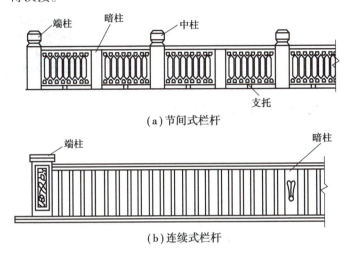

图 8.9 按栏杆形式分类

图 8.10 钢筋混凝土防撞护栏

c. 停止作业时必须将焊条头取下或将焊把挂起,严禁乱放,造成焊条药皮脱落。

d. 使用砂轮打磨焊缝坡口和清除焊渣前,必须经检查后确认机具完好、砂轮片安装牢固;操作人员必须戴护目镜。

e. 氩弧焊应符合下列要求:

·手工钨极氩弧焊,电源应采用直流正接,工件接正极,钨极接负极。

·作为稳弧措施,应采用高频交流钨极氩弧焊机进行焊接,并应采取防止高频电磁场刺激操作人员双手的措施。

·加工场所必须有良好的自然通风或换气装置,露天作业时操作人员应位于上风向,并应间歇作业。

f. 打磨钨极棒时,必须戴防护口罩和护目镜,接触钨极棒的手必须及时清洗;钨极棒必须存放在有盖的铅盒内,由专人保管。

g. 酸洗和钝化应符合下列要求:

·操作人员必须穿防酸工作服,戴防护口罩、护目眼镜、乳胶手套并穿胶鞋。

·酸洗钝化作业中使用钢丝刷子刷焊缝时,应由里向外刷,不得来回刷。

·氢氟酸等化学物品必须妥善保管,有严格的领料手续。

·酸洗钝化后的废液必须经专门处理,严禁乱倒。

·患呼吸系统疾病者,不宜从事酸洗操作。

h. 等离子切割必须符合氩弧焊的安全操作规定,焊弧停止后不得立即检查焊缝。

⑤栏杆块件必须在人行道板铺设完毕后方可安装;安装立柱时必须全桥对直、校平(弯桥、坡桥要求平顺);竖直后,用水泥砂浆填缝固定。

⑥采用钢管作为栏杆或扶手时,钢管应在工厂内进行除锈处理,拼装焊接后应补涂防锈底漆,再统一涂刷面漆。

防撞栏杆

8.4.2 波形梁钢护栏施工

1)波形梁钢护栏组成

波形梁钢护栏由波形梁板、立柱、端头、紧固件、防阻块等构件组成。

2)加工要求

①波形梁板一般宜采用连续辊压成形。

②变截面波形梁板采用液压冷弯成形时,每块波形梁板应一次压制完成,不得分段压制。采用连续辊压成形的等截面波形梁板进一步加工成变截面板时,应采用液压冷弯成形,不得采用冲压方式加工。

③波形梁板上的螺栓孔应定位准确,每一端部的所有拼接螺孔应一次冲孔完成。

④钢护栏端头应采用模压成形。

⑤安装于曲线半径小于70 m路段的钢护栏,其波形梁板应根据曲线半径的大小加工成相应的弧线形。

3)采用预留孔插入或地脚螺栓连接的方式安装波形梁护栏

采用预留孔插入,立柱埋在混凝土中不小于40 cm。为了适应养护、更换的要求,在条件允许的情况下,宜采用抽换式护栏立柱,如图8.11所示。波形梁通过拼接螺栓相互拼接,并由连接螺栓固定于立柱或防阻块上,拼接时应先利用长圆螺栓孔把线形调整平顺后,再拧紧螺栓。

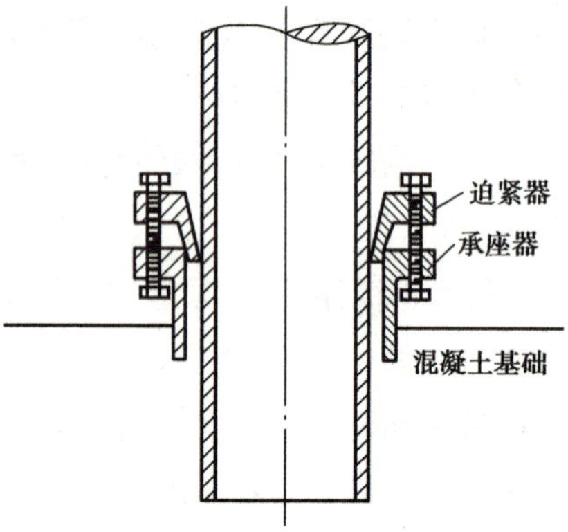

迫紧器

承座器

混凝土基础

图8.11 抽换式护栏立柱

8.4.3 组合式护栏施工

组合式护栏是钢筋混凝土墙式护栏和金属梁柱式护栏的组合形式。它兼具墙式护栏坚固和梁柱式护栏美观的优点,被广泛用于我国汽车专用公路桥梁上。

组合式桥梁护栏的构造如图8.12所示。钢筋混凝土护栏顶部预埋钢板和螺栓,用以连接混凝土护栏上的铸钢支承架,支承架按一定间距布置,中间穿有钢管。

组合式护栏施工可采取现浇法,也可采用预制件拼装的方法。现浇护栏要保证模板位置准确且模板要有足够的刚度;混凝土浇筑要连续,每节护栏一次浇完,不得间断;振捣、养护要

充分;护栏和桥面板的连接要牢固;预埋件位置要正确。

预制护栏构件安装前,应先精确放样定位,在桥面板上预留传力钢筋;安装过程中应使每块护栏构件的中线与桥梁中线相一致;吊装时不得损坏构件的边角;就位的同时,应座浆平稳、高程一致,和传力钢筋准确连接。

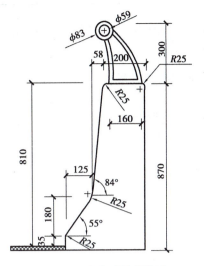

图 8.12　组合式护栏构造

8.4.4　防护设施施工质量要求

①栏杆和防撞、隔离设施应在桥梁上部结构混凝土的浇筑支架卸落后施工,其线形应流畅、平顺,伸缩缝必须全部贯通,并与主梁伸缩缝相对应。

②防护设施采用混凝土预制构件安装时,砂浆强度应符合设计要求,当设计无规定时,宜采用 M20 水泥砂浆。

③预制混凝土栏杆采用滑槽连接时,安装就位后应用硬塞块固定,灌浆固结。塞块拆除时,灌浆材料强度不得低于设计强度的75%。采用金属栏杆时,焊接必须牢固,毛刺应打磨平整,并及时防锈防腐。

④防撞墩必须与桥面板混凝土预埋件、预埋筋连接牢固,并应在施做桥面防水层前完成。

⑤护栏、防护网宜在桥面、人行道铺装完成后安装。

⑥预制混凝土栏杆允许偏差应符合表 8.6 的规定。栏杆安装允许偏差应符合表 8.7 的规定。

现浇钢筋混凝土防撞护栏施工技术交底

表 8.6　预制混凝土栏杆允许偏差

项目		允许偏差/mm	检验频率		检验方法
			范围	点数	
断面尺寸	宽	±4	每件(抽查10%,且不少于5件)	1	用钢尺量
	高			1	
长度		0～10		1	用钢尺量
侧向弯曲		$L/750$		1	沿构件全长拉线,用钢尺量(L 为构件长度)

表 8.7　栏杆安装允许偏差

项目		允许偏差/mm	检验频率		检验方法
			范 围	点数	
直顺度	扶手	4	每跨侧	1	用 10 m 线和钢尺量

续表

项目		允许偏差/mm	检验频率		检验方法
			范 围	点数	
垂直度	栏杆柱	3	每柱(抽查10%)	2	用垂线和钢尺量,顺、横桥轴方向各1点
栏杆间距		±3	每柱(抽查10%)		
相邻栏杆扶手高差	有柱	4	每处(抽查10%)	1	用钢尺量
	无柱	2			
栏杆平面偏位		4	每30 m	1	用经纬仪和钢尺量

注:现场浇筑的栏杆、扶手和钢结构栏杆、扶手的允许偏差可按本表执行。

⑦防撞护栏、防撞墩、隔离墩允许偏差应符合表8.8的规定。

表8.8　防撞护栏、防撞墩、隔离墩允许偏差

项目	允许偏差/mm	检验频率		检验方法
		范 围	点数	
直顺度	5	每20 m	1	用20 m线和钢尺量
平面偏位	4	每20 m	1	经纬仪放线,用钢尺量
预埋件位置	5	每件	2	经纬仪放线,用钢尺量
断面尺寸	±5	每20 m	1	用钢尺量
相邻高差	3	抽查20%	1	用钢板尺和钢尺量
顶面高程	±10	每20 m	1	用水准仪测量

⑧防护网安装允许偏差应符合表8.9的规定。

表8.9　防护网安装允许偏差

项目	允许偏差/mm	检验频率		检验方法
		范围	点数	
防护网直顺度	5	每10 m	1	用10 m线和钢尺量
立柱垂直度	5	每柱(抽查20%)	2	用垂线和钢尺量,顺、横桥轴方向各1点
立柱中距	±10	每处(抽查20%)	1	用钢尺量
高度	±5			

工程案例
（案例8）

项目小结

本项目主要介绍了桥面系的一般构造、各类桥面铺装层的施工（包括混凝土桥面铺装和钢桥面铺装层的施工）、各类伸缩装置的安装和施工过程、桥面防水与排水施工、桥面防护措施等内容。

（1）桥面系直接与车辆、行人接触，对桥梁的主要结构起保护作用，并且使桥梁能够正常使用。同时，桥面系构造多属外露部位，其选择是否合理、布置是否恰当直接影响桥梁的使用功能、布局和美观。因此，桥面构造必须在桥梁设计中予以足够的重视。

（2）桥面铺装时，无论是混凝土桥面铺装还是钢桥面铺装，都要做试铺段，以检验施工工艺和施工技术是否满足质量要求。

（3）桥面布置伸缩缝装置，是为了克服气温对桥面结构的影响，其施工方法和施工质量尤为重要，严格按照规范要求施工，严把质量关，尤其要把好伸缩缝装置的采购关，确保成品质量。

（4）桥梁的防水与排水，是有效地将地表水及时排出桥面、防止水害发生的有效措施，施工时要确保各类防水材料的质量符合规范要求，同时做好排水施工。

（5）桥面的其他防护措施，主要是栏杆、防撞设施、隔离设施等，首先具有安全防护功能，要求安装、连接牢固；同时，这些桥面防护设施在城市桥梁中的观感美也不容忽视。

巩固与提高

8.1 试述桥面铺装的作用、常见类型及特点。

8.2 简述桥梁伸缩缝的作用及要求。

8.3 试述桥面铺装的施工过程。

8.4 试述桥梁伸缩缝的施工过程。

8.5 试述桥面防水与排水的基本做法。

项目9 涵洞施工

涵洞是公路工程中的小型构造物，虽然在总造价中仅占很小的比例，但涵洞施工质量的好坏，直接影响到公路工程的整体质量及其使用性能，以及周围农田的灌溉、排水等。因此，涵洞施工质量同样不可忽视，应在施工前做好充分准备，周密安排，施工过程中严格控制施工质量，确保其质量达到设计及规范要求。

按构造形式的不同，涵洞可以分为圆管涵、盖板涵、拱涵、箱涵等。下面对各种类型涵洞作简要介绍。

1)圆管涵

圆管涵主要由管身、基础、接缝及防水层组成，各部分构造如图9.1所示。

2)盖板涵

盖板涵主要由盖板、涵台、基础、洞身铺底、伸缩缝及防水层等部分组成，如图9.2所示。

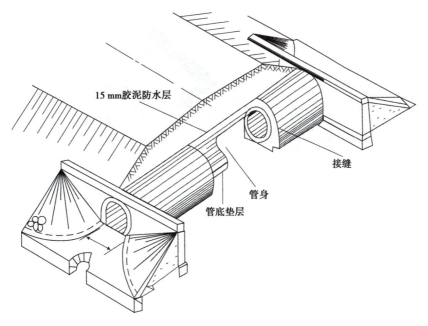

图 9.1　圆管涵图

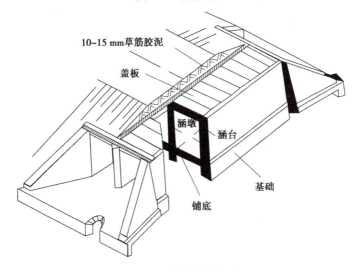

图 9.2　盖板涵的组成

3)拱涵

拱涵主要由拱圈、护拱、拱上侧圈、涵台、基础、铺底、沉降缝及排水设施等组成,各部分构造如图 9.3 所示。

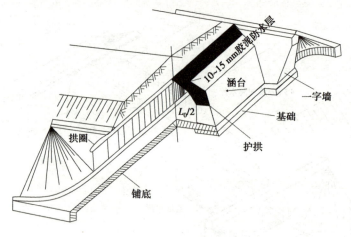

图 9.3　石拱涵的组成

4) 箱涵

箱涵主要由钢筋混凝土涵身、翼墙、基础、变形缝等部分组成,如图 9.4 所示。因为箱涵是整体闭合式钢筋混凝土框架结构,所以具有良好的整体性及抗震性能。但箱涵施工较困难,造价高,一般仅在软土地基中采用。

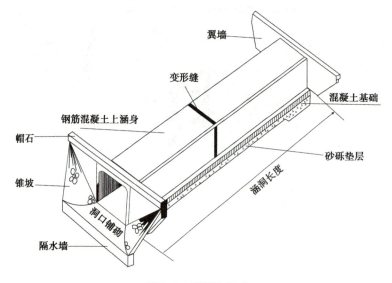

图 9.4　箱涵的组成

任务 9.1　各种类型涵洞施工

9.1.1　圆管涵施工

公路工程中的圆管涵有混凝土圆管涵和钢筋混凝土圆管涵,目前我国公路工程中多采用钢筋混凝土圆管涵。公路圆管涵的施工多是预制成管节,每节长度多为 1 m,然后运往现场安装。

1)圆管涵的预制和运输

预制混凝土圆管涵可采用振动制管法、离心法、悬辊法和立式挤压法。鉴于公路工程中圆管一般为外购,故对涵管预制不再进行详细说明,但涵管进场后必须对其质量进行检验。

管节成品的质量检验分为管节尺寸检验和管节强度检验。混凝土圆管涵质量要求及尺寸允许偏差要满足规范要求。

涵管强度试验应按规范要求的方法进行,其抽样数量及合格要求为:

①涵管试验数量应为涵管总数的 1%～2%,但每种孔径的涵管至少要试验 1 个。

②如首次抽样试验未能达到试验标准时,允许对其余同孔径管节再抽选 2 个重新试验。只有当 2 个重复试验的管节达到强度要求时,涵管才可验收。

③在进行大量涵管检验性试验时,以试验荷载 ≥ 裂缝荷载(裂缝宽 0.2 mm)时还没有出现裂缝者为达到标准。

在北方冬季寒冷冰冻地区,混凝土涵管还应进行吸水率试验,要求钢筋混凝土和无筋混凝土涵管的吸水率不得超过干管质量的 6%。

管节运输与装卸过程中,应注意下列问题:

①待运的管节,其各项质量应符合前述的质量标准,应特别注意检查待运管节设计涵顶填土高度是否符合设计要求,防止错装、错运。

②运输管节的工具,可根据道路情况和设备条件采用汽车、拖拉机拖车,不通公路地段可采用马车或人力推车。

③管节的装卸可根据工地条件,使用各种起重设备,如龙门吊机、汽车吊和小型起重工具滑车、链车等。

④装卸和运输过程应小心谨慎。运输中每个管节底面宜铺以稻草,用木块、圆木楔紧,并用绳索捆绑固定,防止管节滚动、相互碰撞破坏。固定方法如图 9.5 所示。

⑤从车上卸下管节时,应采用起重设备,严禁从汽车上将管节滚下,造成管节破裂。

2)圆管涵施工程序

圆管涵可分为单孔、双孔的有坞工基础和无坞工基础圆管涵。其施工程序简介如下。

(1)单孔有坞工基础圆管涵

①挖基坑并准备修筑圆管涵基础的材料。

②砌筑坞工基础或浇筑混凝土基础。

③安装涵管,修筑涵管出入口端墙、翼墙及涵底(端墙外涵底铺装)。

④铺设圆管涵防水层并修整。

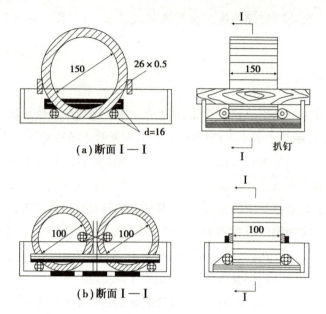

图 9.5　圆管涵固定在车身内的方法

⑤铺设圆管涵顶部防水黏土(设计需要时),填筑涵洞缺口填土及修建加固工程。

(2)单孔无污工基础圆管涵

其洞身安装程序与单孔有坞工基础圆管涵相同,不再赘述。

①挖基与备料。

②在捣固夯实的天然土表层或矿砂垫层上,修筑截面为圆弧状的管座,其深度等于管壁的厚度。

③在圆弧管座上铺设垫层的防水层,然后安装管节,管节间接铺宜留 1 cm 宽。若需填防水材料,详见"防水层"的相关内容。

④在管节的下侧用天然土或砂砾垫层材料作回填料,捣实至设计高程,并切实保证回填料与管节密贴;再将防水层向上包裹管节,防水层外再铺设黏质土,水平径线以下的部分应立即填筑,以免管节下面的砂垫层松散,并保证其与管节密贴。在严寒地区,这部分特别填土必须填筑不冻胀土料。

⑤修筑管铺出入口端墙、翼墙及两端涵底和进行整修工作。

(3)双孔无坞工基础圆管涵

洞身施工程序如图 9.7 所示。

①挖基、备料与前述相同。

②在捣固夯实的天然土表层或砂垫层上修筑圆弧状管座,其深度等于管壁的厚度。

③按图 9.6 的程序,先安装右边管并铺设防水层,左边一孔管节未安装前,在砂垫层上先铺设垫底的防水层,然后按同样的方法安装管节。管节间接铺尽量抵紧,管节内外接缝均以强度 10 MPa 水泥砂浆填塞。

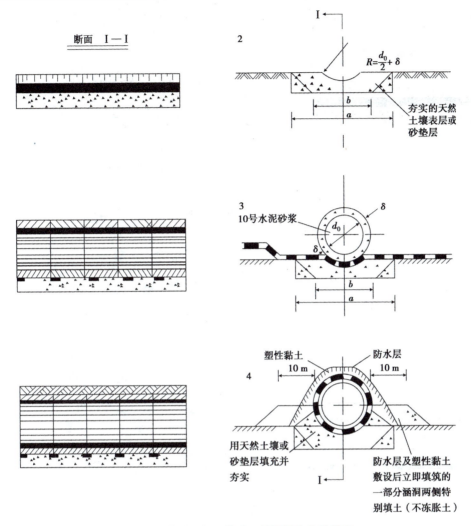

图9.6　单孔无圬工基础圆管涵洞身安装程序

注:砂垫层底宽,非严重冰冻地区为b,严重冰冻地区为a,即上下同宽。

④在管节下侧用天然土或砂垫层材料作填料,夯实至设计高程处,并切实保证与管节密贴。左侧防水层铺设完后,用素混凝土填充管节间的上部空腔,再铺设软塑状黏土。

防水层及黏土铺设后,涵管两侧水平直径线以下的一部分填土应立即填筑,以免管节下面砂垫层松散。在严寒地区此部分填土必须填筑不冻胀土料。

⑤修筑圆管涵出入口两端端墙、翼墙及涵底和整修工作。

(4)涵底陡坡台阶式基础圆管涵

沟底纵坡很陡时,为防止涵洞基础和管节向下滑移,可采用管节为台阶式的圆管涵,每段长度一般为$3\sim5$ m,台阶高差一般不超过相邻涵节最小壁厚的$3/4$。如坡度较大,可按$2\sim3$ m分段或加大台阶高度,但不应大于0.7 m,且台阶处的净空高度不应小于1.0 m。此时在低处的涵顶上应设挡墙,以掩盖可能产生的缝隙,如图9.8所示。

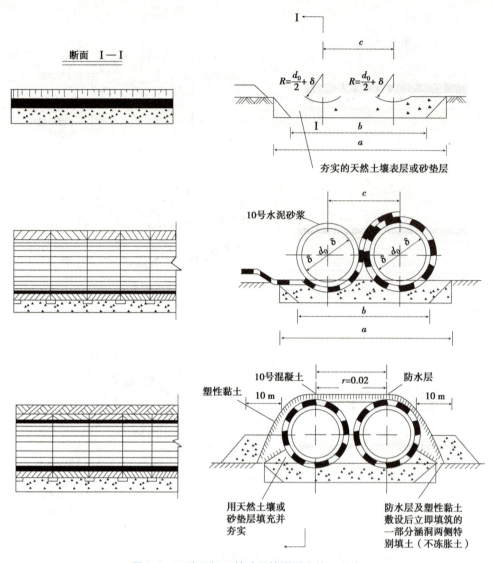

图 9.7　双孔无坞工基础圆管涵洞身施工程序

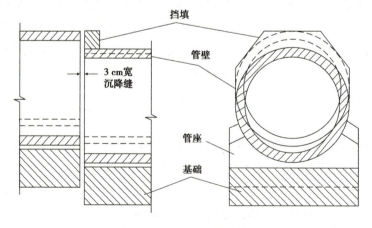

图 9.8　陡坡台阶圆管涵

无坞工基础的陡坡圆管涵,只可采用管节斜置的办法、斜置的坡度不得大于5%。

3)圆管涵基础修筑

(1)地基土为岩石

管节下采用无坞工基础,挖去风化层或软层后,填筑0.4 m厚砂垫层;出入口两端端墙、冀墙下,在岩石层上用C15混凝土做基础,埋置深度至风化层以下0.15~0.25 m且最小值等于管壁厚度加5 cm。风化层过深时,可改用片石坞工,最深不大于1 m。管节下为硬岩时,可用混凝土抹成与管节密贴的垫层。

(2)地基土为砾石土、卵石土或砂砾、粗砂、中砂、细砂或匀质黏性土

管节下一般采用无坞工基础,对砾石土、卵石土先用砂填充地基土空隙并夯实,然后填筑0.4 m厚砂垫层;对粗、中、细砂地基土表层应夯实;对匀质黏性地基土应做砂垫层;出入口两端端墙、冀墙的坞工基础埋置深度,设计无规定时为1.0 m,对于匀质黏性土,负温时的地下水位在冻结深度以上时,出入口两端端墙、冀墙坞工基础埋置深度为1.0~1.5 m,当冻结土不深时,基础埋深宜等于冻结深度的70%,当此值大于1.5 m时,可采用砂夹卵石在坞工基础下换填至冻结深度的70%。

(3)地基土为黏性土

管节下应采用0.5 m厚的坞工基础,出入口两端端墙、冀墙基础埋置深度为1.0~0.5 m;当地下水冻结深度不深时,埋深应等于冻结深度;当冻结深度大于1.5 m时,可在坞工基础下用砂夹卵石换填至冻结深度。

(4)必须采用有坞工基础的圆管涵

①管顶填土高度超过5 m。

②最大洪水流量时,涵前壅水高度超过2.5 m。

③河沟经常流水。

④沼泽地区深度在2.0 m以内。

⑤沼泽地区淤积物、泥炭等厚度超过2.0 m时,应按特别设计的基础施工。

(5)严寒地区的圆管涵基础施工

常年最冷月份平均气温低于−15 ℃的地区称为严寒地区。

①匀质黏性土和一般黏性土的基础均须采用坞工基础。

②出入口两端端墙、翼墙基础应埋置在冻结线以下0.25 m。

③一般黏性土地区的地下水位在冻结深度以上时,管节下埋置深度应为$H/8$(H为涵底至路面土壤高度),但不小于0.5 m,也不得超过1.5 m。

(6)基础砂垫层材料

基础砂垫层可采用砂、砾石或碎石,但必须注意清除基底耕作层。为避免管节承受冒尖石料的集中应力,当使用碎石、卵石作垫层时,要有一定级配或掺入一定数量的砂,并夯捣密实。

（7）软土地区圆管涵地基处理

圆管涵地基土如遇到软土，应按软土层厚度分别进行处理。当软土层厚度小于 2.0 m 时，可采取换填土法处理，即将软土层全部挖除，换填当地碎石、卵石、砂夹石、土夹石、砾砂、粗砂、中砂等材料并碾压密实，压实度要求 94% ~97%。如采用灰土（石灰土、粉煤灰土）换填，压实度要求 93% ~95%，换填土的下密度宜用重型击实试验法确定。换填层上面再砌筑 0.5 m 厚的圬工基础。

当软土层超过 2 m 时，应按软土层厚度、路堤高度、软土性质作特殊设计处理。

4）管节安装

管节安装应从下游开始，使接头面向上游；每节涵管应紧贴于垫层或基座上，使涵管受力均匀；所有管节应按正确的轴线和图纸所示坡度敷设。如管壁厚度不同，应使内壁齐平。在敷设过程中，要保持管内清洁无脏物、无多余的砂浆及其他杂物。

管节的安装方法通常有滚动安装法、滚木安装法、压绳下管法、龙门架安装法、吊车安装法等，可根据施工现场实际情况选用。

5）圆管涵施工注意事项

①有圬工基础的管座混凝土浇筑时应与管座紧密相贴，浆砌块石基础应加做一层混凝土管座，使圆管受力均匀；无圬工基础的圆管基底应夯填密实，并做好弧形管座。

②无企口的管节接头采用顶头接缝，应尽量顶紧，缝宽不得大于 1 cm，严禁因涵身长度不够，而将所有接缝宽度加大的方法来凑合涵身长度。管身周围无防水层设计的接缝，需用沥青麻絮或其他具有弹性的不透水材料从内、外侧仔细填塞。设计规定管身外围做防水层的，按前述施工工序施工。

③长度较大的圆管涵设计有沉降缝的，管身沉降缝应与圬工基础的沉降缝位置一致。缝宽为 2~3 cm，应用沥青麻絮或其他具有弹性的不透水材料从内、外侧仔细填塞。

④长度较大、填土较高的圆管涵应设预拱度。预拱度大小应按设计规定设置。

⑤各管节设预拱度后，管内底面应呈平顺圆滑曲线，不得有逆坡。相邻管节如因管壁厚度不一致（在允许偏差内）产生台阶时，应凿平后用水泥环氧砂浆抹补。

混凝土和钢筋混凝土拱涵、盖板涵、箱涵的施工分为现场浇筑和在工地预制安装两大类。

9.1.2 现场浇筑拱涵、盖板涵、箱涵施工

1）拱涵基础

（1）整体式基础

两座涵台下面和孔径中间使用整块混凝土浇筑的基础称为整体式基础。其地基土的承

载力应满足设计文件规定;若设计无规定,且填方高 H 在 $1 \sim 12$ m 时必须大于 0.2 MPa,H 大于 12 m 时必须大于 0.3 MPa。湿陷性黄土地基,不论其表面承载力多大,均不得使用整体式基础。

（2）非整体式基础

两座涵台下面为独立的现浇混凝土或浆砌片石基础,两者之间不相连的称为非整体式基础。其地基土要求的容许承载力较上述的基础为高,当设计文件无规定时,一般应大于 0.5 MPa。

（3）板凳式基础

两座涵台下面的混凝土基础之间用较薄的混凝土或钢筋混凝土板在顶部连接,一起浇筑成同板凳一样的基础。其地基土容许承载力的要求处于前两者之间,设计文件无规定时,应为大于 0.4 MPa 的砂类土或"中密"以上的碎石土。

上述地基土的承载力大小可用轻型动力触探仪进行测试。

根据当地材料情况,基础可采用 C15 片石混凝土或 M5 水泥砂浆砌片石,石料强度不得低于 25 MPa。

2）支架和拱架

（1）钢拱架和木拱架

钢拱架是用角钢、钢板和钢轨等材料在工厂（场）制成装配式构件,在工地拼装使用。图 9.9 所示是用钢轨制成的跨径 $1.5 \sim 3.0$ m 拱涵的钢拱架。

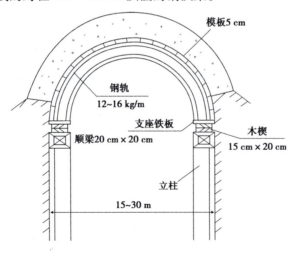

图 9.9　跨径 $1.5 \sim 3.0$ m 钢轨拱架

木拱架主要是由木材组合而成,拆装比较方便;但这种拱架浪费木材,应尽量不使用。

（2）土牛拱胎（土模）

在水流不大的情况下,小桥涵施工可以用土牛拱胎代替拱架,这种方法能节省木料,具有经济、安全的特点。

根据河流水流情况,土牛拱胎有全填土拱胎(图9.10)、设有透水盲沟的土拱胎[图9.11(a)]、三角形木拱架土拱胎[图9.11(b)]、木排架土拱胎(图9.12)等形式。

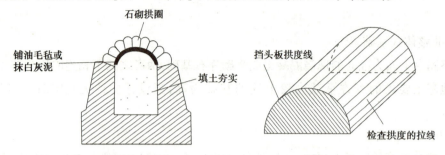

图9.10　全填土拱胎及检查法

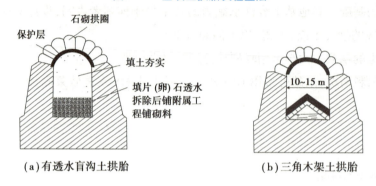

（a）有透水盲沟土拱胎　　　　　（b）三角木架土拱胎

图9.11　可渗水的土拱胎

全填土拱胎施工步骤如下:拱胎填土应在边墙圬工强度达到设计强度等级的70%后,分层浇水夯填,每层厚度0.2~0.5 m。跨度小的可以厚一些,但应视土质情况决定。

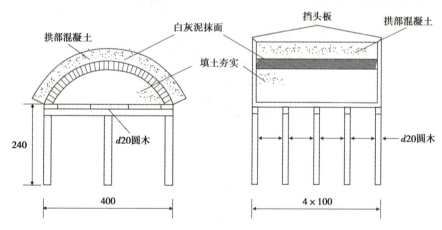

图9.12　木排架土拱胎(单位:cm)

填土在端墙外伸出0.5~1.0 m,并保持1:1.5的边坡。填土将达拱顶时,分段用样板校正,每隔30 cm挂线检查。

土胎表面应设保护层,可以铺设一层油毡或抹一层15 mm厚的水泥砂浆(1:4~1:6)作为保护层。较好的保护层常用砖或片石砌筑,厚约20 cm,然后抹厚2 cm的黏土,再铺油毡。

最好的方法是石灰泥筋抹 20 cm 厚(石灰:黏土:麻筋 = 10:35:0.03,质量比),抹后 3 d 即可浇筑混凝土。

对砌石拱圈,土牛拱胎上若不设保护层时,可用下述方法砌筑拱圈:在涵台砌筑好后,利用暂不使用的石料,把涵孔两端堵住,干砌一道宽约 40～50 cm 的拱形墙(上抹青草泥)作为拱模,以便砌拱时挂线用,然后在桥孔中间用土分层填筑密实,如图 9.13 所示。

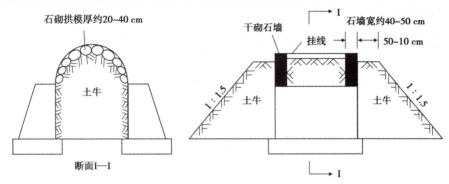

图 9.13　石块干砌配合土牛拱模

如洞身超过 20 m 或拱形复杂时,可用木料做 3 个合乎要求的标准模,两端及中间各置一个,两端的拱模可以支靠在石模上,四周的拱模可按标准高度支于两旁涵台上并埋置于土中。填筑土牛时不必将土牛的规定高度一次填足,可预留 2～3 cm 空隙,待砌拱石时,边砌边填筑。

起拱线以上 3～4 层拱石不受拱胎支撑,可直接砌起。再往上砌时,因拱石的部分重力由拱胎支撑着,可用木板顺拱石灰缝按规定拱度放在拱石灰缝处的土牛上,木板下面以土石垫好,随即开始安砌这一层的拱石。砌好后将垫板取出,并将空隙用土填满捣实,再把垫板按规定拱度垫在上一层拱石砌缝处的土牛上,继续砌上一层拱石。如有较充分的木板时,木板可不抽出周转。拱石砌至拱顶附近时,应先将这部分的土模夯打坚实。填到与标准拱模相差 3～5 cm 为止。因土牛拱胎虽经夯实仍不够坚硬,当拱石放上去时极易压缩,拱石的高度及位置不易正确,因此需要在拱石下面的四角垫上片石,使土牛与拱石保持一定的空隙,以便校正拱石位置。拱石位置校正后,将其下面的空隙填砂捣实,然后在砌缝中灌以砂浆,这样可以保持不漏浆,同时挖去土牛后,灰缝中预填的砂子自然脱落,省去勾缝时剔灰缝的麻烦。

在施工过程中,预计有洪水到来的河沟中不能采用土牛拱胎法砌筑拱圈。

若用土牛拱胎浇筑盖板涵,其土牛填至涵台顶面标高即可,施工方法与拱涵同。

3)拱涵与盖板涵基础、涵台、拱圈、盖板的施工

(1)涵洞基础

无论是圬工基础或砂垫层基础,施工前必须先对下卧层地基土进行检查验收,地基土承载力或密实度符合设计要求时,才可进行基础施工。对于软土地基应按照设计规定进行加固

处理,符合要求后,才可进行基础施工。

对孔径较宽的拱涵、盖板涵兼作行人和车辆通道时,其底面应按照设计用圬工加固,以承受行人和车辆荷载及磨耗。

（2）圬工基础

圬工基础的施工工艺和技术要求可参照本书圬工结构部分有关要求进行。

（3）砂垫层基础

砂垫层基础的施工工艺和技术要求可参照本节圆管涵基础部分进行。

（4）涵洞台、墩

涵洞台、墩的施工工艺和技术要求可参照本书桥梁墩台部分的有关要求进行。

（5）涵洞拱圈和钢筋混凝土盖板

拱圈和盖板浇筑或砌筑施工应注意:拱圈和端墙的施工,应由两侧拱脚向拱顶同时对称进行;拱圈和盖板混凝土的现场浇筑施工,应连续进行,尽量避免施工缝;当涵身较长时,可沿涵长方向分段进行,每段应连续一次浇筑完成;施工缝应设在涵身沉降缝处。

4）拱架和支架的安装和拆卸

（1）安装的一般要求

拱架和支架支立牢固,拆卸方便（可用木楔作支垫）,纵向连接应稳定,拱架外弧应平顺。拱架不得超越拱模位置,拱模不得侵入圬工断面。

拱架和支架安装完毕后,应对其位置、顶部标高、节点联系纵横向稳定性进行检查,不符合要求者,立即进行纠正。

（2）拆卸的一般要求

拱架和支架的拆除及拱顶填土,在具备下列条件之一时方可进行:

①拱圈圬工强度达到设计值的70%时,即可拆除拱架,但必须达到设计值后方可填土。

②当拱架未拆除、拱圈强度达到设计值的70%时,可进行拱顶填土,但应在拱圈达到强度设计值时,方可拆除拱架。

③拱涵拆除拱架可用木楔,木楔用比较坚硬的木料斜角对剖制成,并将剖面刨光。两块木楔接触面的斜度为1:6～1:10。在垫楔时应使上面一块的楔尖各伸出下面一块楔尾以外,这样在拆架时敲击木楔比较方便。木楔垫好后将两端钉牢。

④拆卸拱架时应沿桥涵整个宽度上将拱架同时均匀降落,并从跨径中点开始,逐步向两边拆除。

5）就地浇筑箱涵施工

箱涵又称矩形涵。它与盖板涵的区别是:盖板涵的台身与盖板是分开浇筑的,台身还可以采用砌石圬工,成为简支结构。而箱涵是上下顶板、底板与左右墙身是连续浇筑的,成为刚性结构,如图9.14所示。

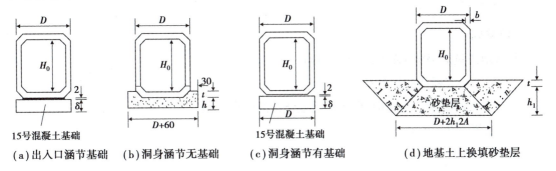

图9.14　箱形涵洞基础类型(单位:cm)

（1）箱涵基础

涵身基础分为有圬工基础和无圬工基础两种。两种基础的构造及尺寸如图9.14所示。

（2）箱涵身和底板混凝土的浇筑

箱涵身的支架、模板可参照现浇混凝土拱涵和盖板涵。浇筑混凝土时注意事项与浇筑拱涵与盖板涵时相同。

9.1.3　装配式拱涵、盖板涵和箱涵施工

1）预制构件结构的要求

①拱圈、盖板、箱涵节等构件预制长度,应根据起重设备和运输能力决定,但应保证结构的稳定性和刚性,一般不小于1 m,但亦不宜太长。

②拱圈构件上应设吊孔,以便起吊。吊孔应考虑平吊及立吊两种,安装后可用砂浆将吊孔填塞。箱涵节、盖板和半环节等构件,可设吊孔,也可于顶面设立吊环。吊环位置、孔径大小和制环用钢筋应符合设计要求,并要求吊钩伸入吊环内和吊装时吊环筋不断裂。安装完毕,吊环筋应锯掉或气割掉。

③若采用钢丝绳捆绑起吊可不设吊扎或吊环。

2）预制构件的模板

预制构件的模板有木模、土模、钢丝网水泥模板、拼装式模板等。无论采用何种模板都应保证满足规范要求。尤其是有预埋件时,应采取措施,确保预埋件的正确位置。

3）构件运输

构件必须在达到设计强度后,经检查质量和大小符合要求,才能进行搬运。搬运时应注意吊点或支承点的设置,务必使构件在搬运过程中保持平衡、受力合理,确保搬运过程中的安全。

4）施工和安装

（1）基础

与就地浇筑的涵洞基础施工方法相同。

（2）拱涵和盖板涵的涵台身

涵台身大都采用砌筑结构，可按照就地浇筑的涵台身施工方法施工。

（3）上部构件的安装

拱圈、盖板、箱涵节的安装技术要求如下：

①安装之前应再检查构件尺寸、涵台尺寸和涵台间距离，并核对其高程，调整构件大小位置，使其与沉降缝重合。

②拱座接触面及拱圈两边均应凿毛（沉降缝处除外），并浇水湿润，用灰浆砌筑；灰浆坍落度小一些，以免流失。

③构件砌缝宽度一般为1 cm，拼装每段的砌缝应与设计沉降缝重合。

④构件可用扒杆、链滑车或汽车吊进行吊装。

任务 9.2　涵洞附属工程施工

9.2.1　防水层施工

涵洞的钢筋混凝土结构设置防水层的作用是防止水分侵入混凝土内，使钢筋锈蚀，缩短结构寿命。北方严寒地区的无筋混凝土结构需要设置防水层，防止侵入混凝土内的水分冻胀，造成结构破坏。

防水层的材料多种多样。公路涵洞使用的主要防水材料是沥青，有些部位可使用黏土，以图节省工料费用。

1）防水层的设置部位

防水层的设置部位如下：

①各式钢筋混凝土涵洞的洞身及端墙在基础以上被土掩埋的部分，均须涂以热沥青两道，每道厚1~1.5 mm，不另抹砂浆。

②混凝土及石砌涵洞的洞身、端墙和翼墙的被土掩埋部分，只需将圬工表面凿平，无凹入存水部分，可不设防水层。仅北方严寒地区的混凝土结构仍需设防水层。

③钢筋混凝土圆圆管涵的防水层可按图9.14（单管）或图9.15（双管）所示敷设。图中管节接头采用平头对接，接缝中用麻絮浸以热沥青塞满，管节上半部从外往内填塞；下半部从管内向外填塞、管外靠接缝处裹以热沥青浸透的防水纸8层。宽度15~20 cm。包裹方法：在现

场用热沥青逐层黏合在管外壁上接缝处,外面再在全长管外裹以塑性黏土。

在交通量小的县、乡公路上,可用质量好的软塑状黏质土掺以碎麻,沿全管敷设 20 cm 厚,代替沥青防水层(接缝处理仍照前述施工)。

④钢筋混凝土盖板明涵的盖板部分表面可先涂抹热沥青两次,再于其上设 2 cm 厚的防水水泥砂浆或 4~6 cm 厚的防水混凝土。其上可按照设计铺设路面。涵台身防水层按照上述方法办理。

⑤砖、石、混凝土拱涵的上部结构防水层敷设,可参见拱上附属工程。

2)沥青的敷设

沥青可用锅、桶等容器以火熬制,或使用电热设备。铁桶装的沥青,应打开桶口小盖,将桶横倒搁置在火炉上,以文火使沥青熔化后,再流入熬制用的铁锅或大口铁桶中。熬制用的铁锅或铁桶必须有盖,以便在沥青飞溅或着火时,用以覆盖。熬制处应设在工地下风方向,与一般工作人员、料堆、房屋等保持一定距离,锅内沥青不得超过锅容积的 2/3。熬制中应不断搅拌至沥青全部为液态为止。溶化后的沥青应继续加温至 175 ℃(不得超过 190 ℃)。熬好的沥青盛在小铁桶中送至施工点使用。使用时的热沥青温度宜低于 150 ℃。涂敷热沥青的圬工表面应先用刷子扫净,清除粉屑污泥。涂敷工作宜在干燥温暖(温度不低于 +5 ℃)的天气进行。

3)沥青麻絮、油毡、防水纸的浸制方法和质量要求

沥青麻絮(沥青麻布)可采用工厂浸制的成品或在工地用麻絮以热沥青浸制。浸制后的麻絮,表面应呈淡黑色,无孔眼、无破裂和褶皱,撕裂断面上应呈黑色,不应有显示未浸透的布层。

油毡是用一种特制的纸胎(或其他纤维胎)用软化点低的沥青浸透制成,浸渍石油沥青的称石油毡,浸渍焦油沥青的称焦油沥青油毡。为了防止在储存过程中相互粘着,油毡表面应撒一层云母粉、滑石粉或石棉粉。

防水纸(油纸)是用低软化点的沥青材料浸透原纸做成的,除沥青层较薄,没有撒防粘层外,其他性质与油毡相同。

油毡和防水纸可以从市场上采购,其外观质量应符合如下要求:

①油毡和防水纸外表不应有孔眼、断裂、叠皱及边缘撕裂等现象,油毡的表面防粘层应均匀地撒布在油毡表面上。

②毡胎或原纸内应吸足油量,表面油质均匀,撕开的断面应呈黑色,无未浸透的空白纸层或杂质,浸水后不起泡、不翘曲。

③气温在 25 ℃以下时,把油毡卷在直径 2 cm 的圆棍上弯曲,不应发生裂缝和防粘层剥落等现象。

④将油毡加热至 80 ℃时,不应有防粘层剥落、膨胀及表面层损坏等现象。夏季在高温下不应粘在一起。

铺设油毡和防水纸所用粘贴沥青应和油毡、防水纸有同样的性能。煤沥青油毡和防水纸必须用煤沥青粘贴。同样,石油沥青油毡及防水纸,也一定要用石油沥青来粘贴,否则过一段时间油毡和防水纸就会分离。

9.2.2 沉降缝施工

1)沉降缝设置目的

结构物设置沉降缝的目的是避免结构物因荷载或地基承载力不均匀而发生不均匀沉陷,产生不规则的多处裂缝,而使结构物破坏。设置沉降缝后,可限定结构物发生整齐、位置固定的裂缝,并可事先对沉陷缝处予以处理;如有不均匀沉降,则将其限制在沉降缝处,有利于结构物的安全、稳定和防渗(防止管内水流渗入涵洞基底或路基内,造成土质浸泡松软)。

2)沉降缝设置的位置和方向

涵洞洞身,洞身与端墙、翼墙、进出水口急流槽交接处必须设置沉降缝,但无圬工基础的圆管涵仅于交接处设置沉降缝,洞身范围不设。具体设置位置视结构物和地基土的情况而定。

(1)洞身沉降缝

洞身沉降缝一般每隔 4~6 m 设置一处,但无基础涵洞仅在洞身涵节与出入口涵节间设置,缝宽一般 3 cm。两端与附属工程连接处也各设置一处。

(2)其他沉降缝

凡地基土质发生变化、基础埋置深度不一、基础对地基的荷载发生较大变化处、基础填挖交界处、采用填石垫高基础交界处,均应设置沉降缝。

(3)岩石地基上的涵洞

凡置于岩石地基上的涵洞,不设沉陷缝。

(4)斜交涵洞

斜交涵洞洞口正做的,其沉降缝应与涵洞中心线垂直;斜交涵洞洞口斜做的,沉降缝与路基中心线平行;但拱涵与圆管涵的沉降缝,一律与涵洞轴线垂直。

3)沉降缝的施工方法

沉降缝的施工,要求做到使缝两边的构造物能自由沉降,又能严密防止水分渗漏,故沉降缝必须贯穿整个断面(包括基础)。沉降缝具体施工方法如下:

①基础部分。可将原基础施工时嵌入的沥青木板或沥青砂板留下,作为防水之用。如基

础施工时不用木板,也可用黏土填入捣实,并在流水面边缘以 1∶3 水泥砂浆填塞,深度约为 15 cm。

②涵身部分。缝外侧以热沥青浸制的麻筋填塞,深度约为 5 cm,内侧以 1∶3 水泥砂浆填塞,深度约为 15 cm,视沉降缝处圬工的厚薄而定。缝内可以用沥青麻筋与水泥砂浆填满;若太厚,亦可将中间部分先填以黏土。

③沉降缝的施工质量要求。沉降缝端面应整齐、方正,基础和涵身上下不得交错,应贯通,嵌塞物质紧密填实。

④保护层。各式有圬工基础涵洞的基础襟边以上,均顺沉降缝周围设置黏土保护层,厚约 20 cm,顶宽约 20 cm。对于无圬工基础涵洞,保护层宜使用沥青混凝土或沥青胶砂,厚度 10～20 cm。

9.2.3　涵洞进出水口施工

涵洞进出水口工程是指涵洞端墙、翼墙(包括八字墙根坡、平行廊墙)以外的部分,如沟底铺砌和其他进出水口处理工程。

1)平原区的处理工程

涵洞出入口的沟床应整理顺直,与上、下排水系统(天沟、路基边沟、排水沟、取土坑等)的连接应圆顺、稳固,保证流水顺畅,避免排水损害路堤、村舍、农田、道路等。

2)山丘区的处理工程

在山丘区的涵洞底纵坡超过 5% 时,除进行上述整理外,还应对沟床进行干砌或浆砌片石防护。翼墙以外的沟床当坡度较大时,也应铺砌防护。防护长度、砌石宽度、厚度、形状等,应按设计图纸施工。如设计图纸漏列,应按合同规定向业主提出,由业主指定单位作出补充设计。

9.2.4　涵洞缺口填土

①建成的涵管、圬工达到设计要求的强度后,应及时回填。回填土要切实注意质量,严格按照有关施工规定和设计要求办理。若系拱涵,回填土时,应按照前述有关规定施工。

②填土路堤在涵洞每侧不小于两倍孔径的宽度及高出洞顶 1 m 内,应采用非膨胀的土从两侧分层仔细夯实,每层厚度 10～20 cm。特殊情况亦可用与路堤填料相同的土填筑。管节两侧夯填土的密实度标准,高速公路和一级公路为 95%,其他公路为 93%。管节顶部其宽度等于管节外径的中间部分填土,其密实度要求与该处路基同。如为填石路堤,则在管顶以上 1.0 m 内应分三层填筑:下层为 20 cm 厚的黏土;中层为 50 cm 厚的砂卵石;上层为 30 cm 厚的小片石或碎石。在两端的上述范围及两侧每侧宽度不小于孔径的两倍范围内,码填片石。

对于其他各类涵洞的特别填土要求,应分别按照有关的设计要求办理。

③用机械填筑涵洞缺口时,须待涵洞坞工达到容许强度后,涵身两侧应用人工或小型机具对称夯填,高出涵顶至少 1 m,然后再用机械填筑;不得从单侧偏推、偏填,使涵洞承受偏压。

④冬季施工时,涵洞路口路堤、涵身两侧及涵顶 1 m 内,应用未冻结土填筑。

⑤凹填缺口时,应将已成路堤土方挖出台阶。

工程案例
(项目9)

DK4+540盖板
涵施工作业
指导书

项目小结

本项目主要介绍了涵洞的分类以及适用条件,涵洞洞身、洞口构造和立面布置;各类涵洞施工工艺以及涵洞附属工程施工的主要内容。

(1)涵洞是由洞身及洞口建筑组成的排水构造物。洞身的作用是:承受荷载压力和土压力并将其传递给地基,保证水流通过。洞口建筑是洞身、道路、河道三者的连接构造物。其作用是连接洞身及道路边坡,并与洞身较好地衔接形成良好的泄水条件,确保道路边坡稳定。

(2)圆管涵洞身主要由各分段圆管节和支承管节的基础垫层组成。盖板涵洞身由涵台墩、基础和盖板组成。基础有分离式和整体式两种,前者适用于地基较好的情况,后者适用于地基较差的情况。拱涵洞身主要由拱圈和涵台墩组成。

(3)洞口建筑由进水口和出水口两部分组成。洞口应与洞身、路基衔接平顺,并起到调节水流和形成良好流线的作用,同时使洞身、洞口(包括基础)、两侧路基以及上下游附近河床免受冲刷。

(4)涵洞类型的选择应综合考虑地形、地质、水文和水力条件,工程造价,材料选择和施工条件,养护维修等因素。

(5)圆管涵施工对有坞工基础的管座混凝土浇筑时应与管座紧密相贴,浆砌块石基础应加做一层混凝土基础管座,使管座受力均匀;无坞工基础的管座基地应夯填密实,并做好弧形管座;无企口的管节接头采用顶头接缝,严禁因涵身长度不够,将所有接缝宽度加大来凑合涵身长度。

(6)混凝土和钢筋混凝土拱涵、盖板涵、箱涵的施工分为现场浇筑和在工地预制安装两大类。安装时,要注意控制尺寸和高程。

(7)涵洞设置防水层的作用是防止水分侵入混凝土内,使钢筋锈蚀,缩短结构寿命。防水层的材料多种多样,公路涵洞使用的防水材料主要是沥青,有些部位可使用黏土,以省工料费用。

(8)设置沉降缝的目的是避免结构物因荷载或地基承载力不均匀而发生不均匀沉陷,且产生不规则的多处裂缝,而使结构物破坏。

巩固与提高

9.1 试述圆管涵预制、运输的方法和注意事项。

9.2 试述圆管涵的施工程序。

9.3 描述软土地区圆管涵地基的处理方法。

9.4 沉降缝在涵洞施工过程中的作用是什么? 如何设置沉降缝?

9.5 涵洞洞口填土的具体要求有哪些?

9.6 试述涵洞防水层的作用和设置位置。

参考文献

［1］上海市政工程设计研究总部.城市桥梁设计规范(2019 年版):CJJ 11—2011［S］.北京:中国建筑工业出版社,2019.

［2］中华人民共和国住房和城乡建设部.城市桥梁工程施工与质量验收规范:CJJ 2—2008［S］.北京:中国建筑工业出版社,2008.

［3］中华人民共和国住房和城乡建设部.城市道路交通工程项目规范:GB 55011—2021［S］.北京:中国建筑工业出版社,2021.

［4］中华人民共和国住房和城乡建设部.城市桥梁养护技术标准:CJJ 99—2017［S］.北京:中国建筑工业出版社,2017.

［5］北京市政工程设计研究总部.城市桥梁桥面防水工程技术规程:CJJ 139—2010［S］.北京:中国建筑工业出版社,2010.

［6］中交一公局集团有限公司.公路桥涵施工技术规范:JTG/T3650—2020［S］.北京:人民交通出版社,2020.

［7］范立础.桥梁工程(上册)［M］.3 版.北京:人民交通出版社,2017.

［8］邵旭东.桥梁工程［M］.4 版.北京:人民交通出版社,2016.

［9］李灵.桥涵施工技术［M］.北京:机械工业出版社,2013.

［10］苏通大桥建设指挥部.苏通大桥论文集:第 1 辑［M］.北京:中国科技技术出版社,2004.

［11］华渝生.重庆石板坡长江大桥复线桥工程:重庆石板坡长江大桥加宽改造工程正桥设计、施工及管理［M］.重庆:重庆出版集团,2008.

［12］周水兴,何兆益,邹毅松,等.路桥施工计算手册［M］.北京;人民交通出版社,2001.

［13］蔡新宁,南志.桥梁施工常用计算实例［M］.北京:人民交通出版社,2015.

［14］刘东跃.施工临时支撑结构专项技术方案［M］.沈阳:辽宁科学技术出版社,2013.

［15］陈忠延.土木工程专业毕业设计指南:桥梁工程分册［M］.北京:中国水利水电出版社,2002.

［16］杨转运,边喜龙,谭翠萍,等.高等职业学校专业教学标准:土木建筑大类Ⅰ［M］.北京:国家开放大学出版社,2019.

配套数字资源列表

序号	资源名称	资源类型	序号	资源名称	资源类型
1	钢筋的分类	微课	25	梁段的预制与吊运	微课
2	钢筋的加工	微课	26	梁体合龙与体系转换	微课
3	后张法施工	微课	27	移动模架的安装	微课
4	混凝土搅拌与运输	微课	28	移动模架法——加载预压及预拱度设置	微课
5	混凝土施工	微课			
6	架梁机施工	微课	29	移动模架施工法概述	微课
7	跨墩龙门吊施工案例	微课	30	移动模架施工——钢筋混凝土施工	微课
8	模板的拆除与维护	微课			
9	模板的制作与安装	微课	31	移动模架施工——预埋件安装与模架行走步骤	微课
10	起重机吊装施工	微课			
11	先张法施工工艺流程	微课	32	支架现浇的一般程序	微课
12	先张法台座	微课	33	拱架的制作	微课
13	先张法预应力筋张拉	微课	34	拱架类型	微课
14	预应力的放张	微课	35	拱桥竖向转体施工	微课
15	预应力钢筋混凝土原材料	微课	36	劲性钢骨架法	微课
16	预应力混凝土概念	微课	37	缆索吊装工艺——拱肋缆索吊装及合龙	微课
17	顶推方式与顶推设备	微课			
18	顶推施工的辅助设施	微课	38	缆索吊装工艺——设备及架设方案	微课
19	连续梁桥顶推施工案例	微课			
20	连续梁桥悬臂浇筑施工案例	微课	39	竖向转体与平竖结合转体施工	微课
21	连续梁桥悬臂浇筑施工的原理与设备	微课	40	无平衡重平面转体施工工艺	微课
			41	有平衡重平面转体施工工艺	微课
22	连续梁桥悬臂拼装施工案例	微课	42	工程案例(项目6)	PDF 文档
23	连续梁桥移动模架施工案例	微课	43	索塔施工	微课
24	梁段的拼装施工	微课	44	滑模施工	微课

续表

序号	资源名称	资源类型	序号	资源名称	资源类型
45	爬模施工	微课	59	防撞栏杆	微课
46	翻模施工	微课	60	桥梁伸缩装置安装技术交底	微课
47	主梁施工	微课	61	桥面混凝土铺装技术交底	微课
48	斜拉索介绍	微课	62	桥面系及附属工程概述	微课
49	斜拉索安装	微课			
50	施工设备-塔吊	微课	63	桥面铺装施工	微课
51	施工设备-电梯、混凝土浇筑与养护	微课	64	伸缩缝的主要作用和类型	微课
			65	伸缩缝施工	微课
52	主梁施工设备	微课	66	现浇钢筋混凝土防撞护栏施工技术交底	微课
53	斜拉索施工设备	微课			
54	施工监控意义	微课	67	工程案例(项目8)	PDF 文档
55	监控理论方法	微课	68	工程案例(项目9)	PDF 文档
56	斜拉桥监控方法	微课	69	DK4+540 盖板涵施工作业指导书	PDF 文档
57	斜拉桥监控内容	微课			
58	防排水系统施工及注意事项	微课			